Ernest **PICARD**

LIEUTENANT-COLONEL D'ARTILLERIE BREVETÉ
CHEF DE LA SECTION HISTORIQUE
DE L'ÉTAT-MAJOR DE L'ARMÉE

1870

——

SEDAN

★ ★

LIBRAIRIE PLON

SEDAN

1818

8.h²
1875

DU MÊME AUTEUR, A LA MÊME LIBRAIRIE

Bonaparte et Moreau. *L'Entente initiale. Les Premiers Dissentiments. La Rupture.* Un volume in-8° accompagné de cinq cartes. . . . . 7 fr. 50

(Couronné par l'Académie française, prix Furtado.)

1870. La Perte de l'Alsace. 4ᵉ édition. Un volume in-16 avec cartes. . . . . 5 fr.

1870. La Guerre en Lorraine. 2ᵉ édition. Deux volumes in-16 avec cartes. . . . . 10 fr.

Ernest PICARD

LIEUTENANT-COLONEL D'ARTILLERIE BREVETÉ
CHEF DE LA SECTION HISTORIQUE DE L'ÉTAT-MAJOR
DE L'ARMÉE

1870

SEDAN

★ ★

Avec trois cartes

PARIS

LIBRAIRIE PLON

PLON-NOURRIT et Cᵢₑ, IMPRIMEURS-ÉDITEURS

8, RUE GARANCIÈRE — 6ᵉ

1912

Tous droits réservés

1870

SEDAN

QUATRIÈME PARTIE

LA BATAILLE DE SEDAN

CHAPITRE PREMIER

LE CHAMP DE BATAILLE DE SEDAN

La place de Sedan. — La vallée de la Meuse. — Les positions françaises dessinent une sorte de triangle ayant pour base la Meuse et pour sommet le Calvaire d'Illy. — Appréciation de la relation officielle prussienne. — Opinion du général Ducrot. — Emplacements de l'armée française le 1ᵉʳ septembre au matin. — Observations sur la répartition des forces. — Disproportion numérique entre les deux armées. — Quiétude inexplicable du maréchal de Mac-Mahon.

En 1870, Sedan était une petite ville manufacturière de quinze mille habitants environ, bâtie sur la rive droite de la Meuse, avec des rues assez régulières, mais étroites, et dominée de très près au nord-est par les hauteurs dites du Vieux Camp. Ses fortifications, construites par Vauban, se composaient d'une enceinte bastionnée englobant sur la rive gauche le faubourg de Torcy; elles étaient renforcées au nord par quelques dehors et par un vieux château transformé en citadelle. Elles étaient d'ailleurs commandées par les collines environnantes, et en particulier par celles de la rive gauche, d'où l'on a d'excellentes vues sur la ville et d'où le bombardement pouvait être effectué sans difficulté. La forteresse, véritable « nid à bombes », n'avait donc plus en 1870 aucune valeur défensive, bien que, avec un optimisme déconcertant, le commandant du génie de la place la considérât « comme à l'abri d'une surprise et en état de soutenir une attaque régulière (1) ».

A partir de Mouzon, la Meuse, accrue de la Chiers et de la Givonne, coule, avec de nombreux méandres, dans la direction générale du nord-ouest. A Remilly, à Pont-Maugis, à Wadelincourt, elle borde d'assez près les hauteurs qui dominent sa rive gauche, tandis qu'à droite, vers Douzy, Bazeilles et Balan, s'étendent de vastes prairies. Un peu en aval de Sedan, la Meuse remonte

(1) Rapport du 20 août 1870. — La garnison se composait de 2 500 hommes dont 290 seulement, appartenant au dépôt du 3e cuirassiers, étaient instruits. L'effectif prévu pour la défense de la place était de 6 000 hommes.

brusquement vers le nord. Elle reçoit le ruisseau de Floing, décrit une boucle qui constitue, au pied des hauteurs du Champ de la Grange et des bois de la Falizette, le défilé de la Falizette ou de Saint-Albert, à cinq kilomètres seulement, à vol d'oiseau, de la frontière belge ; puis elle s'infléchit de nouveau vers le sud, enserrant la presqu'île d'Iges, et, après avoir atteint Donchery, se dirige vers l'ouest jusqu'à Mézières.

Le terrain sur lequel l'armée de Châlons va s'établir et combattre pour la dernière fois a la forme générale d'un triangle dont l'un des sommets est au Calvaire d'Illy, dont deux côtés — les deux fronts de combat — sont à peu près jalonnés par la profonde vallée de la Givonne et par le ruisseau de Floing, et dont la base, formée au sud par la Meuse, de Floing à Bazeilles, s'appuie à la place de Sedan. A l'intérieur, s'élèvent des hauteurs couvertes et mouvementées, d'altitude à peu près égale à celle des collines qui leur font face sur les rives opposées du ruisseau de Floing et de la Givonne (1). Au sud du Calvaire d'Illy s'étend le bois de la Garenne, présentant un obstacle assez sérieux aux communications de l'est à l'ouest. Plus près de Sedan se

(1) De la cote minima 157 au bord de la Meuse, vers Glaire, le terrain s'élève rapidement à la cote 302, dans le bois de la Garenne, vers la ferme de Quirimont. — Cf. Général CANONGE, *Histoire et art militaires*, II, 299.

trouvent les villages de Balan, de Fond de Givonne, de Cazal.

Le pourtour du triangle se compose en général de
longues croupes dénudées, sauf sur les bords de la
Givonne qui, entre la Moncelle, Daigny, Haybes,
Givonne, sont parsemés de vergers, de clôtures,
de petits bois, de rideaux d'arbres. Le terrain est
également découvert dans la zone comprise entre
la basse Givonne et la route de Sedan à Bazeilles,
entre Fond de Givonne et les lisières sud du bois
de la Garenne, enfin dans le quadrilatère Floing,
Illy, Calvaire d'Illy, Cazal. Au nord de Fleigneux et d'Illy, la forêt des Ardennes, s'étendant
sur un immense arc de cercle, ferme l'horizon.

L'*Historique du grand État-major prussien* déclare que, « la situation stratégique mise à part,
les conditions topographiques donnaient à cette
position tous les éléments d'une excellente défense (1) ». Il n'est pas possible, dans une appréciation de ce genre, de faire abstraction de la
« situation stratégique ». Cette position était, au
contraire, faible dans son ensemble parce qu'elle
était partout abordable et que les Allemands
étaient assez nombreux pour l'entourer. Sans
doute, pour exécuter un mouvement enveloppant
par leurs deux ailes, ils seraient obligés de s'affaiblir au sud. Mais le risque était minime : pour

(1) *Historique du grand État-major prussien*, VIII, 1085.

s'échapper de ce côté, l'armée française eût été obligée de franchir la Meuse, et il suffisait de peu de monde pour fermer le débouché de la tête de pont de Torcy. Inconvénients graves : la position manquait de profondeur; nos troupes allaient être entassées sur un espace restreint à raison de plus de dix hommes par mètre courant et pourraient difficilement manœuvrer; enfin les coups de l'artillerie ennemie, dirigés sur l'un des côtés du triangle, atteindraient aussi, d'enfilade ou à revers, les défenseurs des deux autres (1).

D'après une opinion du général Ducrot, postérieure à la guerre il est vrai, il eût été préférable d'occuper la lisière de la forêt des Ardennes, autour des terrains découverts sur lesquels s'élèvent

(1) L'appréciation du prince de Hohenlohe est plus juste que celle de l'*Historique du grand État-major prussien* : « Cette concentration d'une armée aussi considérable, et la forme de cette position qui fait face à toutes les directions, me font penser à un carré de bataillon qui, assailli de toutes parts par de la cavalerie, fait feu sur toutes ses faces en désespoir de cause, comptant être secouru à un moment donné par d'autres troupes, ou pouvoir au moins sauver son honneur, en résistant jusqu'à la dernière extrémité » (*Lettres sur la stratégie*, II, 284). — « Jamais armée n'avait été placée dans des conditions aussi défavorables. Généralement on suit un plan d'opérations bien défini, assurant une ligne de retraite sur laquelle sont les réserves, les ambulances, etc.; ici, au contraire, nos troupes risquaient d'être entourées de tous côtés, sans ligne de retraite, et si elles avaient le malheur de vouloir se réfugier dans la ville, elles ne pouvaient que se précipiter dans un défilé inextricable à travers des portes étroites et des rues encombrées de chariots et de bagages » (*Des causes qui ont amené la capitulation de Sedan*, 21).

Saint-Menges, Fleigneux, Illy; d'y choisir de bons champs de tir, de commander toutes les routes; de combattre ainsi le dos à la Belgique, au risque d'y être refoulé. « Au centre et à notre droite, l'artillerie de Sedan balayant tout le plateau de la Garenne, rendait toute atttaque impossible de ce côté. Nous n'avions donc à redouter que les mouvements tournants par Vrigne-aux-Bois et par Givonne. Mais alors nous n'étions pas au centre de la circonférence décrite par l'ennemi. Nous étions sur la circonférence même; nous pouvions être attaqués sur nos flancs, mais non pris à revers, et nous n'avions affaire qu'à deux tronçons isolés manœuvrant loin de leur centre et dans des positions désavantageuses (1). »

On ne saurait nier que de telles dispositions eussent été préférables à celles qui furent adoptées. Tout au moins eussent-elles évité l'enveloppement et la capitulation, et permis à l'armée française défaite de passer sur le territoire belge.

Le 1ᵉʳ septembre, de grand matin, l'attaque du Iᵉʳ corps bavarois sur Bazeilles détermine l'armée française à occuper ses positions de combat qui,

(1) Général DUCROT, *la Journée de Sedan,* 16.

en général, se confondent avec ses emplacements de bivouacs.

Le 12ᵉ corps, sous les ordres du général Lebrun, tient le terrain compris dans une sorte d'angle aigu dont le sommet est à Bazeilles et dont les côtés sont jalonnés : par la Moncelle et Daigny d'une part, où les troupes de la division Lacretelle sont déployées vers l'est (1) ; par Bazeilles et Balan d'autre part, où les régiments d'infanterie de marine de la division Vassoigne font face au sud-ouest (2). La division Grandchamp est rassemblée en majeure partie sur les glacis de Sedan, près de la porte de Bouillon (3). La réserve d'artillerie est partagée en deux groupes dont l'un appuiera les divisions Vassoigne et Lacretelle ; l'autre se trouve à l'ouest de Floing, à l'aile gauche du 7ᵉ corps. La division de cavalerie, face au sud, est déployée sur une seule ligne, au sud de Fond de Givonne (4). Les excel-

(1) La brigade Marquisan, du 12ᵉ corps, est près du saillant sud-est du bois de la Garenne au milieu du 1ᵉʳ corps (Journal des opérations de la 2ᵉ brigade de marche).

(2) Par une combinaison bizarre, ses batteries combattront avec la division Lacretelle ; elles seront remplacées par des batteries de la réserve (Journal de marche de l'artillerie des 6ᵉ et 12ᵉ corps).

(3) Le 22ᵉ de ligne est scindé en deux fractions : la plus forte est intercalée dans la division Lacretelle ; le reste est avec la division L'Abadie, du 5ᵉ corps (Rapport du général Grandchamp ; Historique du 22ᵉ de ligne).

(4) Pour les emplacements du 12ᵉ corps voir : Historiques des 14ᵉ, 20ᵉ, 31ᵉ de ligne ; Notes des généraux Voyron, Penne-

lents points d'appui de la vallée de la Givonne :
la Moncelle, la Ramorie, Petite-Moncelle, Daigny, ne sont pas tenus. L'ennemi pourra y pénétrer presque sans coup férir.

Le général Ducrot, commandant le 1er corps, ne sait rien des projets du maréchal de Mac-Mahon (1). Dans cette incertitude, il fait prendre un dispositif d'attente, que justifie d'ailleurs l'éloignement de l'ennemi. D'une manière générale, les troupes sont rassemblées face à l'est, en arrière des crêtes situées à l'ouest de Givonne et de Daigny. Seules quelques batteries prennent immédiatement position, couvertes par leurs soutiens d'infanterie (2). Des épaulements et des embuscades pour tirailleurs sont organisés par le génie de la division Wolff (3).

A peine la division Lartigue a-t-elle pris sa formation de rassemblement que, de sa propre initiative, le général Ducrot lui prescrit d'envoyer en toute hâte sa 1re brigade et son artillerie sur la rive gauche de la Givonne en soutien d'un bataillon du 3e tirailleurs, et « d'occuper les plateaux

quin, Sériot, du colonel Le Camus, des lieutenants-colonels Brunot et Recoing (division Vassoigne); Rapport du général Grandchamp; Journal de marche de l'artillerie des 6e et 12e corps.

(1) Conseil d'Enquête sur les Capitulations, Déposition Ducrot.

(2) Journal des marches et opérations du 1er corps, par le commandant Corbin.

(3) Rapport sur la part que le génie de la 1re division du 1er corps a prise à la bataille de Sedan.

et les bois qui dominent Daigny à l'est (1) ».

La division L'Hériller est encore en marche pour aller s'établir derrière la division Wolff, quand le général Lebrun fait demander du renfort à Ducrot. Le commandant du 1ᵉʳ corps dirige immédiatement sur Balan la brigade Carteret-Trécourt, 1ʳᵉ de la division L'Hériller. Celle-ci, privée de son artillerie depuis la veille, se trouve ainsi réduite à deux régiments : 48ᵉ de ligne et 2ᵉ tirailleurs (2).

Le 7ᵉ corps, sous les ordres du général Douay, occupe les hauteurs qui s'étendent depuis les abords sud-est de Floing jusqu'au bois de la Garenne : à droite se trouve la division Dumont, à gauche la division Liébert avec une fraction en potence face à l'ouest, surveillant les débouchés de la presqu'île d'Iges. La division Conseil Dumesnil est en deuxième ligne, ainsi que cinq batteries de la réserve. La division de cavalerie est rassemblée à l'est de Cazal. La réserve d'artillerie, renforcée par une partie des batteries de la réserve du 12ᵉ corps, est établie sur la croupe au sud-est de Floing. Les positions ont été renforcées par des travaux de campagne, mais les

(1) Journal du colonel d'Andigné.

(2) Rapport du général Carteret-Trécourt, Versailles, 18 mai 1871. — L'artillerie de la division L'Hériller bivouaqua le 31 à Saint-Menges et gagna Mézières le 1ᵉʳ septembre, en passant par le territoire belge et Nouzon (Historique de l'artillerie de la 2ᵉ division).

abords ne sont pas gardés : Douay rappelle vers
6 heures les deux bataillons envoyés la veille au
bois du Hattoy et dont, mal à propos, il juge la
situation aventurée; le village de Floing reste
inoccupé ; le saillant nord du bois de la Garenne
n'est tenu ni par le 7ᵉ corps ni par le 1ᵉʳ (1).

Le 5ᵉ corps, très éprouvé à Beaumont, a été
désigné pour former réserve générale au Vieux
Camp. La division Goze, qui s'est d'abord rassemblée dans les fossés et sur les glacis voisins de la
porte de Balan, est atteinte, dès 5 heures du
matin, par des projectiles qui l'obligent à se porter vers 7 heures au nord de Fond de Givonne.
La division L'Abadie, mise à la disposition de
Douay, se déploie sur deux lignes, à 800 mètres
à l'ouest de la ferme de la Garenne, face au
Vieux Camp, c'est-à-dire tournant le dos au
7ᵉ corps. La division Lespart est répartie au
nord de Sedan le long des chemins couverts.
La division de cavalerie Brahaut, laissée sans
ordres, se rassemble près du Calvaire d'Illy.
La réserve d'artillerie, très réduite depuis le

(1) Pour les emplacements du 7ᵉ corps, voir : Rapport du général Douay, Sedan, 3 septembre 1870; Historique des 1ʳᵉ et
2ᵉ brigades de la 3ᵉ division; Rapport du général Liébert, 6 octobre 1870; Notes du capitaine Mulotte sur les opérations de la
1ʳᵉ division du 7ᵉ corps; Journal de marche de l'artillerie des 6ᵉ
et 12ᵉ corps; Historiques des 7ᵉ, 12ᵉ et 19ᵉ régiments d'artillerie ;
Rapport du lieutenant-colonel Béziat, chef d'état-major du génie
du 7ᵉ corps, 15 septembre 1870.

30 août, est placée près du Vieux Camp (1).

De même que les divisions de cavalerie des corps d'armée, les deux divisions de la réserve de cavalerie sont au voisinage immédiat de l'infanterie : celle du général Margueritte sur deux lignes au sud-est d'Illy, faisant face à l'est, la droite appuyée au bois de la Garenne ; la division Bonnemains dans un vallon à l'ouest de Cazal. Quelques reconnaissances, parties au point du jour, dépassent les avant-postes de quelques kilomètres à peine et rentrent sans rapporter de renseignements positifs (2).

Afin de remédier à l'insuffisance et au défaut d'instruction de la garnison de Sedan, quelques fractions de l'armée sont désignées pour l'occupation des ouvrages et des remparts (3).

Tels sont les emplacements de l'armée de Châlons le 1er septembre au matin. Elle est déployée

(1) Pour les emplacements du 5e corps, voir : Journal de marche de la 2e brigade de la 1re division du 5e corps (le 11e de ligne et un bataillon du 48e, qui ont passé la nuit à Balan, continuent à occuper ce village) ; Journal de marche de la division L'Abadie ; Rapport du colonel commandant le 17e de ligne ; Rapport sur les marches et opérations de la division de cavalerie du 5e corps ; Journal de marche de l'artillerie du 5e corps.

(2) Historiques du 6e chasseurs et du 1er hussards ; Journal de marche de la 2e division de réserve de cavalerie ; Historiques des 1er et 3e cuirassiers.

(3) 1er bataillon du 83e, aux remparts et à la citadelle ; les 360 zouaves du 3e, arrivés la veille avec le capitaine de Sesmaisons, à la porte de Paris ; une batterie du 10e et une demi-batterie du 13e, au service des pièces ; 4e et 11e compagnies du 3e régiment du génie, réparties dans les ouvrages.

d'avance contre un ennemi qui n'a pas encore paru. Elle forme un bloc sans articulation, sans avant-gardes vers Mézières et vers Carignan, sans avant-postes de combat, sans débouchés, sans retraite assurée vers l'intérieur du pays, sans autre issue que la place même de Sedan. La pensée du maréchal de Mac-Mahon flotte, incertaine, entre plusieurs partis. Les commandants de corps d'armée n'ont d'instructions ni pour un mouvement ni pour une bataille. Les troupes sont fatiguées par les longues marches des journées précédentes, par le bivouac sous la pluie, par les privations de toute sorte. Les hésitations et les faiblesses du commandement ont atteint leur moral. Leur infériorité numérique est manifeste : 120 000 rationnaires environ, avec 413 bouches à feu, contre 129 000 fusils, 20 000 sabres, 695 canons, réellement engagés par les Allemands (1).

Cette disproportion des forces, le maréchal de Mac-Mahon continue à l'ignorer dans la matinée du 1ᵉʳ septembre, malgré de nombreux indices qui devraient lui ouvrir les yeux. Il ne soupçonne pas plus que la veille la manœuvre enveloppante double qu'exécutent les Allemands pour intercepter à la fois les routes vers Montmédy et notre

---

(1) État-major prussien, *Kriegsgeschichtliche Einzelschriften*, Heft 12, 825-830. — Dans les 120 000 rationnaires français sont comptés les non-combattants et la garnison de la place de Sedan.

ligne de retraite sur Mézières (1). Il attend à son quartier général les renseignements de sa cavalerie, alors que chaque instant perdu dans l'immobilité rend sa situation plus critique.

(1) Maréchal DE MAC-MAHON, Souvenirs inédits.

CHAPITRE II

DÉBUTS DE LA BATAILLE SUR LA GIVONNE

Le Ier corps bavarois franchit la Meuse et attaque Bazeilles. —
Énergique résistance du 3e régiment d'infanterie de marine. —
Violence de la lutte. — Intervention du 2e régiment d'infanterie de marine. — Entrée en ligne de la brigade Reboul. —
Combats de rues acharnés. — Les Saxons s'engagent à la
fois à la Moncelle et contre la brigade Kerléadec. — Retraite
de cette dernière. — Prise de Daigny. — Le 3e zouaves scindé
en deux fractions, dont l'une se jette en Belgique et regagne
Paris.

Le général von der Tann, commandant le
Ier corps bavarois, a reçu dans la nuit, à Ange-
court, l'ordre du prince royal de Prusse qui lui
prescrit de retenir les Français en combinant son
action avec l'armée du prince de Saxe. Afin de
les empêcher de se dérober vers l'ouest, von der
Tann se rend à Aillicourt à 3 heures du matin
et décide de franchir la Meuse aussitôt. Moins
d'une heure après, la *1re* brigade d'infanterie
passe la rivière aux ponts de bateaux jetés la
veille, tandis qu'en aval une partie de la 2e brigade utilise le viaduc du chemin de fer (1). Un

(1) *Historique du grand État-major prussien*, VIII, 1088.

brouillard épais favorise l'opération. Contrairement aux ordres du général Lebrun, les avant-
postes français se sont repliés sur Bazeilles pendant la nuit (1). Les Bavarois ne rencontrent
donc aucune résistance ni au passage de la Meuse
ni dans les prairies voisines. La colonne de
gauche, qui a le moins de chemin à parcourir,
atteint Bazeilles la première, et une compagnie
de chasseurs s'engage dans la grande rue. Mais
bientôt la fusillade d'une compagnie d'infanterie
de marine (2), embusquée derrière une barricade
et dans les maisons adjacentes, l'oblige à se
rejeter dans les ruelles latérales (3).

Le 3ᵉ régiment d'infanterie de marine se
répartit rapidement dans les maisons, tandis que
les chasseurs bavarois sont renforcés des six
compagnies qui les suivent. La lutte acquiert
immédiatement une grande violence ; de part et
d'autre, les liens tactiques se rompent au milieu
des engagements confus dont chaque maison est
le théâtre. A plusieurs reprises, l'infanterie de
marine exécute des retours offensifs dans la
grande rue, qui reste cependant en partie au
pouvoir des Bavarois (4).

Pendant ce temps, la colonne de droite a

(1) Notes du général Le Lorrain.
(2) 4ᵉ du 3ᵉ régiment.
(3) *Historique du grand État-major prussien*, VIII, 1088.
(4) Le général de Vassoigne au ministre de la Marine (Archives
de la Marine, 60 B).

franchi la Meuse : un bataillon se porte sur Bazeilles, un bataillon occupe la station, le reste de la 1re brigade se rassemble au sud du village. Apprenant que l'armée de la Meuse se portera vers 5 heures sur Villers-Cernay, Francheval et la Moncelle, et qu'une division du IVe corps marchera sur Remilly pour le soutenir, von der Tann engage tout son corps d'armée sur la rive droite de la Meuse, sauf la 4e brigade et trois bataillons de la 2e qui resteront près des ponts (1).

Vers 5 h. 15, trois bataillons de la 1re brigade, rassemblés au sud de Bazeilles, y pénètrent à leur tour ; un autre longe la lisière est du parc de Monvillers afin de déborder notre gauche. Mais un recul se produit à ce moment parmi les troupes bavaroises engagées à l'ouest de la grande rue. C'est l'effet de l'entrée en ligne du 2e régiment d'infanterie de marine (2).

De son bivouac au nord de Bazeilles, il s'est avancé d'abord jusqu'à 500 mètres de la lisière nord : deux bataillons se sont déployés entre Bazeilles et Balan, à cheval sur la route, le IIIe

(1) *Historique du grand État-major prussien*, VIII, 1089-1092.

(2) Les Archives de la Guerre possèdent peu de documents sur les combats de Bazeilles. Nous avons suppléé, dans la mesure du possible, à cette lacune, en faisant appel en 1904 aux souvenirs des survivants, au moyen de questionnaires précis. Nous les remercions très vivement de leurs réponses qui nous ont permis de reconstituer les faits dans leur ensemble.

restant en réserve. Le lieutenant-colonel Domange, se mettant alors à la tête du Ier bataillon, l'entraîne, par une charge à la baïonnette, dans la grande rue et à l'ouest de la chaussée.

Toute la partie occidentale du village est reprise par les Français. La grande rue retombe également en leur pouvoir; ils font de nombreux prisonniers, parmi lesquels le major von Sauer. Les défenseurs, pour la plupart, ne se rallient que derrière le remblai du chemin de fer; le reste est refoulé sur les fractions qui combattent dans le secteur est. Deux compagnies peuvent seules se maintenir au débouché sud de la grande rue et organiser la défense de deux constructions en pierre à l'angle de la route de Douzy (1).

Peu après, les Bavarois sont chassés de la partie est de Bazeilles. Les deux régiments de la brigade Reboul, Ier et 4e, rassemblés à 1 000 mètres au nord du village, se sont portés vers le sud. Le 4e, à droite, formé d'abord en colonne à distance entière par pelotons, s'est déployé avec tout le formalisme de l'époque et a marché en bataille aux sons de la *Marseillaise*. Au bout d'une centaine de mètres, le régiment s'arrête. Le Ier bataillon exécute un changement de front sur sa droite, sans rien omettre des prescriptions

(1) Notes du général Sériot, du lieutenant-colonel Brunot, du commandant Peloux; Récit du sergent Poittevin, qui nous a été fait verbalement sur le terrain même.

réglementaires; puis, par une nouvelle marche en bataille, il gagne la route de Sedan et s'arrête derrière le remblai. Quelques officiers montent sur la chaussée et voient l'ennemi à moins de cent mètres, derrière les haies et dans les prés. Aux cris de : « En avant! A la baïonnette! » on s'élance sur les Bavarois... La plupart se rendent, la crosse en l'air (1). En même temps, le II⁰ bataillon du 4ᵉ régiment et quatre compagnies du III⁰ interviennent « avec un grand élan, franchissent en tiraillant les haies et les clôtures, et chargent à la baïonnette partout où ils le peuvent (2) ». Entraînant avec eux des fractions du 3ᵉ régiment, ils poussent ainsi jusqu'à l'église dont une compagnie se rend maîtresse (3). Du 1ᵉʳ régiment d'infanterie de marine, le Iᵉʳ bataillon seul pénètre dans Bazeilles; les deux autres appuient vers le sud-est pour s'engager aux abords du château de Monvillers (4).

Dans le village, la mêlée continue de plus en plus confuse en raison du nombre et de l'ardeur des combattants, et ses péripéties sont de plus en plus difficiles à relater par suite du mélange

(1) Notes du général Pennequin. — Cf. Notes du général Voyron.

(2) *Ibid.*

(3) Rapport du capitaine commandant le IIᵉ bataillon du 4ᵉ régiment.

(4) Notes du général Bouguié, du colonel Le Camus, du lieutenant-colonel Recoing.

sans cesse croissant des unités et de l'incertitude des heures. « De plan d'engagement, d'ordres donnés pour la répartition des forces, la distribution des rôles, la division du terrain en secteurs, il n'y en a eu d'aucune sorte et à aucun degré du côté français... Les troupes étaient jetées au combat comme du charbon sur un foyer. Chacun a marché pour son compte, suivant ses aspirations, avec les soldats qu'il pouvait grouper autour de lui (1). »

Dans ces engagements partiels de localité, les Allemands perdaient en partie l'avantage de leur supériorité numérique et de l'appui de leur excellent matériel d'artillerie. La lutte s'exaspère, pleine d'alternatives et d'épisodes héroïques. Nos soldats échouent dans plusieurs attaques contre deux constructions en pierre; les Bavarois subissent des pertes sérieuses dans deux assauts infructueux contre un vaste bâtiment voisin. Vers 7 heures et demie, une section d'artillerie s'en approche jusqu'à 60 mètres et nous oblige à l'évacuer. Peu après les Bavarois essaient d'enlever la villa Beurmann, à l'angle des routes de Sedan et de Daigny; deux canons lancent une douzaine d'obus, mais bientôt presque tous les servants sont tués ou blessés. « Le combat se poursuit sans rien perdre de sa violence et

____

(1) Notes du colonel Buisson d'Armandy.

sans aboutir à aucun résultat marqué (1). »

Vers 8 h. 45, les quatre derniers bataillons disponibles à la 2ᵉ brigade bavaroise (2) interviennent sans modifier la situation (3). Entre les Bavarois engagés dans la partie sud de Bazeilles et la gauche du XIIᵉ corps saxon en marche sur la Moncelle, les IIᵉ et IIIᵉ bataillons du 1ᵉʳ régiment d'infanterie de marine, renforcés par quelques fractions du 3ᵉ régiment, se maintiennent dans le parc de Monvillers (4). Von der Tann confie à la 3ᵉ brigade la mission de faire disparaître cette solution de continuité entre Bavarois et Saxons. Mais, par suite d'un malentendu et de la recrudescence de l'action entre Bazeilles et la Moncelle, cette brigade, après avoir longé la lisière orientale de Bazeilles, se dirige en majeure partie vers la Moncelle. Dès lors, les Bavarois ne font aucun progrès dans le parc.

« Dans Bazeilles aussi, le combat continuait toujours acharné et indécis. Tous les efforts des Bavarois pour sortir de la grande rue venaient se briser contre l'opiniâtre résistance de la villa Beurmann et des autres points d'appui de la

(1) *Historique du grand État-major prussien*, VIII, 1092-1093.

(2) 4ᵉ bataillon de chasseurs. 2ᵉ régiment d'infanterie.

(3) *Historique du grand État-major prussien*, VIII, 1094.

(4) Le général de Vassoigne au ministre de la Marine (Archives de la Marine, 60 B).

défense (1). » Vers 9 heures, les trois premières brigades bavaroises sont presque totalement dispersées par les hasards du combat; la 3ᵉ, elle-même, entrée en ligne la dernière, n'a plus que quelques compagnies intactes. La situation est semblable pour les unités de la division Vassoigne dont, seules, les fractions engagées entre Bazeilles et Balan sont encore en ordre (2).

De part et d'autre, il y a une brigade en réserve. La 4ᵉ brigade bavaroise a quitté Remilly, dès l'arrivée en ce point de la 8ᵉ division prussienne, et s'est rassemblée au sud de Bazeilles, sur la rive droite de la Givonne (3). La brigade Carteret-Trécourt, mise par Ducrot à la disposition de Lebrun, s'est portée, des hauteurs au nord-est de Fond de Givonne, dans la direction de Balan. Les batteries bavaroises de la rive gauche de la Meuse, jusque-là gênées par le brouillard, ont lancé quelques obus sur ces troupes en formation dense qui, après quelque désarroi, sont venues se rassembler au nord-est de Balan, à l'abri de la croupe cotée 215 (4). Ne pouvant participer à la lutte, les artilleries conti-

____

(1) *Historique du grand État-major prussien*, VIII, 1096.

(2) *Ibid.*; Notes du général Bouguié, du colonel Heiligenmayer, du capitaine Dehousse.

(3) *Historique du grand État-major prussien*, VIII, 1098.

(4) Rapport du général commandant la 1ʳᵉ brigade de la 3ᵉ division du 1ᵉʳ corps. — L'effectif de cette brigade était de 2 900 hommes seulement.

nuent à se contrebattre, à distance trop grande
toutefois pour que la supériorité numérique des
batteries bavaroises devienne sensible (1).

*
* *

A la droite des Bavarois, se sont engagés les
Saxons. L'avant-garde du XIIe corps a rompu de
Douzy à 5 heures du matin et s'est portée sur
la Moncelle par le Rulle et Lamécourt (2). Vers
5 h. 45, sa batterie, établie à la cote 233, à
500 mètres au nord-est de la Moncelle, ouvre le
feu sur l'artillerie française de la rive opposée de
la Givonne ; elle est rejointe au bout d'une heure
par deux batteries bavaroises, puis par le reste
de l'artillerie de la *24e* division. Pendant ce
temps, le *107e* marche sur la Moncelle que nos
patrouilles lui abandonnent sans résistance, et se
relie à gauche aux Bavarois. Bientôt, une vive
fusillade éclate entre les Saxons et les tirailleurs
des 14e, 22e et 20e de ligne embusqués sur les
pentes et dans les prairies de la Givonne. Toute-
fois le *107e* ne peut recevoir aucun renfort, en
raison du mouvement offensif exécuté à Daigny

(1) Historiques des 14e et 19e régiments d'artillerie.
(2) Cette avant-garde se compose des *105e* et *106e* régiments,
du *13e* bataillon de chasseurs, de la 4e batterie légère (*Historique
du grand État-major prussien*, VIII, 1099).

par une partie de la division Lartigue. Le combat reste donc stationnaire (1).

Constatant l'arrêt de l'infanterie saxonne, le général Lebrun a l'idée de faire charger les batteries par une de ses brigades de cavalerie : par une erreur de l'officier porteur de l'ordre, c'est la brigade de lanciers Nansouty, de la division de cavalerie du 1er corps, qui se met en mouvement. Elle franchit la Givonne à Daigny et s'avance sur la Moncelle, mais, vers 8 heures, elle rebrousse chemin (2).

L'avant-garde du XIIe corps reçoit à ce moment un renfort inattendu, consistant en des fractions de la 3e brigade bavaroise, qui ont marché vers le nord en longeant la lisière est du parc de Monvillers (3). Un quart d'heure après, l'artillerie de corps, couronnant les hauteurs 233, lui prête un appui encore plus efficace. Les batteries françaises, établies sur les coteaux de la rive droite de la Givonne, au nord du chemin de Balan à Rubécourt, ont à ce moment une légère supériorité numérique (4). Mais la valeur du matériel allemand ne tarde pas à se manifester. Après un duel d'une vingtaine de minutes, quelques-unes de nos batteries, fort éprouvées, doi-

(1) *Historique du grand État-major prussien*, VIII, 1101.
(2) Général LEBRUN, *loc. cit.*, 99-100 ; Général Michel, La division de cavalerie du 1er corps à la bataille de Sedan.
(3) Voir *suprà*, p. 20.
(4) Onze batteries contre neuf.

vent se retirer; d'autres changent de position; celles qui peuvent se maintenir ne tirent plus que par intermittence (1). Néanmoins, l'infanterie allemande, tenue en échec par nos tirailleurs, ne fait jusqu'à 9 heures que des progrès insignifiants.

Tandis que l'un des régiments de l'avant-garde du XIIe corps marche sur la Moncelle, l'autre, le *105e*, s'est porté au nord-est, sur la croupe 233; puis, vers 6 h. 15, il s'est dirigé sur Daigny. Bientôt il se heurte à une ligne de tirailleurs français couvrant une colonne en marche de Daigny vers le Bois Chevalier par la route de Villers-Cernay (2). C'est la brigade Fraboulet de Kerléadec avec l'artillerie de la division Lartigue que le général Ducrot a envoyées sur la rive gauche de la Givonne (3). Le 1er bataillon du 3e régiment de tirailleurs algériens, qui forme tête de colonne, déploie cinq compagnies sous la protection desquelles la brigade Kerléadec prend ses dispositions de combat. L'artillerie divisionnaire s'établit au nord-est de Daigny; le 3e zouaves se forme en bataille le long de la route suivie; le 56e se répartit entre Daigny et les deux ailes du régiment de zouaves; le 1er bataillon de chasseurs

(1) Historiques des 4e, 7e, 8e, 10e, 11e régiments d'artillerie; Journal du colonel d'Andigné; *Historique du grand État-major prussien*, VIII, 1105.

(2) *Historique du grand État-major prussien*, VIII, 1113.

(3) Voir *suprà*, p. 8.

reste en réserve au nord du village. De son côté, le *105ᵉ* borde le chemin de la Moncelle à Villers-Cernay. Une vive fusillade s'engage sur toute la ligne, sans que, de part et d'autre, on prenne l'offensive (1). A ce moment, arrive le commandant Corbin, chargé par Ducrot de recommander au général de Lartigue « de gagner du terrain vers le Bois Chevalier, afin d'éloigner un mouvement tournant (2) ». Le 3ᵉ zouaves se porte en avant à plusieurs reprises, mais il ne compte que 1 100 hommes dont la valeur morale est bien moindre qu'à Fræschwiller. Ses tentatives sont chaque fois repoussées par le feu (3).

Vers 7 heures, trois batteries de la *24ᵉ* division s'établissent à la gauche du *105ᵉ* dont la situation commence à devenir critique en raison du manque de cartouches et des attaques répétées des Français. Peu après, le *12ᵉ* bataillon de chasseurs entre en ligne, puis le *13ᵉ* chasseurs débouche à travers le Bois Chevalier, sur le flanc de la brigade Kerléadec. Un régiment saxon, le *104ᵉ*, se montre au sud. L'arrivée de ces troupes fraîches détermine chez l'ennemi un mouvement général d'offensive (4).

---

(1) Journal du colonel d'Andigné; Rapport du commandant Hervé; Historiques du 3ᵉ zouaves, du 3ᵉ tirailleurs, du 56ᵉ de ligne.

(2) Journal du colonel d'Andigné.

(3) *Historique du grand État-major prussien*, VIII, 1114.

(4) *Ibid.*, VIII, 1115-1116.

Désormais l'issue de la lutte n'est plus douteuse. En vain les généraux de Lartigue, de Kerléadec et les officiers de leur état-major donnent-ils aux troupes le plus brillant exemple. La retraite devient nécessaire. L'artillerie, obligée d'abandonner, faute d'attelages, trois mitrailleuses et un certain nombre de canons, gagne péniblement la route de Daigny à Givonne et ensuite le Calvaire d'Illy. Une fraction du 56ᵉ couvre son mouvement et se replie au nord-ouest de Daigny ou dans le bois à l'ouest. Le reste, avec le Iᵉʳ bataillon du 3ᵉ tirailleurs, se porte sur le plateau de la rive droite de la Givonne (1).

Le 3ᵉ zouaves combat encore au nord-est de Daigny, sous la vigoureuse impulsion du général de Lartigue. Le général de Kerléadec, à la tête du 1ᵉʳ bataillon de chasseurs, occupe Daigny où le commandant Hervé vient le renforcer avec deux compagnies de zouaves. Mais déjà l'ennemi pénètre dans le village et s'en empare vers 10 heures. En se repliant sur Daigny, le 3ᵉ zouaves se trouve soudain pris entre deux feux. Il reflue sur les hauteurs au nord-est sous une pluie de balles et d'obus, et se jette en désordre dans les jardins et le parc situés au nord du village. Le général de Lartigue a un cheval tué sous lui et

(1) Journal du colonel d'Andigné; Rapport du lieutenant-colonel Lamandé, commandant l'artillerie; Rapport du chef d'escadron Warnet; Historique du 56ᵉ de ligne.

est atteint de trois éclats d'obus. Le colonel d'Andigné, son chef d'état-major, est également blessé (1). Le 3ᵉ zouaves est coupé en deux fractions. L'une, sous les ordres du commandant Hervé, regagne les hauteurs de la rive droite et rejoint ensuite le reste de la division Lartigue. L'autre, comprenant la majeure partie du régiment avec le drapeau, parvient à atteindre la frontière belge par Olly, puis Rocroy et Signy-le-Petit, d'où elle est dirigée par voie ferrée, le 5 septembre, sur Paris (2).

(1) *Historique du grand État-major prussien*, VIII, 1117-1118 ; Journal du colonel d'Andigné ; Historiques du 1ᵉʳ bataillon de chasseurs et du 3ᵉ zouaves.
(2) Historique du 3ᵉ zouaves.

CHAPITRE III

WIMPFFEN COMMANDANT EN CHEF

Le maréchal de Mac-Mahon blessé vers 6 heures du matin. —
Il désigne Ducrot pour lui succéder. — Ducrot prescrit la concentration de l'armée à Illy. — Mesures d'exécution. — Objections du général Lebrun. — Ducrot lui accorde un délai, puis lui
envoie l'ordre formel de se replier. — Évacuation de Bazeilles.
— La dernière cartouche. — L'aile droite de la division Lacretelle débordée. — Wimpffen fait valoir ses droits au commandement. — Il annule les ordres de Ducrot. — Observations
de celui-ci. — Wimpffen passe outre. — Effets déporables de
cette succession de généraux en chef.

Tandis que ces combats se livrent à Bazeilles,
à la Moncelle et à Daigny, de graves événements
se produisent dans le haut commandement français et viennent rendre la situation de l'armée
encore plus critique.

Le 1er septembre, au point du jour, le maréchal de Mac-Mahon attend avec impatience le résultat des reconnaissances qu'il a fait envoyer
vers l'est et vers l'ouest, quand, entre 4 h. 30 et
5 heures, il reçoit un message du général Lebrun,
annonçant que le 12e corps est attaqué par des
forces considérables. En même temps, un officier de la division Margueritte fait connaître que

vers minuit une forte colonne d'infanterie a traversé Pouru-aux-Bois, mais, qu'à 3 heures du matin, son avant-garde n'a pas encore dépassé Francheval (1). Le maréchal prescrit aussitôt au lieutenant-colonel Tissier, sous-chef d'état-major général, de rassembler le convoi du grand quartier général pour l'acheminer sur Mézières, au premier ordre (2). Puis il se porte au galop vers le 12ᵉ corps, afin de se « rendre compte de la position de l'ennemi et de pouvoir ainsi donner des ordres de mouvement soit dans la direction de l'ouest, soit dans celle de l'est (3) ».

En arrivant sur les hauteurs qui dominent Bazeilles, le maréchal constate que la division Vassoigne, dont la première ligne est vivement engagée, « maintenait les Bavarois à distance » ; que ceux-ci appuient leur gauche à la Meuse, mais que leur droite est fort en l'air.

Ces circonstances lui donnent l'idée de « profiter d'une attaque aussi décousue (4) ». Mais il veut auparavant se rendre compte de la situation sur la Givonne, et, à cet effet, se dirige sur la Moncelle. De ce côté, l'ennemi combat avec vi-

<hr>

(1) *Enquête...*, I, 38 ; Maréchal DE MAC-MAHON, Souvenirs inédits ; Notes du général de Vaulgrenant.

(2) Notes du général Kessler.

(3) Maréchal DE MAC-MAHON, Souvenirs inédits. — Cf. Notes des généraux Broye et Riff.

(4) Maréchal DE MAC-MAHON, Souvenirs inédits ; Notes du général de Vaulgrenant.

gueur, mais sans gagner de terrain. Le maréchal vient de se remettre en marche sur Daigny, lorsqu'il est atteint d'un éclat d'obus. Afin de juger de la gravité de sa blessure, il y porte la main et enfonce le doigt jusqu'au projectile : la douleur est telle qu'il perd connaissance. En revenant à lui, le maréchal sent qu'il est « non seulement hors d'état de monter à cheval, mais même de diriger les opérations ». Il est 6 heures du matin environ (1).

Jugeant que de tous les commandants de corps d'armée, Ducrot est le plus digne d'assurer la lourde charge de la direction des opérations, le maréchal le désigne comme son successeur, bien que Wimpffen et Douay soient d'une ancienneté supérieure (2). Le commandant de Bastard est envoyé au général Faure, chef d'état-major général, avec mission de le prier de prévenir Ducrot. Bastard n'ayant pas trouvé le général Faure, se met à la recherche de Ducrot. Mais, en route, il est blessé lui-même et ne peut aller plus loin. Sur ces entrefaites, le maréchal, ayant été rejoint par

(1) Maréchal DE MAC-MAHON, Souvenirs inédits; *Enquête...*, I, 38 ; Notes des généraux Riff, Kessler, de Vaulgrenant. — Le prince de Hohenlohe fait très justement observer que le maréchal de Mac-Mahon ne devait pas venir se placer sur la première ligne, dès le début du combat. Le poste du commandant en chef est au centre, autant que possible, et il ne doit se déplacer qu'en cas de nécessité (*loc. cit.*, II, 323).

(2) Le maréchal de Mac-Mahon au ministre de la Guerre, Pouru-aux-Bois, 16 septembre 1870.

le général Faure, le charge d'envoyer à Ducrot
deux autres officiers, le chef d'escadron Riff et le
capitaine Kessler : après d'assez longues recher-
ches, ceux-ci finissent par le trouver sur la hauteur à l'ouest de Givonne, vers 8 heures du
matin (1).

A la nouvelle qui lui parvient, le premier
mouvement du général Ducrot est de lever les
bras au ciel en un geste accablé. Sa physionomie, « jusque-là calme et froide, presque indif-
férente », exprime « le découragement et le
désespoir (2) ». Mais, sans s'attarder à de vaines
lamentations, il se ressaisit aussitôt et, malgré
toute la gravité de la situation, il n'hésite pas à
accepter la responsabilité du commandement suprême. C'était faire preuve d'un grand caractère
et d'une haute valeur morale. Ducrot n'a reçu
aucune instruction pour la journée du 1er septembre. Quelles sont les intentions du maréchal?
Veut-il livrer une bataille offensive ou défensive,

(1) Notes des généraux Riff et Kessler. — L'heure de la prise
de commandement de Ducrot a été contestée. Dans sa déposition au Conseil d'enquête sur les Capitulations, Ducrot dit :
« 7 heures à peu près. » Même indication dans le Journal de
marche du 1er corps. Les notes du colonel Robert, chef d'état-
major du 1er corps, indiquent 8 heures. Le commandant Rouff,
aide de camp de Ducrot, dit : « Après 8 h. 30 » (A. DUQUET,
Encore la retraite à Sedan, 28); le capitaine Achard, de l'état-
major du 1er corps : « Vers 8 heures. » Les témoignages concor-
dants et désintéressés des généraux Riff et Kessler doivent faire
admettre 7 h. 45 à 8 heures.
(2) Docteur SARAZIN, *loc. cit.*, 120.

reprendre sa marche sur Montmédy ou battre en retraite sur Mézières (1)? D'ailleurs, le maréchal n'était pas encore fixé lui-même au moment où il avait été blessé. Sur l'ennemi, Ducrot n'a que peu de renseignements; mais, dès le 30 août, la situation lui a paru « très grave (2) ». Il a compris qu'il faut, de toute nécessité, renoncer à la marche vers Metz : le salut de l'armée exige que l'on se replie vers le nord-ouest. C'est dans ce but qu'il s'est proposé d'établir les bivouacs du 1er corps à Illy dans la soirée du 31 août. Il n'y a renoncé que sur l'ordre formel du commandant en chef (3).

Quelques instants auparavant, Ducrot a aperçu, des hauteurs à l'ouest de Givonne, des masses ennemies cheminant du sud au nord sur les crêtes opposées, à environ deux kilomètres, et leur a fait envoyer quelques obus. Au même moment, un paysan lui remet un billet du maire de Villers-Cernay, annonçant que, depuis le matin, de nombreuses troupes prussiennes passent à Villers-Cernay et à Francheval (4). L'intention de l'ennemi, en conclut Ducrot avec juste

(1) Conseil d'Enquête sur les Capitulations, Déposition Ducrot; Général DUCROT, *la Journée de Sedan*, 22, note 1.

(2) Le général Ducrot au général Margueritte, Carignan, 30 août.

(3) Le général Ducrot au maréchal de Mac-Mahon, Carignan, 31 août; Le maréchal de Mac-Mahon au général Ducrot, Sedan, 31 août; Journal des marches et opérations du 1er corps; Général DUCROT, *loc. cit.*, 7-9.

(4) C'étaient les colonnes de la Garde.

raison, semble être de déborder le 1ᵉʳ corps par le nord et de lui couper la retraite sur Illy (1). Il y reconnait la manœuvre habituelle des Allemands, celle, écrivait-il plus tard, qu'ils avaient déjà « pratiquée à Sadowa, à Wissembourg, à Frœschwiller » : l'enveloppement par des mouvements tournants sur les ailes (2). Une prompte décision, suivie d'une exécution immédiate s'impose. Ducrot la prend avec une énergie, une lucidité et une fermeté d'âme qui dénotent un véritable homme de guerre.

Se tournant vers son état-major : « Messieurs, dit-il, je suis chargé du commandement; nous n'avons pas un instant à perdre; il faut se concentrer immédiatement en arrière sur le plateau d'Illy; quand nous serons tous là, nous aurons notre retraite assurée, et nous verrons ce qu'il y aura à faire (3). »

(1) Général Ducrot, *loc. cit.*, **22**.

(2) Notre manuscrite du général Ducrot sur la bataille de Sedan.

(3) Conseil d'Enquête sur les Capitulations, Déposition Ducrot.

Ainsi, le projet de Ducrot à ce moment était la concentration de l'armée à Illy et non pas la retraite sur Mézières, comme on l'a généralement admis : Cf., en particulier, *Retraite sur Mézières, le 31 août et le 1ᵉʳ septembre 1870; Annexe à la journée de Sedan*, par le général Ducrot; *La Retraite sur Mézières*, par un officier supérieur. — Ducrot revient sur ce projet de concentration à plusieurs reprises : *La Journée de Sedan*, **21**, **23**, **42**; Le général Ducrot à Mme Ducrot, Margut, 7 septembre 1870 (*Vie militaire du général Ducrot*, II, **421**); Le docteur Sarazin à Mme Ducrot, Cassel, 4 septembre 1870 (Archives de la Guerre, Papiers Ducrot); *Gazette des Tribunaux* du 1ᵉʳ février

A ces mots, dans l'entourage de Ducrot, la consternation se manifeste sur tous les visages. Visiblement, personne ne se rend compte du danger de la situation et ne comprend cette mesure radicale. Le colonel Robert, chef d'état-major du 1er corps, et l'un des aides de camp hasardent quelques objections au sujet du mouvement de retraite que les troupes vont exécuter, presque sans avoir combattu : le combat semble prendre bonne tournure à Bazeilles; la journée commence seulement; on peut attendre. « Attendre quoi? s'écrie Ducrot; que nous soyons complètement enveloppés? Il n'y a pas un instant à perdre. Exécutez mes ordres; trêve de réflexions (1)! » Robert fait encore observer que, du moment où

1875 (Procès Wimpffen-Cassagnac, Déposition Ducrot). Il n'y a donc pas lieu de discuter, comme certains écrivains l'ont fait, la question de savoir si la retraite sur Mézières était possible ou non le 1er septembre à 8 heures du matin, puisque Ducrot n'a jamais ordonné pareil mouvement. (Pour cette discussion, voir A. DUQUET, *la Retraite à Sedan* et *la Victoire à Sedan; la Retraite sur Mézières,* par un officier supérieur).

Il semble bien que le général Ducrot ait eu la pensée de battre en retraite sur Mézières, mais plus tard, et il subordonnait cette opération à la concentration préalable sur Illy, ce qui était une perte de temps considérable et inutile. Une concentration de ce genre, avant la marche, était bien d'ailleurs dans les procédés de l'époque. Il semble aussi, d'après ces mots « retraite assurée », que Ducrot n'ait pas eu connaissance du mouvement de l'ennemi sur Donchery, qui menaçait gravement la retraite sur Mézières.

(1) Général DUCROT, *loc. cit.,* 22. — Cf. Conseil d'Enquête sur les Capitulations, Déposition Ducrot; Notes du colonel Robert; Docteur SARAZIN, *loc. cit.,* 121.

la retraite est décidée, il faut en avertir l'empereur. « Que l'empereur aille se faire f... où il voudra, interrompt brusquement Ducrot, c'est lui qui nous a mis dans ce pétrin (1). »

En conséquence, vers 8 heures, Ducrot fait prévenir les commandants de corps d'armée que l'armée entière va se concentrer sur le plateau d'Illy ; il ordonne au général Forgeot de « faire filer immédiatement tous les *impedimenta* de l'artillerie ; les mêmes prescriptions sont données à l'intendance relativement aux voitures de l'administration (2) ». Afin de ne pas décourager les troupes, il spécifie, suivant le capitaine Peloux, que le mouvement de retraite ne s'effectue que pour reprendre plus tard l'offensive. Il s'enquiert enfin de la praticabilité des bois de la Falizette auprès du capitaine adjudant-major Debord, qui connaît bien le pays (3).

D'après les instructions de Ducrot, les 1er et 12e corps doivent rompre le combat, en échelons par la droite. Le 12e corps, se retirant le premier, contournerait les fronts est et nord-est de la place, dont les feux protégeraient son mouve-

(1) Notes du colonel Robert.

(2) Général DUCROT, *loc. cit.*, 21. — Le 7e corps ne semble pas avoir été prévenu : le général Douay n'en fait aucune mention, ni dans son rapport sur la bataille, ni dans sa déposition au Conseil d'enquête.

(3) *Gazette des Tribunaux* du 14 février 1875, Procès Wimpffen-Cassagnac, Déposition Debord.

ment. La division Wolff, à la gauche du 1er corps, resterait en position la dernière, puis elle se jetterait dans le bois de la Garenne qu'elle défendrait pied à pied (1). Les divisions Pellé et L'Hériller prendraient une position intermédiaire entre le plateau d'Illy et les hauteurs à l'ouest de Givonne de façon à protéger la retraite du 12e corps et de la division Wolff. Quelques-uns de leurs éléments entament déjà le mouvement rétrograde. La brigade Kerléadec reste sur la rive gauche de la Givonne afin de garder le plus longtemps possible Daigny, « seul point », croit inexactement Ducrot, « où il existe un pont pour le passage de l'artillerie ennemie (2) ».

A peine Ducrot a-t-il achevé de dicter ses ordres, qu'il se rend au galop auprès du général Lebrun afin de hâter son mouvement. Il croit devoir lui exposer les motifs de sa décision. L'attaque de l'ennemi sur Bazeilles et la Moncelle n'est, à son avis, qu'une feinte, destinée à attirer l'attention des Français vers l'est, tandis qu'il manœuvrerait pour les envelopper par le nord en se dirigeant vers la haute Givonne. Il faut à tout prix déjouer cette tentative en concentrant l'armée à Illy où elle serait, affirme Ducrot, « en bonne situation ». Si les Allemands

(1) Général WOLFF, Souvenirs inédits.
(2) Général DUCROT, *loc. cit.*, **26-27**; Historique de la division Pellé.

n'agissent pas comme il le prévoit, s'ils se bornent à une attaque de front, on exécutera un retour offensif pour les jeter dans le ravin de la Givonne (1).

Lebrun oppose au plan de Ducrot une série d'objections. Les troupes se maintiennent fort bien sur leurs positions; sur certains points, même, les Bavarois plient. Ne va-t-on pas démoraliser les soldats en les faisant reculer? N'est-il pas à craindre que la retraite des bataillons de marche ne dégénère en déroute? Le mouvement, ajoute justement Lebrun, présente de sérieuses difficultés, surtout pour la traversée du bois de la Garenne où il faudra reformer les unités en colonnes qui mettront un temps considérable à s'écouler (2). Lebrun conclut en demandant un délai de trois quarts d'heure, après lequel il sera prêt à exécuter la retraite sur Illy, si les intentions de Ducrot n'ont pas varié (3).

Ce laps de temps à peu près écoulé, vers 9 heures, Ducrot dépêche à Lebrun le capitaine Peloux avec ordre « d'effectuer le mouvement sans plus tarder (4) ». Puis, dans son impatience,

(1) Ducrot expose ces arguments dans *la Journée de Sedan*, 33. On ne les trouve ni dans sa déposition, ni dans celle de Lebrun au Conseil d'Enquête sur les Capitulations.

(2) Rapport du général Lebrun.

(3) Conseil d'Enquête sur les Capitulations, Dépositions des généraux Ducrot et Lebrun; Renseignements verbaux du colonel de Léglise, qui appartenait alors à l'état-major du 12e corps.

(4) Souvenirs inédits du général Peloux.

il se rend une seconde fois auprès de Lebrun et lui déclare, sur un ton péremptoire, qu'il n'y a plus un instant à perdre pour se conformer à ses instructions (1). Lebrun s'incline. Il soumet à Ducrot une série de mesures assurant dans de bonnes conditions l'opération prescrite : la division Vassoigne, évacuant Bazeilles, se porterait la première au nord de Fond de Givonne; la division Grandchamp se replierait ensuite, suivie de la division Lacretelle. Le Ier corps ne commencerait sa retraite que lorsque le 12e aurait définitivement occupé les hauteurs au nord de Fond de Givonne (2).

Lebrun expédie aussitôt à la division Vassoigne l'ordre d'abandonner Bazeilles et de se replier vers le nord. Des fractions d'infanterie de marine viennent de refouler les Bavarois et de réoccuper le secteur ouest de Bazeilles. Ces succès locaux facilitent la rupture du combat et la retraite de la division Vassoigne.

Vers 9 h. 30, lorsque l'ordre parvient au général Reboul, commandant la 1re brigade, il est « plein d'espoir sur le résultat de la bataille (3) ». Soldat obéissant, il rassemble au nord de Bazeilles

---

(1) Rapport du général Lebrun.

(2) Conseil d'Enquête sur les Capitulations, Déposition Lebrun. — Dans son ouvrage *Bazeilles-Sedan*, publié en 1884, Lebrun a relaté les dispositions prises d'une manière différente et peu vraisemblable.

(3) Rapport du général Reboul.

tout ce qu'il peut rappeler des 1ᵉʳ et 4ᵉ régiments et déploie les unités en ligne, afin d'offrir moins de prise aux projectiles bavarois lancés de la rive gauche de la Meuse. Le mouvement de retraite s'effectue ensuite vers Fond de Givonne dans le plus grand ordre (1). Mais de nombreuses fractions, avisées trop tard ou déjà cernées dans des maisons, se replient vers Balan ou continuent à résister désespérément (2).

Le colonel Alleyron, commandant la 2ᵉ brigade (3), groupe autour de l'aigle douze ou treize compagnies du 2ᵉ régiment sous les ordres du capitaine adjudant-major Brunot; vers 10 h. 30, elles suivent la brigade Reboul vers Fond de Givonne, ralliées par quelques fractions engagées vers Monvillers et par une partie du 3ᵉ régiment. Bazeilles ne reste plus occupé que par des groupes confus appartenant aux quatre régiments d'infanterie de marine (4).

A partir de 10 heures, les Bavarois peuvent donc faire des progrès sensibles; ils viennent d'ailleurs d'être renforcés par trois bataillons de la 4ᵉ brigade encore disponibles (5). Peu à peu,

(1) Rapport du général Reboul; Journal de marche de la division Vassoigne.

(2) Notes du général Bouguié et du commandant Camus.

(3) Il remplaçait le général Martin des Pallières, blessé la veille.

(4) Notes du colonel de Percin et des lieutenants-colonels Brunot et Dumesnil.

(5) *Historique du grand État-major prussien*, VIII, 1111.

ils envahissent la grande rue et se portent contre la villa Beurmann, tandis que des fractions, venant du parc de Monvillers, la tournent par le nord-est. Les derniers groupes d'infanterie de marine qui occupent cette villa l'évacuent à ce moment. Vers 10 h. 45, le village est presque entièrement aux Bavarois. Seuls quelques groupes isolés font la plus honorable résistance avant de se rendre.

Parmi eux, il faut citer les défenseurs de la maison Bourgerie, à la sortie nord-ouest de Bazeilles, sur la route de Balan. Une soixantaine d'officiers et d'hommes de troupe s'y sont établis. Le commandant Lambert, quoique blessé, a pris la direction de la défense, secondé par les capitaines Aubert, Bourgey, Delaury, Picard, les sous-lieutenants Saint-Félix et Escoubert, le sergent Poittevin. Bientôt les Bavarois les cernent entièrement et amènent du canon pour réduire cette bicoque. La résistance continue néanmoins jusqu'à la « dernière cartouche ». Exaspérés, les Bavarois menacent de se jeter sur ces braves au moment où la lutte doit cesser, faute de munitions. Le commandant Lambert se présente le premier : un cri de mort l'accueille, et il ne doit la vie qu'à la généreuse intervention du capitaine bavarois Lissignolo (1).

(1) Notes du capitaine Bourgey; Récits verbaux que nous

La veille déjà, l'incendie avait commencé ses
ravages. Systématiquement, les Bavarois mettent
le feu aux maisons que le canon a épargnées. De
tout le village, vingt-trois bâtiments, situés un
peu à l'écart, restent seuls intacts (1). Les Bavarois se livrent aussi sur les habitants à des vio-
lences que la présence parmi les défenseurs de
quelques paysans armés ne saurait excuser (2).
Vers midi, Bazeilles est en flammes; les pionniers

avons recueillis sur place de la bouche même du général Lambert,
du sergent Poittevin, du soldat Porcher.

(1) « Il y a eu 37 maisons incendiées par les obus allemands.
Il y en avait 423; 363 ont été incendiées à la main avec du
pétrole, des allumettes, des bougies placées sous les lits. J'ai des
témoignages de ces faits... Il n'est resté debout que 23 maisons,
y compris les châteaux, le tout dans des écarts; car, dans
Bazeilles même, rien n'a été épargné. J'ai vu moi-même des
soldats allemands mettre le feu à des masures qu'ils avaient sans
doute oubliées le 3 septembre... » (Renseignements fournis par
le maire de Bazeilles au général Lebrun, *Bazeilles-Sedan*, 325.)

(2) Quarante-trois habitants des deux sexes furent tués (Général LEBRUN, *loc. cit.*, 302, liste nominative). — Cf. Lettre du
duc de Fitz-James (*Times* du 15 septembre 1870); VERLY, *loc.
cit.*, 199.

Dans une lettre du 20 juin 1871 à l'*Allgemeine Zeitung*
(Augsbourg), le général von der Tann a nié les cruautés des Bavarois. Il s'est attiré un démenti formel d'Emmanuel Domenech,
aumônier d'une ambulance du 12e corps, qui accuse en outre
les Bavarois d'avoir fait fusiller deux officiers, le lieutenant
Vatrin et le sous-lieutenant Chevalier, qui s'étaient rendus. L'autorité allemande de Sedan chargea le 29 septembre le commis-
saire de police de cette ville d'interdire les quêtes en faveur des
pauvres de Bazeilles pour ce motif qu'elles constituaient « un
blâme et une fausse interprétation de la sentence rendue contre
ce village » (Jules CLARETIE, *Histoire de la révolution de 1870-
1871*, Documents complémentaires, 223-224).

sont obligés d'ouvrir un chemin permettant de contourner les maisons à travers le parc de Monvillers. Trois bataillons bavarois, restés jusqu'alors au viaduc du chemin de fer, se portent à la lisière sud du village (1).

L'évacuation de Bazeilles ne peut manquer d'avoir sa répercussion sur la marche du combat à la Moncelle. Vers 9 heures du matin, sur l'ordre de Lebrun, la brigade Marquisan, placée au saillant sud-est du bois de la Garenne, se porte sur les hauteurs à l'ouest de Daigny (2). Déjà le 31e de ligne qui les occupe (3) a été renforcé par le 58e, de la division Grandchamp. Mais la retraite de la brigade Kerléadec rend nécessaire l'arrivée de nouvelles troupes. Notre artillerie n'a plus, sur ce point, que six batteries en état de continuer le feu. Encore ne tirent-elles guère, suivant l'expression de Lebrun, que pour montrer à l'infanterie qu'elles font, « pour la soutenir, tout ce qui est humainement possible (4) ».

L'apparition de la brigade Marquisan détermine des mouvements offensifs partiels aux 20e, 22e et 14e de ligne, échelonnés depuis les abords de Daigny jusqu'au parc de Monvillers. Leurs

(1) *Historique du grand État-major prussien,* VIII, 1122-1124.
(2) Journal de marche de la brigade Marquisan.
(3) Le 31e appartient à la brigade Louvent, de la division Lacretelle. A sa droite, se trouvent : le 20e de ligne, une fraction du 22e, puis le 14e appuyant sa droite à Monvillers.
(4) Rapport du général Lebrun.

progrès sont assez marqués pour obliger les batteries allemandes « à tourner leurs efforts contre
l'infanterie assaillante (1) ». Néanmoins, les
tirailleurs français, qui ont franchi la Givonne,
arrivent jusqu'à trois cents pas de l'artillerie
saxonne et l'obligent à se reporter en arrière. Ce
n'est qu'un succès très momentané. De 9 heures
à 10 heures entrent en ligne successivement :
quatre nouvelles batteries saxonnes et une brigade bavaroise à la Moncelle ; la *46ᵉ* brigade sur
la lisière orientale de Bazeilles et à Monvillers (2).
Le combat se rétablit bien vite en faveur des
Allemands qui prennent l'offensive à leur tour.

Le 14ᵉ de ligne lutte avec la plus grande énergie, mais l'évacuation de Bazeilles laisse son flanc
droit sans appui. L'avant-garde de la *8ᵉ* division
vient d'ailleurs soutenir les Saxons, tandis que
la *46ᵉ* brigade fait effort de la Moncelle sur
Balan (3). Vers 11 h. 30, le 14ᵉ de ligne doit se
replier vers le nord-ouest ; le 22ᵉ, découvert sur
sa droite, rétrograde à son tour et entraîne le
recul du 20ᵉ qui, par un vigoureux retour offensif, maintient l'ennemi à distance. La retraite de
l'infanterie détermine celle de nos dernières bat-

____

(1) *Historique du grand État-major prussien*, VIII, 1107. —
Cet ouvrage a exagéré l'importance de ces retours offensifs.

(2) *Ibid.*, VIII, 1108-1109.

(3) Historique du 14ᵉ de ligne ; *Historique du grand État-
major prussien*, VIII, 1119-1121.

teries (1). Les Saxons s'organisent sur les positions conquises. Les Bavarois, à part deux bataillons maintenus sur les hauteurs, se reconstituent dans la vallée de la Givonne (2).

L'empereur, qui se trouvait vers 10 heures aux environs de Balan, a aperçu le mouvement de retraite de la division Vassoigne. Bien qu'il se soit assigné comme règle de n'intervenir en rien dans les décisions du commandement, sa surprise est telle qu'il charge le capitaine d'Hendecourt, un de ses officiers d'ordonnance, de demander des explications. Ducrot fait connaître les motifs de sa détermination, et l'empereur n'entrave nullement l'exécution du mouvement, soit qu'il se soit rendu aux raisons du général, soit qu'il veuille persister dans son rôle de spectateur (3).

(1) Historiques du 20e de ligne, et des 7e, 8e, 11e régiments d'artillerie.

(2) *Historique du grand État-major prussien,* VIII, 1122.

(3) Général Ducrot, *loc. cit.,* 27-28. — D'après le comte de La Chapelle (*Œuvres posthumes de Napoléon III, le Livre de l'empereur,* 119), d'Hendecourt ne reparut plus. Il fut tué en revenant. L'empereur fut sans doute renseigné par le capitaine Guzman, un autre de ses officiers d'ordonnance, le seul dont Ducrot relate l'arrivée jusqu'à lui. D'après de Massa (*loc. cit.,* 318), c'est le général de Vassoigne qui rendit compte à l'empereur de la manœuvre prescrite par Ducrot.

*
* *

Vers 9 h. 30 du matin, les mouvements prescrits par Ducrot sont en cours d'exécution : la division Vassogine évacue Bazeilles ; les divisions Pellé et L'Hériller ainsi que la réserve d'artillerie du 1ᵉʳ corps se portent au nord-ouest de Givonne (1). Jusqu'alors le général de Wimpffen, qui sait, depuis une heure au moins, que Mac-Mahon a été blessé, et qui possède une lettre du ministre de la Guerre lui attribuant le commandement en chef dans cette éventualité (2), a laissé agir Ducrot, pensant, déclara-t-il plus tard, que son collègue connaissait le plan du maréchal. Mais, vers 9 heures, il change d'avis et songe à faire valoir ses droits (3).

Dans son rapport au ministre, Wimpffen énumère les motifs de ce revirement. Le projet de concentration sur Illy lui paraît fort dangereux : « la route est difficile à suivre pour plusieurs corps d'armée » ; il faut « parcourir au moins

(1) Conseil d'Enquête sur les Capitulations, Déposition du général de Wimpffen ; Rapport du général Lebrun ; Général Ducrot, *loc. cit.*, 26.

(2) Rapport du général de Wimpffen au ministre de la Guerre, Fays-les-Veneurs (Belgique), 5 septembre 1870. — Pour le libellé de cette lettre du ministre, voir général DE WIMPFFEN, *Sedan*, 124.

(3) Général DE WIMPFFEN, *Sedan*, 158.

dix kilomètres, espace fort long pour des troupes déjà fatiguées par cinq heures de lutte » ; on doit s'attendre à ce que l'ennemi se jette sur elles avec d'autant plus d'ardeur qu'il a la certitude de « les refouler en arrière sur des troupes nombreuses ayant pris position pour barrer le passage (1) ».

Tels sont les motifs allégués par Wimpffen quelques jours après les événements. Mais dans la matinée du 1ᵉʳ septembre, il semble que d'autres raisons soient intervenues. Le billet au crayon qu'il adresse à Ducrot est, en effet, ainsi conçu :

« L'ennemi est en retraite sur notre droite. J'envoie à Lebrun la division Grandchamp. Je pense qu'il ne doit pas être question en ce moment de mouvement de retraite. J'ai une lettre de commandement de l'armée du ministre de la Guerre, mais nous en parlerons après la bataille. Vous êtes plus près de l'ennemi que moi ; usez de toute votre énergie et de tout votre savoir pour remporter la victoire sur un ennemi dans des conditions désavantageuses. En conséquence, soutenez vigoureusement Lebrun tout en surveillant la ligne que vous êtes chargé de garder (2). »

(1) Rapport du général de Wimpffen, 5 septembre 1870.
(2) Archives de la Guerre (Papiers Ducrot). — Tel est le texte de l'original. Dans son ouvrage, 162, Wimpffen a donné une version un peu différente. Il substitue : « L'ennemi faiblit sur notre droite » à « l'ennemi est en retraite sur notre droite » et « positions désavantageuses » à « conditions désavantageuses ».

Donc, suivant certaines apparences, la résistance énergique de la division Vassoigne à Bazeilles a fait illusion à Wimpffen et l'amène à penser que le combat pourra prendre bonne tournure sur ce point. Il n'a pas d'ailleurs de plan arrêté. Il compte « sur les péripéties de la bataille pour trouver une combinaison moins désastreuse », et qui « ne livrerait pas l'armée à l'ennemi avant d'avoir épuisé tout ce qu'on peut espérer des chances d'une lutte héroïque (1) ».

A peine Ducrot est-il en possession de ce billet qu'il part au galop à la recherche de Wimpffen, et le rencontre un instant après. Sans lui contester en aucune façon le commandement en chef, il se déclare prêt à le seconder de tous ses efforts, mais tente d'abord de lui faire partager sa conviction de la nécessité de concentrer l'armée à Illy : « Permettez-moi de vous faire observer que je suis en présence des Prussiens depuis près de deux mois ; que, mieux que vous, je connais leur manière de faire ; que j'ai étudié la situation, le terrain ; qu'il est évident pour moi que l'ennemi est en train de manœuvrer pour nous envelopper.

(1) Général DE WIMPFFEN, *loc. cit.*, 159 ; Conseil d'Enquête sur les Capitulations, Déposition du général de Wimpffen. — Dans son ouvrage, Wimpffen esquisse un plan : écraser les deux corps bavarois, puis « revenir avec les 12e et 1er corps vers les 5e et 7e pour combattre, avec toute l'armée réunie, l'aile droite des Allemands » (163). — Son rapport au ministre, en date du 5 septembre 1870, est muet sur cette combinaison.

Je l'ai vu de mes yeux, et ce billet que voici, du maire de Villers-Cernay, ne peut laisser aucun doute. Au nom du salut de l'armée, je vous adjure de laisser continuer le mouvement de retraite. Dans deux heures, il ne sera plus temps (1). »

Wimpffen répond à Ducrot qu'il n'est pas possible de lui donner satisfaction sur ce point et qu'il est contraire au caractère français de toujours reculer. A son avis, il importe de profiter des avantages acquis vers Bazeilles et de faire converger tous les efforts pour écraser les corps opposés à Lebrun. Vainement Ducrot appelle son attention sur la position d'Illy qu'il considère comme capitale et qu'il appelle « la porte de sortie » . Comme Wimpffen lui demande ce qu'est Illy, Ducrot lui montre sur la carte la boucle que forme la Meuse en aval de Sedan et l'étroit couloir compris entre elle et la frontière belge. « Il n'y a là, dit-il, qu'un unique point de passage, c'est Illy! Si l'ennemi s'en empare, nous sommes perdus. » Mais Wimpffen s'en tient à son idée; ses derniers entretiens avec Palikao ont « gravé dans son esprit leur empreinte (2) » . Il déclare, sur un ton qui met fin à toute discussion, que l'on réunira tous les efforts pour secon-

(1) Général DUCROT, *loc. cit.*, 31. — Cf. Conseil d'Enquête sur les Capitulations, Déposition du général Ducrot.
(2) Pierre DE LA GORCE, *loc. cit.*, VII, 322.

der Lebrun : « Ce n'est pas une retraite qu'il nous faut, conclut-il, c'est une victoire ! » Désespéré, non de perdre le commandement, mais de voir se consommer la ruine certaine de l'armée, Ducrot répond : « Ah ! il vous faut une victoire ? Eh bien ! nous serons trop heureux si nous avons une retraite ce soir (1) ! »

Néanmoins, définitivement ancré dans son dessein, Wimpffen prescrit à Ducrot de reprendre ses premières positions et renforce sa gauche par la brigade Saurin, du 5ᵉ corps, bien que Ducrot regarde ce secours comme inutile (2). Puis il se rend auprès de Lebrun. En suivant la dépression de Fond de Givonne, il rencontre l'empereur. Il lui annonce qu'il va faire reprendre à l'armée les positions précédemment évacuées, et qu'il se propose ensuite « de jeter les Bavarois dans la Meuse ». « J'aurais voulu faire un effort plus considérable contre l'ennemi, ajoute-t-il, mais il est trop tard (3). » L'empereur

---

(1) Général Ducrot, *loc. cit.*, 31 ; Docteur Sarazin, *loc. cit.*, 123. — Cf. Conseil d'Enquête sur les Capitulations, Déposition du général Ducrot.

L'entretien entre Wimpffen et Ducrot a dû être exposé à peu près d'après les seules déclarations de ce dernier, Wimpffen ne l'ayant relaté nulle part. Ducrot n'a pu probablement reproduire les paroles mêmes qui ont été prononcées, mais plutôt leur sens général.

(2) Rapport du général de Wimpffen.

(3) Conseil d'Enquête sur les Capitulations, Déposition du général de Wimpffen. — Dans le *Moniteur universel* du 22 juil-

poursuit sa route sans mot dire, cherchant peut-être la mort... (1).

A peine Wimpffen a-t-il abordé Lebrun, qu'il lui ordonne de suspendre le mouvement rétrograde que Ducrot lui a fait exécuter. Visiblement sous l'influence des idées de Palikao, qui repoussent tout ce qui n'est pas la marche vers Metz, il déclare qu'il n'admet pas que l'on puisse songer à battre en retraite sur Mézières; cette opération, si elle devient indispensable, doit s'effectuer sur Carignan. Mais il n'y a pas lieu à son avis d'y songer pour le moment. Le 12ᵉ corps doit, au contraire, réoccuper les emplacements des premières heures de la matinée. Wimpffen lui promet « les honneurs de la journée (2) ».

Lebrun objecte très justement qu'il ne sera point aisé de reprendre un grand village comme Bazeilles, fortement tenu par l'adversaire. Le nouveau commandant en chef répond qu'il faut

---

let 1871, le général Pajol, aide de camp de l'empereur, a donné de ce propos une version un peu différente : « Que Votre Majesté ne s'inquiète pas; dans deux heures, je les aurai jetés dans la Meuse. » Le général Castelnau aurait dit alors à Pajol : « Plaise à Dieu que ce ne soit pas nous qui y soyons jetés! » Cf. Prince DE LA MOSKOWA, *Quelques notes intimes sur la guerre de 1870 (Correspondant* du 10 décembre 1898).

(1) « Quelques jours avant, il nous avait dit, en récapitulant tous ses malheurs : « Et ne pouvoir pas même se faire tuer! » (Prince DE LA MOSKOWA, *loc. cit.*) Pourtant Napoléon III refusa d'accompagner Wimpffen dans sa tentative désespérée sur Balan (Voir *infrà*, 130-131).

(2) Général LEBRUN, *loc. cit.*, 112.

s'en emparer « coûte que coûte ». Lebrun promet seulement de faire prendre position à ses troupes sur les hauteurs situées au sud de Fond de Givonne (1).

Vers 10 h. 15, Ducrot tente un dernier effort pour convaincre Wimpffen. Il lui renouvelle ses instances sur l'opportunité, sur la nécessité même du mouvement vers Illy. Ses objurgations sont vaines. Wimpffen répète à Ducrot et à Lebrun que, si l'armée ne peut se maintenir victorieusement sur le terrain qu'elle occupe, elle n'aura d'autre ressource que de s'ouvrir « un passage sanglant dans la direction de l'est, vers Carignan et Montmédy (2) ». A ce moment, il espère encore conserver sans désavantage ses positions et même réussir des « opérations successives » contre les deux ailes de l'armée allemande. Si nous en croyons son témoignage postérieur aux événements, son projet aurait consisté à refouler les Bavarois et à les acculer à la Meuse ; puis, avec toutes ses forces, à faire face aux corps ennemis qui avaient franchi la rivière en aval de Sedan (3).

Ainsi, à 10 heures du matin, trois généraux en chef se sont succédé à la tête de l'armée fran-

---

(1) Conseil d'Enquête sur les Capitulations, Déposition du général Lebrun.

(2) Général DE WIMPFFEN, *loc. cit.*, 165.

(3) *Ibid.*, 164.

çaise, chacun cherchant à faire prévaloir un projet différent. Au début de la journée, il semblait que l'on dût se défendre sur place, en attendant des renseignements plus complets; puis Ducrot a prescrit la concentration sur Illy par une série de mouvements en retraite; Wimpffen, enfin, ordonne de prendre l'offensive dans le secteur sud-est du champ de bataille. Ces ordres et contre-ordres, en déterminant l'abandon de positions vaillamment défendues, sont de nature à démoraliser les troupes qui, pour la plupart, ignorent les causes de ces revirements; à exposer les unités à des manœuvres en formation dense sous le feu; à jeter en un mot le désarroi dans une armée déjà ébranlée par les défaites antérieures, peu confiante dans le haut commandement qu'elle sent irrésolu, et placée dans une des situations les plus critiques dont l'histoire militaire fasse mention.

CHAPITRE IV

INTERVENTION DE LA IIIe ARMÉE

Instructions du prince royal de Prusse. — Les Ve et XIe corps
dirigés vers l'est, au canon. — Passage du défilé de Saint-
Albert. — Déploiement de l'artillerie du XIe corps. — Les
batteries du 7e corps luttent courageusement. — Premières
charges de la division Margueritte. — Entrevue de Wimpffen
avec Douay. — L'artillerie du Ve corps. — L'infanterie ennemie à Olly, en liaison avec la Garde. — Feux écrasants de l'artillerie allemande. — La cavalerie des 1er et 5e corps reflue
dans la forêt des Ardennes et, de là, se jette en Belgique. —
Une partie rentre en France.

Tandis que le 1er corps bavarois et l'armée de
la Meuse combattent à Bazeilles et sur la Givonne,
d'autres masses allemandes entrent en ligne au
sud et au sud-ouest de Sedan. Bientôt le cercle va
se fermer et se resserrer progressivement autour
de l'armée de Châlons toujours immobile et passive.

A 7 h. 15 du matin, le roi de Prusse arrive
sur le mamelon au sud-ouest de Frénois, excellent observatoire permettant de suivre les péripéties de la bataille. De son côté, le prince
royal de Prusse se tient depuis 6 heures sur les
pentes au nord-est de la Croix-Piot, au sud de

Donchery. De ce point, on peut distinguer, vers 7 heures, après la disparition de la brume, tout le terrain au nord et à l'ouest de Sedan, mais Bazeilles est masqué par les hauteurs intermédiaires (1).

Jugeant par l'intensité croissante de la canonnade que le 1er corps bavarois est chaudement engagé, le prince royal croit devoir le faire soutenir. Le corps le plus à portée est le IIe bavarois, en marche sur deux colonnes vers Noyers et Bulson. Une seule division et la réserve d'artillerie, établies sur les hauteurs de Frénois à Wadelincourt, suffisant à empêcher les Français de déboucher de Sedan par le sud-ouest, l'autre division est dirigée sur Bazeilles (2).

A l'aile gauche de la IIIe armée, où les mouvements ont commencé avant le jour, non sans quelques encombrements et croisements de colonnes, les Ve et XIe corps, en marche du sud au nord vers la route de Sedan à Mézières, ont déjà dépassé Donchery. La division wurtembergeoise franchit la Meuse à Dom-le-Mesnil, prête à jeter une avant-garde vers Vivier-au-Court, dans la direction présumée de notre retraite. La *4e* division de cavalerie se rassemble près de Frénois.

Mais, sur ces entrefaites, le prince royal apprend que la route de Mézières est libre. Que

(1) *Historique du grand État-major prussien,* VIII, 1138.
(2) *Ibid.*

doit-il en induire? Les Français ont-ils gardé leurs positions autour de Sedan, ou se sont-ils portés vers l'est? Dans les deux hypothèses, la manœuvre est tout indiquée : il importe, non plus d'intercepter la route de Mézières, mais de rejoindre rapidement l'armée française et de se relier au plus tôt à l'armée de la Meuse. A 7 h. 15, le prince royal prescrit aux Ve et XIe corps de contourner par le nord la boucle de la Meuse et de marcher au canon. Le XIe corps passerait par Saint-Menges, suivi derrière son aile gauche par le Ve (1).

Les colonnes de ces deux corps d'armée atteignent la ligne Vivier-au-Court, Vrigne-aux-Bois, Montimont, au moment où l'ordre du prince royal leur parvient. Elles exécutent un change-

(1) *Historique du grand État-major prussien*, VIII, 1132-1140. — D'après cet ouvrage, le major von Hahnke, porteur de l'ordre du prince royal, serait arrivé vers 7 h. 15 auprès du XIe corps. Cette heure est évidemment inexacte, car Hahnke, d'après son propre témoignage, est parti de la Croix-Piot à 7 h. 15 *(Opérations de la IIIe armée, 220)*. La brume n'étant tombée que vers 7 heures, le prince royal n'a pu donner ses ordres antérieurement. L'*Historique du grand État-major prussien* a commis des inexactitudes analogues pour diverses heures relatives au débouché de la IIIe armée. Il déclare, par exemple, que l'avant-garde du Ve corps a parcouru, *de nuit*, en une heure et demie, les huit kilomètres qui séparent Omicourt de la Meuse. On a voulu peut-être exagérer les difficultés qu'aurait eues l'armée française à battre en retraite sur Mézières, et augmenter ainsi le mérite des combinaisons de Moltke et du prince royal (Voir, à ce sujet, *la Retraite sur Mézières*, par un officier supérieur, *Revue de cavalerie*, XXXVI, 398, 594, sqq.).

ment de direction à droite et se trouvent éche-
lonnées, face à l'est, sur l'unique route de Vrigne-
aux-Bois à Saint-Menges, par Saint-Albert. Par
suite de certaines erreurs d'itinéraires, les deux
corps d'armée sont enchevêtrés : le Ve est inter-
calé entre la *41e* brigade, qui le précède, et le
reste du XIe corps, qui le suit (1). Tout déploiement est impossible avant d'avoir dépassé les
bois de la Falizette et aurait été très difficile au
delà si, suivant toute logique, une avant-garde
française avait occupé les bois du Hattoy, Saint-
Menges et les hauteurs de Bellevue. Les Allemands ont la bonne fortune de trouver le passage
absolument libre : Douay a malheureusement
replié les deux bataillons du Hattoy, et quelques
patrouilles de cavalerie française cèdent aussitôt (2).

Au 7e corps, les premières heures de la matinée se sont passées dans le calme le plus complet.
Vers 8 heures, le général Douay, jugeant nécessaire de se relier plus étroitement au 1er corps,
désigne à cet effet la division Dumont. En conséquence, la brigade Bordas appuie vers le nord-

(1) L'officier supérieur cité dans la note précédente a fait
remarquer combien l'*Historique du grand État-major prussien*,
présente d'invraisemblances sur ce point (*Revue de cavalerie*,
t. XXXVI, 594 sqq.).

(2) *Historique du grand État-major prussien*, VIII, 146,
sqq.; STIELER VON HEYDEKAMPF, *Opérations du Ve corps prussien*,
105, sqq.

est et occupe tout entière la lisière du bois de la Garenne, au sud du Calvaire d'Illy. La brigade Bittard des Portes garnit la lisière sud du même bois, prête soit à renforcer l'aile droite du 7ᵉ corps, soit à se porter au soutien du 12ᵉ (1). La division Conseil Dumesnil remplace la division Dumont : la première ligne, sous les ordres du général de Saint-Hilaire, s'établit à la crête, entre l'auberge du Terme et le bois de la Garenne, la seconde, commandée par le lieutenant-colonel Gillet, à 300 mètres en arrière (2).

La division L'Abadie, du 5ᵉ corps, mise à la disposition de Douay, prend une position d'attente au nord-est de la ferme Triples-Levrettes (3).

Tandis que ces mouvements s'exécutent, Douay reçoit un billet non signé lui annonçant que le maréchal de Mac-Mahon vient d'être blessé et que Ducrot prend le commandement en chef. Sans protester contre cette violation des droits de l'ancienneté, Douay attend des ordres qui ne lui parviendront pas (4).

---

(1) Rapport du général Douay; Rapport du général de Saint-Hilaire; Journal du général Bordas; Historique de la brigade Bittard des Portes.

(2) Rapport du général de Saint-Hilaire; Notes du capitaine d'état-major Mulotte.

(3) Journal de marche de la division L'Abadie; Souvenirs inédits du général FAULTE DE VANTEAUX.

(4) Conseil d'Enquête sur les Capitulations, Déposition du général Douay. — On peut observer ici que, si réellement Ducrot avait ordonné la retraite sur Mézières, ainsi qu'on l'a

Après avoir franchi le défilé de Saint-Albert, le 87ᵉ, qui forme tête de colonne, entre dans Saint-Menges sans coup férir et s'établit, à l'est, face à Illy; une compagnie occupe le bois du Hattoy, deux autres pénètrent sans résistance, vers 8 h. 45, dans la partie nord-ouest de Floing. Trois batteries prennent position au nord-est du bois du Hattoy et dirigent leur tir sur les huit batteries françaises placées à l'est de Floing. Leur infériorité numérique les met bientôt dans une situation critique. Mais, à 10 heures environ, sept batteries du XIᵉ corps, dont quelques-unes ont doublé l'infanterie, viennent les renforcer et rétablissent l'équilibre. Deux autres s'installent un peu plus tard à l'extrême gauche des précédentes (1). Une puissante masse d'artillerie de soixante-douze bouches à feu occupe donc cette crête du Hattoy, que nous avons si fâcheusement laissée à l'adversaire, et couvre le déploiement de l'infanterie. Sans doute, cette longue ligne est insuffisamment protégée sur son front et sa situation est « assez hasardée ». Mais le 7ᵉ corps reste sur une stricte défensive, et l'arrivée de nouveaux bataillons allemands fait disparaître le danger (2).

Vers 9 heures, le général commandant l'artil-

admis généralement, il se serait hâté de mettre en marche le 7ᵉ corps qui était le plus voisin du défilé de Saint-Albert.

(1) *Historique du grand État-major prussien*, VIII, 1151-1152.

(2) *Ibid.*, 1152-1153.

lerie du 7ᵉ corps engage trois batteries de la
réserve à gauche de celles qui sont déjà au feu ;
une autre prolonge l'extrême droite. Tandis que
les infanteries opposées restent momentanément
à peu près inactives, la lutte se poursuit avec violence entre douze batteries françaises et un pareil
nombre de batteries allemandes. Celles-ci mettent assez longtemps pour régler leur tir, non
sans infliger des pertes sérieuses à l'infanterie
de la division Liébert : les coups courts frappent
les tirailleurs placés en avant de l'artillerie, les
coups longs atteignent les réserves malencontreusement massées derrière elle. Cette infanterie
fait toutefois la meilleure contenance, sauf à
un moment où les deux batteries de 12, exécutant un changement de position en arrière d'une
cinquantaine de mètres, il se produit parmi les
troupes voisines un commencement de panique
qui cesse dès que ces batteries reprennent le
feu (1).

Vers 10 h. 30, « il devint évident que l'artillerie ennemie avait une portée, une tension de tra-
jectoire et une justesse de tir qui lui assuraient
une énorme supériorité (2) ». Par surcroît, les
deux dernières batteries du XIᵉ corps entrent peu

(1) Rapport du général de Liégeard ; Journal du lieutenant-
colonel Claret ; Rapport du général Liébert ; Historique du 5ᵉ de
ligne.
(2) Rapport du général de Liégeard.

après en action à l'aile droite de la ligne. Contre-battues de front, les batteries françaises sont encore prises d'enfilade et presque à revers par celles que les Bavarois ont établies sur la rive gauche de la Meuse, au nord du château de Belle-Vue. Elles continuent néanmoins cette lutte inégale « avec une énergie et une abnégation au-dessus de tout éloge et de toute admiration, et le général Liébert maintient sa division ferme sous cette pluie de fer (1) ».

Notre cavalerie tente de secourir indirectement l'artillerie. Déjà le déploiement des batteries du XIe corps a déterminé le général Margueritte à faire face dans la direction de Saint-Menges. Il forme sa division en colonne par régiment au sud-est d'Illy ; sa batterie à cheval prend position un peu à l'est du Calvaire et tire sur l'infanterie adverse (2). Puis, vers 10 heures, Margueritte donne au général de Galliffet l'ordre de charger six compagnies du 82e, cheminant sur Illy par la croupe au sud de Fleigneux, et ensuite les batteries placées à l'est de Saint-Menges. Apercevant les préparatifs de la charge, le commandant des six compagnies allemandes se replie aussitôt sur Fleigneux.

(1) Prince BIBESCO, *loc. cit.*, 145. — Cf. Rapport du général Liébert.

(2) Historique du 3e régiment de chasseurs d'Afrique ; *Vie militaire du général Ducrot*, II, 412 ; Rapport du capitaine commandant la 2e batterie du 19e.

Le 3ᵉ régiment de chasseurs d'Afrique part droit devant lui en ligne déployée et se dirige sur deux compagnies du 87ᵉ, dont les tirailleurs viennent d'atteindre le chemin de Floing à Illy. Ceux-ci ouvrent, à cinquante mètres, un feu rapide, qui n'arréte pas nos escadrons. Quelques officiers traversent la première ligne ennemie ; mais la majeure partie du régiment oblique à droite et à gauche, débordant ainsi les ailes des tirailleurs, et tombe sous le feu des soutiens postés dans les broussailles qui parsèment les pentes de la rive droite du ruisseau. Les chasseurs d'Afrique sont également fusillés sur leurs deux flancs par d'autres fractions (1) et criblés d'obus par les batteries du XIᵉ corps. Le 3ᵉ escadron continue néanmoins la charge pendant quelque temps en se dirigeant sur ces batteries ; mais, ne se voyant pas appuyé, il revient, comme les trois autres, vers Illy et le bois de la Garenne. Le régiment est diminué de plus d'un tiers (2).

Le 4ᵉ régiment de chasseurs d'Afrique s'est ébranlé d'abord en colonne de pelotons derrière le centre du 3ᵉ ; puis, formé par escadrons successifs, s'est porté à droite. L'escadron de tête vient à peine de dépasser un fossé assez profond,

(1) 6ᵉ compagnie du 82ᵉ à la cote 264, 11ᵉ du 87ᵉ au bois du Hattoy.

(2) Quatre officiers sont tués, cinq blessés dont un mortellement.

qu'un groupe de quatre-vingts tirailleurs environ, couché derrière un talus, se lève et ouvre
un feu violent. Deux officiers tombent; en même
temps, l'artillerie ennemie produit des ravages
considérables dans les rangs. Le colonel prescrit
le ralliement.

Le 1er régiment de chasseurs d'Afrique, qui a
rompu à la droite du 3e, ne dépasse pas le village
d'Illy et se reforme, comme les précédents, auprès
du Calvaire d'Illy en avant de la brigade Tilliard.

Le résultat de ces charges mal préparées et
entreprises sur un terrain défavorable était insignifiant et hors de proportion avec les sacrifices
subis (1).

La division de cavalerie Brahaut, du 5e corps,
réduite au 12e chasseurs et au 5e lanciers, vient,
un peu plus tard, se placer en échelons derrière
la division Margueritte. La brigade Septeuil, séparée de la division de cavalerie Michel, du 1er corps,
se forme, vers 11 heures, face à Illy, à droite
des chasseurs d'Afrique et derrière la division de
cavalerie Salignac-Fénelon du 12e corps (2). Bien
employée, cette masse de cavalerie eût certaine-

(1) Historiques des 1er, 3e et 4e régiments de chasseurs d'Afrique; Notes du général Descharmes et du chef d'escadron Allent;
Historique du grand État-major prussien, VIII, 1153-1154;
Geschichte des 1. Nassauischen Infanterie-Regiments Nr. 87,
292-293.

(2) Rapport sur les opérations de la division Brahaut; Journal
de marche de la brigade Septeuil.

ment pu causer de graves dommages à l'artillerie allemande poussée avec tant d'audace à l'est du défilé de Saint-Albert.

*
* *

Sur ces entrefaites, Wimpffen a envoyé au général Douay un billet annonçant qu'il prend le commandement en chef et qu'il lui faut « une victoire dans la soirée (1) ». Vers 10 h. 30, nouveau message à Douay : « Je crois à une démonstration sur votre corps d'armée, mais surtout pour vous empêcher de porter secours aux 12ᵉ et 1ᵉʳ corps. Voyez si vos positions vous permettent de n'utiliser qu'une partie de vos troupes et d'envoyer le reste au général Lebrun. Je vous engage à envoyer une partie de votre artillerie et la brigade *(sic)* de L'Abadie dans le bois de la Garenne, pour se joindre au général de Fontanges (2). »

Afin d'éviter tout malentendu, Wimpffen se rend lui-même auprès de Douay qu'il rejoint avant l'officier, porteur de ses instructions. Douay

------

(1) Conseil d'Enquête sur les Capitulations, Déposition du général Douay.

(2) Général DE WIMPFFEN, *loc. cit.*, 165. — Ce billet comporte une inexactitude : le 17ᵉ de ligne, de la brigade de Fontanges, suivit et ne précéda pas la division L'Abadie dans le bois de la Garenne. Le 68ᵉ de ligne, de la même brigade, resta en soutien de la réserve d'artillerie du 5ᵉ corps (Journal de marche de la division L'Abadie).

lui déclare que, malgré l'infériorité numérique du 7ᵉ corps, il espère « pouvoir tenir », mais qu'il est indispensable que le plateau d'Illy soit solidement occupé (1). Douay y conduit Wimpffen et, après un court entretien, le nouveau commandant en chef reconnaît la nécessité d'y envoyer des renforts (2). Chemin faisant, Wimpffen a aperçu vers l'ouest « toute une armée s'étendant au loin (3) » ; il revient au Vieux Camp, ayant acquis « davantage encore la conviction » que la retraite sur Mézières ne pourra « que difficilement s'opérer pendant le jour » et résolu à tenir sur ses positions jusqu'à la nuit (4).

De fait, les avantages de l'ennemi s'accentuent au fur et à mesure que ses troupes débouchent du défilé de Saint-Albert. Vers 9 h. 30, l'avant-garde du Vᵉ corps a atteint le Champ de la Grange (5) : les deux batteries qui lui sont affectées pren-

(1) Général DE WIMPFFEN, *loc. cit.*, 165 ; Rapport du général Douay. — Dans sa déposition au Conseil d'Enquête sur les Capitulations, Wimpffen relate ainsi les premières paroles de Douay : « Je me bats pour l'honneur de nos armes. » Il aggrave même le propos dans son ouvrage *(loc. cit., 166)*. Douay n'a jamais fait allusion à ces paroles, et il n'est pas prudent de s'en rapporter au seul témoignage de Wimpffen.

(2) Il semble qu'il y ait eu sur ce point un malentendu : Douay crut que Wimpffen chargerait le 1ᵉʳ corps de cette mission ; Wimpffen pensa que Douay s'entendrait avec Ducrot (Conseil d'Enquête sur les Capitulations, Déposition du général de Wimpffen ; Rapport du général Douay).

(3) Général DE WIMPFFEN, *loc. cit.*, 165.

(4) Rapport du général de Wimpffen.

(5) *20ᵉ* brigade d'infanterie, *14ᵉ* dragons, deux batteries.

nent position au nord-est de Saint-Menges. Le
général von Kirchbach prescrit aux batteries
de la *10*° division et à celles de l'artillerie de
corps de se déployer à la gauche du XI° corps.
Devançant l'infanterie et escortée seulement
par quatre escadrons de hussards, l'artillerie
de corps s'établit, vers 10 h. 30, au sud-est de
Fleigneux où la rejoint bientôt l'artillerie de la
10° division. A ce moment, une formidable ligne
de batteries, comprenant soixante bouches à
feu du V° corps et quatre-vingt-quatre du XI°,
s'étend du bois du Hattoy jusqu'aux forêts situées
au nord de Fleigneux. Elles couvrent de projectiles nos positions, notamment le plateau d'Illy
et le bois de la Garenne, et déjà croisent leurs
feux avec les batteries de la Garde établies sur
les hauteurs de la rive gauche de la Givonne. Dix
escadrons viennent se masser derrière leur aile
gauche, à l'est de Fleigneux (1).

Les deux batteries de 4 de la division Conseil
Dumesnil du 7° corps ont entrepris courageusement la lutte contre l'artillerie du V° corps,
très supérieure en nombre. Bientôt leurs pertes
sont telles qu'il faut faire appel aux chasseurs du
17° bataillon pour remplacer les servants; deux
caissons sautent, faisant de nombreuses victimes.
Vers 11 heures, une des batteries est obligée de se

______

(1) *Historique du grand État-major prussien*, VIII, 1157.

retirer. L'autre parvient à continuer le feu ; elle est secourue par la batterie de canons à balles qui prend comme objectif les troupes qu'on aperçoit vers Fleigneux. La batterie à cheval de la division Margueritte, qui a déjà une section hors de combat, cesse de tirer vers 10 h. 30, faute de munitions. Elle ne compte plus que 27 hommes valides, et les officiers doivent pousser aux roues pour mettre les pièces sur leurs avant-trains (1).

Au V⁰ corps, l'infanterie n'a pu suivre ses batteries que de loin, de sorte que provisoirement leur protection est assurée par des fractions du XI⁰. Dix compagnies de divers régiments occupent Fleigneux, la croupe au sud et le petit bois au nord d'Illy. A l'extrême gauche, deux bataillons et demi du *80⁰*, venant de Fleigneux, s'avancent vers l'est au soutien de cinq compagnies du *87⁰* qui se sont portées sur Olly. Ces compagnies aperçoivent une colonne de voitures avec de la cavalerie et de l'artillerie qui cherche à s'échapper d'Illy vers le nord. Elles capturent une trentaine de fourgons et huit bouches à feu, puis elles occupent Olly. Peu après, le 5⁰ escadron des hussards de la Garde atteint les environs de

(1) Rapport du général de Saint-Hilaire ; Notes du capitaine Mulotte ; Notes du général Lelong, du général Lambert, du colonel Théven de Guéléran ; Historique du 7⁰ régiment d'artillerie ; Rapport du capitaine Hartung.

ce hameau, reliant ainsi l'armée de la Meuse à
l'aile gauche de la III⁰ armée. Plus en arrière,
la *19ᵉ* brigade se rassemble vers Saint-Menges,
la *20⁰* au Champ de la Grange (1) Bientôt toute
issue nous sera fermée, même vers la Belgique.

Au moment du déploiement de l'artillerie du
Vᵉ corps, les généraux Margueritte et Brahaut
ont pensé à charger ces batteries qui leur paraissent avec raison mal soutenues. Déjà les escadrons exécutent certains mouvements prépara-
toires, quand l'infanterie ennemie apparaissant
en forces, Margueritte prévient son collègue
qu'il renonce pour le moment à son entreprise.
Brahaut imite l'abstention de son collègue.

Les évolutions de cette masse de cavalerie l'ont
amenée sur un terrain vu par les batteries
adverses qui la criblent de projectiles et mettent
le désordre dans ses rangs. Le 6ᵉ chasseurs fait
des pertes considérables. Le Iᵉʳ hussards s'engage
instinctivement dans le bois de la Garenne pour
y chercher un abri, et les autres régiments de la
division Margueritte suivent. L'artillerie allemande dirige son tir sur le bois : le général
Tilliard est tué et remplacé par le colonel de
Bauffremont. La division se reforme dans la
clairière de la ferme de Quirimont, d'où elle est
encore chassée par les projectiles. Elle se porte

____

(1) *Historique du grand État-major prussien,* VIII, 1159.

alors au sud du bois de la Garenne, sauf une partie du 4e chasseurs d'Afrique qui prend une fausse direction et ne rejoint plus de la journée (1).

Sous la pluie incessante d'obus, les huit escadrons de la division Brahaut ont reflué en désordre dans le bois au nord-est d'Illy. Le général de Bernis parvient à en ramener quelques-uns sur le plateau, mais le feu de l'artillerie les rejette de nouveau sous bois. Bernis tente alors de les reconstituer à la lisière orientale, près d'Olly, où ils sont accueillis par le feu des cinq compagnies du 87e. Nos cavaliers tourbillonnent à la recherche d'un abri, le désordre augmente; bientôt Brahaut et Bernis n'ont plus autour d'eux que quatre officiers et une vingtaine de cavaliers.

Le général Brahaut cherche, avec cette petite troupe, à gagner Sedan par la vallée de la Givonne, mais il se heurte à des détachements ennemis qui le rejettent vers le nord. Il essaie alors de se porter sur Mézières à travers bois, mais il est attaqué un peu plus tard par un escadron de dragons venant d'Issancourt. Bernis, son officier d'ordonnance et un sous-officier, celui-ci grièvement blessé, parviennent à se dégager et à atteindre Mézières dans la matinée du 2 septembre. Le général Brahaut et deux officiers supérieurs sont faits prisonniers.

(1) Historiques des 1er hussards et 6e chasseurs; Notes du général Descharmes; *Vie militaire du général Ducrot*, II, 413-414.

Les deux régiments de la division (1) se dirigent d'abord vers le nord, puis vers l'ouest, empruntent un instant le territoire belge, gagnent Renwez dans la soirée et Vervins le lendemain (2).

Le général Michel, commandant la division de cavalerie du 1ᵉʳ corps, a appris vers 8 h. 15 que le maréchal est blessé et que l'intention de Ducrot est de concentrer l'armée vers Illy. Une conversation qu'il a eue la veille avec ce dernier l'amène à penser que la retraite s'exécutera ensuite sur Mézières. Les projectiles des batteries de la rive gauche de la Givonne atteignant déjà ses escadrons massés à l'est de Fond de Givonne, le général Michel se dirige vers le Calvaire d'Illy. Il y rallie vers 11 heures la brigade Septeuil et constate que le terrain compris entre la Givonne, Illy et le bois de la Garenne est criblé d'obus venant à la fois de l'est et de l'ouest. Faisant néanmoins bonne contenance, la division se porte sur Illy, traverse le village et poursuit sa marche vers le nord. Des fractions du 87ᵉ ouvrent le feu sur les pelotons de tête qui se jettent dans le bois à l'ouest d'Olly. Le général Michel, passant par Olly, s'engage dans la forêt des Ardennes, suivi par la brigade de lanciers et par deux escadrons du 10ᵉ dragons. Mais les deux

(1) 12ᵉ chasseurs et 5ᵉ lanciers. — Cf. *suprà*, 65.
(2) Rapport..... Brahaut; Rapport du général de Bernis; Historiques des 12ᵉ chasseurs et 5ᵉ lanciers.

autres escadrons de ce régiment et le 8e cuirassiers, arrêtés par l'infanterie prussienne, rétrogradent sur Floing et se joignent à la division
Bonnemains.

La brigade Septeuil se porte également sur
Olly vers 11 h. 30. Elle suit la route de Corbion
jusqu'à quelques centaines de mètres de la frontière belge, se dirige ensuite vers le nord-ouest
et effectue sa jonction avec les escadrons du général Michel (1). La colonne gagne Sugny, sur le
territoire belge, se rabat sur Pussemange et Gespunsart, passe par Neufmanil et Nouzon, et arrive
à Charleville à 6 heures du soir. Après un repos
de deux heures, elle part pour Maubert-Fontaine;
elle arrivera à Versailles les 6 et 7 septembre (2).

Les obus des batteries allemandes obligent
également la division de cavalerie Salignac-
Fénelon, du 12e corps, rassemblée à l'est d'Illy, à
changer d'emplacement. Elle reflue en majeure
partie vers la ferme de la Garenne. La brigade de
lanciers Savaresse s'engage un instant dans les
bois au nord-est d'Illy, mais l'infanterie prussienne la force à rétrograder. Elle rallie le gros
de la division, à part un escadron et trois pelotons qui franchissent la frontière belge et sont

(1) Le général de Septeuil pénétra par erreur sur le territoire
belge et fut arrêté.
(2) Journal de marche de la division Michel; Général Michel,
La division de cavalerie du 1er corps à la bataille de Sedan; Rapport du général de Septeuil.

désarmés à Corbion. Le 7ᵉ régiment de chasseurs parvient à rejoindre le général de Bernis : une partie écorne le territoire belge vers Sugny, puis rentre en France par Gespunsart et gagne ensuite Sécheval et Rocroi par une marche de nuit (1).

Toutes ces troupes ont disparu du champ de bataille avant midi. Désormais, aucune fraction constituée ne franchira plus le cercle que les Allemands vont définitivement souder vers Olly, par la jonction de la Garde avec la gauche de la IIIᵉ armée. Sans doute, les unités qui ont réussi à échapper au désastre rendront encore les plus grands services au gouvernement de la Défense nationale. Elles n'en n'ont pas moins abandonné leurs frères d'armes dans une situation des plus critiques : excuser la conduite de leurs chefs par cet argument que le désastre était inévitable serait, pour l'avenir, légitimer les pires défaillances (2).

(1) Rapport du colonel Thornton; Historiques des 1ᵉʳ et 7ᵉ lanciers, des 7ᵉ et 8ᵉ chasseurs. — Cardinal von Widdern reproche avec raison au commandement supérieur de la IIIᵉ armée de n'avoir pas pris des mesures opportunes pour barrer les chemins qui, du champ de bataille, permettaient aux Français de gagner la Belgique (*Verwendung und Führung der Kavallerie*, VIII, 107-110).

(2) *Histoire de l'armée de Châlons* par un volontaire de l'armée du Rhin, 167.

CHAPITRE V

L'ENVELOPPEMENT

Marche de la Garde. — La division Wolff du 1er corps attaquée.
— Effets de l'artillerie prussienne. — Pertes du 1er tirailleurs.
— La réserve d'artillerie des 1er et 5e corps fortement éprouvée. — Situation sur la Givonne vers midi. — La situation s'aggrave sur le front du 7e corps. — Les Allemands débouchent
de Floing. — Contre-attaque du 37e de ligne. — La brigade
Bittard des Portes dispersée dans le bois de la Garenne. — Le
plateau d'Illy dégarni de défenseurs et très menacé. — Formidable canonnade allemande. — Les batteries de 12 du
7e corps. — Improvisation de la défense du calvaire d'Illy. —
Belle contenance de la réserve d'artillerie du 1er corps. — La
brigade Gandil paralysée par le feu de l'artillerie ennemie. —
Bombardement méthodique du bois de la Garenne.

Le débouché incessant, par le défilé de Saint-
Albert, des colonnes prussiennes de la IIIe armée,
le déploiement d'artillerie formidable qui s'était
effectué sur les hauteurs à l'ouest, les progrès de
l'ennemi de Saint-Menges vers Fleigneux, puis
vers Olly, indiquaient l'intention de nous envelopper. Un mouvement débordant se poursuivait
aussi à l'ouest de Villers-Cernay et sur la haute
Givonne et ne laissait aucun doute sur les projets
des Allemands.

Suivant l'ordre du prince royal de Saxe, la

Garde a quitté de bonne heure ses cantonnements de Pouru-Saint-Remy, Escombres, Sachy, Messincourt, Osnes. Vers 8 heures, la 1re division atteint Villers-Cernay où lui parviennent des nouvelles de l'engagement des Saxons à la Moncelle et des Bavarois à Bazeilles. Elle se porte aussitôt sur Givonne avec l'appui de l'artillerie de corps, tandis que la 2e division se rassemble aux abords de Villers-Cernay. La division de cavalerie est dirigée vers l'aile droite de l'artillerie. Les hussards s'avancent jusqu'à la ferme de Viré où ils reçoivent des coups de fusil partant du village de la Chapelle occupé par le 1er bataillon des francs-tireurs de la Seine. Un bataillon de la Garde s'établit, pour faire face à ceux-ci, à la corne nord du bois de Villers-Cernay, couvrant en même temps l'artillerie de la 1re division, qui prend position à 800 mètres environ au sud-ouest (1). Ces vingt-quatre pièces ouvrent le feu contre les batteries du 1er corps établies à l'ouest de Givonne et de Haybes, tandis que le bataillon des chasseurs et le régiment des fusiliers de la Garde se déploient sur les pentes à l'est de ces deux localités et refoulent aisément quelques fractions du 3e zouaves. De leur côté, les Saxons rejettent à ce moment sur Daigny une partie de la division Lartigue (2).

A la fois contrebattues de front et prises

____

(1) *Historique du grand État-major prussien*, VIII, 1128-1130.
(2) Voir *suprà*. 26-27.

d'écharpe, les trois batteries de la division Wolff, du 1er corps, établies à la cote 292 à l'ouest de Givonne, se portent en arrière de la crête. Quelques-unes de leurs pièces sont démontées, et leur tir devient intermittent, d'autant plus qu'une partie de l'artillerie de corps de la Garde est venue, à la cote 321, renforcer les batteries divisionnaires (1). Bientôt les projectiles pleuvent sur l'infanterie de la division Wolff. La brigade Bréger, établie sur les hauteurs à l'ouest de Givonne, par bataillons en masse, prend une formation un peu moins dense, en colonnes de division. Les troupes gardent très bonne contenance. « Les hommes couchés à terre supportèrent sans bouger un violent feu d'artillerie. Pas un... ne quitta les rangs, quoiqu'ils fussent traversés à chaque instant par les soldats d'un régiment de marche établi sur notre droite un peu en avant. Deux fois même, tout le IIIe bataillon [du 18e], impatient et frémissant, se leva sous cette canonnade meurtrière en criant : « En avant! » Il dut être arrêté et calmé, aucun ennemie n'était visible devant lui et à portée (2). » La 2e brigade de la division Wolff, placée en seconde ligne, est très éprouvée, elle aussi, par les feux de l'artillerie prussienne. Le 1er zouaves

(1) Rapports des capitaines Richard et de Mornac, 4 et 2 septembre 1870.

(2) Rapport du colonel Bréger.

appuie « un peu en avant et à gauche », afin de
se soustraire aux projectiles ; puis ses bataillons
se portent successivement à la lisière est des bois
de la Garenne. Le 45ᵉ de ligne recule également
pour y trouver un abri (1).

A plusieurs reprises, le commandant du
XIIᵉ corps saxon a demandé à la Garde de se diriger sur Daigny pour le soutenir. Le prince Auguste de Wurtemberg va céder à ces sollicitations
quand il reçoit, vers 9 heures, du commandant
de l'armée de la Meuse, l'ordre de diriger la
Garde sur Fleigneux, dès que les hauteurs à
l'ouest de la Givonne seront enlevées. De la
croupe 321, où se trouve l'artillerie de corps,
on distingue d'ailleurs assez nettement l'action
engagée par la IIIᵉ armée vers Saint-Menges. Dès
lors, le prince de Wurtemberg prend le parti très
sage de n'envoyer sur Daigny que la 2ᵉ division
de la Garde « pour faire tête aux tentatives de
l'adversaire dans le but de rompre la ligne ». Le
gros de ses forces marchera sur Givonne, « afin
de donner la main à la IIIᵉ armée, aussitôt que
l'artillerie aura suffisamment préparé ce mouvement (2) ». Ainsi se réaliseront — sans que
Moltke l'ait prescrit d'ailleurs — la jonction des
deux armées allemandes vers Illy et l'enveloppement définitif des Français.

(1) Historiques du 1ᵉʳ zouaves et du 45ᵉ de ligne.
(2) *Historique du grand État-major prussien*, VIII, 1132.

Vers 10 heures, les Saxons sont maîtres de Daigny, mais ne peuvent en déboucher sous le feu de deux bataillons du 31ᵉ de ligne et de huit compagnies du 56ᵉ embusqués dans les petits bois qui parsèment la rive droite de la Givonne (1). Les quatre batteries de la 2ᵉ division de la Garde prennent alors, au nord-est de Daigny, une position qui leur permet de battre les pentes de la rive opposée de la Givonne et d'appuyer ainsi plus efficacement l'attaque de l'infanterie. Leur arrivée porte à onze le nombre des batteries de la Garde en action. Les trois batteries de la division Pellé, du 1ᵉʳ corps, établies à l'ouest de Daigny, éprouvent « des pertes considérables », et plusieurs de leurs pièces sont démontées. Elles se maintiennent néanmoins sur leurs emplacements (2). Le 1ᵉʳ tirailleurs, malencontreusement placé derrière elles, suivant les errements en usage à cette époque, est très éprouvé, avant même d'être engagé. « Impossible de se garantir sur ce plateau découvert, écrit un témoin; chacun se ramasse sur lui-même, couché contre son arme... C'est notre propre artillerie qui nous attire cette pluie de fer; il faudrait appuyer *de 200 mètres* à gauche. Personne de nos généraux n'y songe; personne ne nous donne un ordre; nous restons... Le régiment, sous le regard con-

(1) Historique du 31ᵉ de ligne.
(2) Rapport du lieutenant-colonel Cauvet, 1ᵉʳ août 1871.

fiant et toujours affable de son nouveau colonel, demeure immobile et frémissant, les plus émus résistant courageusement à l'impatience des plus ardents. Personne ne doit bouger, c'est l'ordre, et tous se soumettent silencieusement à la fatalité. La mitraille tombe toujours en même quantité, frappant brutalement ceux que le sort a désignés. Dès qu'un groupe se redresse... un obus éclate et plusieurs sont atteints... » Au moment où arrive enfin l'ordre de se porter dans un vallon à 300 mètres en arrière, 17 officiers et plus de 200 hommes de cette admirable troupe restent sur le terrain. Un régiment d'infanterie, placé en avant du 1er tirailleurs, subit des pertes non moins fortes (1).

Quatre batteries de la réserve d'artillerie du 1er corps, qui appuient celles de la division Pellé, sont écrasées par l'artillerie de la Garde prussienne. Trois batteries à cheval appelées à leur aide reconnaissent au bout de dix minutes que la position n'est « plus tenable » et qu'il est urgent de se reporter en arrière (2). Vers 11 h. 30, toutes ces batteries exécutent leur retraite sous un feu violent.

La réserve d'artillerie du 5e corps, restée au Vieux Camp, au nord de Sedan, et répartie en

(1) L. DE NARCY, *loc. cit.*, **224**, **226-227**, **231**.
(2) Rapport du colonel Grouvel (sans date). — Cf. Prince DE HOHENLOHE, *Lettres sur l'artillerie*, **82**.

deux groupes face à l'ouest, n'a pas encore été engagée quand les batteries saxonnes et bavaroises établies à l'est de Daigny commencent à lui envoyer à revers, « lentement d'abord, mais bientôt avec une grande précision, de nombreux obus (1) ». Le général Liédot fait abriter trois batteries plus particulièrement exposées. Peu après, un obus l'atteint mortellement. Le colonel de Salignac-Fénelon établit alors toutes les batteries de la réserve du 5ᵉ corps sur les hauteurs au sud de Fond de Givonne et leur donne comme objectif d'abord Bazeilles, puis l'artillerie saxonne. Mais ces batteries ne tardent pas à être écrasées, comme celles du 1ᵉʳ corps, et se retirent pour occuper successivement différentes positions plus éloignées, soit au nord de Fond de Givonne, soit vers le bois de la Garenne (2).

Sur ces entrefaites, le gros de la *1ʳᵉ* division de la Garde s'est rassemblé derrière le bois de Villers-Cernay. Deux bataillons se portent sur Givonne pour appuyer le régiment des fusiliers. Le voyant déjà maître de cette localité, ils franchissent la lisière occidentale du bois et engagent une fusillade, assez inoffensive en raison de la distance, avec les tirailleurs des 18ᵉ et 96ᵉ de ligne et du 13ᵉ bataillon de chasseurs postés sur les pentes de la rive droite de la Givonne. Dès 11 h. 15,

(1) Journal de marche de l'artillerie du 5ᵉ corps.
(2) *Ibid.*

une compagnie de fusiliers chasse de Haybes des
fractions dissociées du 56ᵉ de ligne et donne la
main aux Saxons vers Daigny. Trois autres compagnies bordent la lisière occidentale de Haybes
et s'engagent contre les tirailleurs français embusqués le long de la rivière ou sur les pentes
à l'ouest (1). Les Allemands arrêtent aisément les
mouvements offensifs partiels exécutés sans liaison et sans appui par quelques faibles fractions
du 1ᵉʳ corps. Les cinq compagnies de francs-
tireurs de la Seine, qui occupaient la Chapelle,
en ont été délogées par le feu des batteries de
droite de la Garde; une partie de cette troupe
passe sur le territoire belge où elle est désarmée (2). Un escadron des hussards de la Garde
traverse alors la Chapelle, puis la forêt des
Ardennes à l'ouest, et marche sur Olly, établissant ainsi la première communication directe
avec l'aile gauche de la IIIᵉ armée (3).

Vers midi, la Garde, le XIIᵉ corps et le IIᵉ corps
bavarois tiennent solidement les points d'appui
de la vallée de la Givonne que, suivant la singu-
lière tactique d'alors, nous leur avons aban-
donnés presque sans résistance pour occuper uniquement les crêtes. Vingt-neuf batteries, soit

(1) *Historique du grand État-major prussien*, VIII, 1134.
(2) Le capitaine Marconnier au ministre de la Guerre (sans
date).
(3) *Historique du grand État-major prussien*, VIII, 1136.

164 pièces de canon, établies sur les hauteurs de
la rive gauche (1), sont maîtresses de cette partie
du champ de bataille. Désormais toute tentative
des Français pour déboucher sur Carignan se
heurterait à des forces considérables et n'aurait
que peu de chances d'aboutir.

*
* *

Sur le front du 7ᵉ corps, la situation s'est sensiblement aggravée.

Deux compagnies prussiennes qui, vers 9 heures,
sont entrées dans Floing sans coup férir et n'y
ont pas été inquiétées, ont été renforcées vers
11 heures par des fractions des *82ᵉ* et *83ᵉ* venues
du bois du Hattoy. Peu à peu, le 5ᵉ de ligne s'est
engagé presque en entier sur les pentes à l'est de
Floing, tandis que le 37ᵉ a déployé ses trois bataillons sur les hauteurs au sud du village, deux
d'entre eux faisant face à l'infanterie ennemie,
qui commence à déboucher vers le moulin de
Maltourné. Les progrès de l'adversaire s'accentuant, le colonel Formy de la Blanchetée entraîne
une partie des Iᵉʳ et IIᵉ bataillons du 37ᵉ, et exécute à leur tête une vigoureuse contre-attaque
sur Floing. Les premières maisons sont reprises,
quelques fractions poussent même jusqu'à la

(1) 14 batteries de la Garde, 13 saxonnes, 2 bavaroises.

isière nord. Le combat est d'abord indécis, mais l'arrivée de trois nouveaux bataillons prussiens oblige le 37ᵉ à rétrograder sur ses positions primitives. Son colonel a été blessé; en même temps, le commandant du XIᵉ corps, général von Gersdorff, est mortellement atteint d'une balle. Les Allemands s'avancent jusqu'au pied des hauteurs qui bordent la lisière sud-est du village, et un court moment d'accalmie se produit, que l'infanterie, désorganisée par ce combat de rues, utilise de part et d'autre pour se reconstituer (1).

A midi, le feu de l'artillerie française établie sur le plateau de Floing a sensiblement diminué. Cinq batteries ont dû se replier dans le vallon au nord-ouest de Cazal, soit en raison de leurs pertes, soit par manque de munitions. Sept autres ripostent encore à l'artillerie allemande du Hattoy, malgré leur infériorité manifeste et les projectiles qui leur arrivent à revers des hauteurs de Frénois. Trois enfin, placées sur les pentes au sud de Floing, entretiennent non sans succès la lutte contre les batteries bavaroises de la rive gauche de la Meuse (2).

Les derniers éléments des Vᵉ et XIᵉ corps ont débouché vers midi du défilé de Saint-Albert. La

____

(1) *Historique du grand État-major prussien*, VIII, 1159; Historiques des 5ᵉ et 37ᵉ de ligne.

(2) Journal de marche de la 2ᵉ brigade de la 2ᵉ division du Iᵉ corps; Historiques des 7ᵉ, 8ᵉ, 10ᵉ, 12ᵉ et 19ᵉ régiments d'artillerie; Rapport sur les opérations de l'artillerie du 6ᵉ corps.

*10*ᵉ division, rassemblée au nord de Saint-Menges et du Champ de la Grange, marche sur Fleigneux et se déploie dans le vallon au sud de ce village. Elle est remplacée au Champ de la Grange par la 9ᵉ division (1). La division wurtembergeoise, qui a franchi la Meuse à Dom-le-Mesnil, se porte sur Donchery, moins une fraction envoyée vers Mézières pour faire face à un détachement du 13ᵉ corps sorti de la place. Avec les 2ᵉ et 4ᵉ divisions de cavalerie, elle constitue une réserve générale de l'armée allemande (2).

Le général Douay s'est privé dès le matin de la brigade Bittard des Portes, de la division Dumont, envoyée à la lisière sud du bois de la Garenne, et s'est affaibli ainsi dans le secteur le plus important du champ de bataille, celui du Calvaire d'Illy. Après de nombreuses allées et venues provoquées par des ordres et des contre-ordres, cette brigade criblée de projectiles, qui arrivent presque en tous sens, se disperse dans le bois de la Garenne. Le général Bittard des Portes parvient à en faire sortir à peine la valeur de deux bataillons, qui rallient la division L'Abadie au nord du Vieux Camp. Les deux colonels et un grand nombre d'hommes sont frappés avant même d'avoir vu l'ennemi (3).

---

(1) *Historique du grand État-major prussien,* VIII, 1161.
(2) *Ibid.,* 1161-1165.
(3) Historique de la brigade Bittard des Portes; Historiques des 82ᵉ et 83ᵉ de ligne.

Recevant du 12ᵉ corps « des demandes incessantes de renfort » et constatant que le plateau d'Illy est encore occupé par les troupes du 1ᵉʳ, Douay se décide à envoyer au général Lebrun la brigade Bordas, de la division Dumont (1). Laissant seulement un bataillon du 52ᵉ dans la partie nord-ouest du bois de la Garenne, cette brigade se dirige vers le sud. Accueillie au débouché du bois, vers les fermes Triples-Levrettes, par une grêle de projectiles, la tête de colonne se débande, la panique se propage rapidement, et les deux régiments refluent en désordre vers le nord (2).

Au moment où il vient de perdre la majeure partie de ses défenseurs, le plateau d'Illy est de plus en plus menacé par l'ennemi. L'arrivée de deux nouvelles batteries a porté à 156 bouches à feu l'artillerie des Vᵉ et XIᵉ corps déployée en un vaste demi-cercle sur la crête du Hattoy et à l'est de Fleigneux. Leurs feux, se croisant avec ceux de l'artillerie de la Garde établie sur la rive gauche de la Givonne, produisent « des effets d'une irrésistible puissance (3) ». Un grand nombre de pièces françaises sont démontées ; leur personnel,

(1) Rapport du général Douay.

(2) Conseil d'Enquête sur les Capitulations, Déposition du général Douay ; Historiques des 52ᵉ et 72ᵉ de ligne ; Prince DE HOHENLOHE, *Lettres sur l'artillerie*, 84.

(3) *Historique du grand État-major prussien*, VIII, 1167.

déjà cruellement éprouvé, est encore diminué par l'explosion de quantité de caissons (1).

De tous les points de l'horizon, les obus pleuvent, et, sous cette formidable canonnade, les plus braves plient. Les premiers signes de défaillance se manifestent : en maints endroits, des fractions d'infanterie se réfugient dans le bois de la Garenne où elles sont, il est vrai, dérobées aux vues de l'adversaire, mais n'en souffrent pas moins de ses coups. Vers une heure, cinq compagnies prussiennes du 82e et trois du 87e marchent de Fleigneux sur Illy, et, de la lisière sud, ouvrent le feu sur les hauteurs du Calvaire, occupées seulement par quelques fractions françaises isolées. Douay vient d'accourir, justement inquiet des conséquences que peut entraîner la perte de cette position. A ce moment même, la brigade Bordas reflue en désordre à travers bois. Douay réussit à grand'peine à arrêter cette cohue de fuyards et à réunir environ deux bataillons auxquels il fait occuper le Calvaire. Les trois batteries de la division Dumont, établies à 400 mètres environ au nord du bois de la Garenne, soutiennent cette légère ligne d'infanterie et contribuent à empêcher l'ennemi de déboucher d'Illy. Mais bientôt une dizaine de batteries prussiennes concentrent leurs feux sur elles : en moins d'une

(1) Rapport du général Douay. — 40 caissons, au 7e corps seul.

demi-heure, elles perdent plus de trente hommes et de soixante chevaux; trois caissons et un avant-train font explosion. Force leur est d'aller chercher un emplacement moins exposé (1).

Deux batteries de 12, de la réserve du 7ᵉ corps, appelées au Calvaire par le général Douay, interviennent à leur tour. A peine l'une d'elles a-t-elle ouvert le feu, qu'elle reçoit « une pluie d'obus ». Deux pièces sont immédiatement démontées, le capitaine commandant blessé grièvement, quinze hommes et vingt-sept chevaux mis hors de combat; un caisson saute. Ces pertes, « essuyées en quelques instants », obligent la batterie à abandonner la position en laissant sur le terrain deux pièces et deux caissons. Par suite de l'afflux de fractions de cavalerie et d'infanterie, le désordre se met dans la colonne. La section de gauche, commandée par le sous-lieutenant Goiran et restée en arrière, se joint à quatre pièces de 4, et la batterie ainsi constituée se place à droite de l'emplacement précédemment occupé. Elle s'y maintient très énergiquement, malgré le feu intense de l'ennemi (2).

La deuxième batterie de 12 est prête à entrer

----

(1) Rapport du général Douay; Conseil d'Enquête sur les Capitulations, Déposition du général Douay; Rapport du lieutenant-colonel Bonnin; *Historique du grand État-major prussien*, VIII, 1168.

(2) Rapport du capitaine de Bellannoy, 4 septembre; Renseignements communiqués par M. le général Goiran.

en ligne, mais Douay, jugeant qu'elle sera accablée comme la précédente, la garde en réserve (1). Par contre, il fait venir au Calvaire les deux bataillons du 82ᵉ ralliés par le général Bittard des Portes auquel, « se fiant à son énergie et à son dévouement (2) », il donne « personnellement l'ordre » d'y tenir autant qu'il le pourra. La même mission est assignée au général de Fontanges, qui est venu se mettre à la disposition de Douay avec le 17ᵉ de ligne, de la 3ᵉ division du 5ᵉ corps. Ces troupes se déploient au nord du bois de la Garenne, à l'est du chemin d'Illy. Le général de L'Abadie amène en partie à leur gauche, en partie derrière elles, dans le même bois, ce qui lui reste de la brigade Maussion : 14ᵉ bataillon de chasseurs et des fractions des 49ᵉ et 88ᵉ de ligne (3).

Ainsi se trouve improvisée la défense du plateau d'Illy. Le général Douay en confie la direction au général du génie Doutrelaine. « Cet officier général domine de la tête la plupart de nos soldats; il se place à droite de la ligne, et, debout au milieu de la mitraille, il sert de jalonneur par sa taille, d'exemple par son admirable sang-

(1) Conseil d'Enquête sur les Capitulations, Déposition du général Douay.

(2) Historique de la brigade Bittard des Portes.

(3) Rapport du général de Fontanges; Rapport du colonel Weissenburger, du 17ᵉ; Journal de marche de la division L'Abadie; Rapport du colonel Kampf, du 49ᵉ.

froid (1). » Le feu des batteries prussiennes est si intense et les troupes si démoralisées par les pertes qu'elles ont subies avant de combattre, dans la traversée du bois de la Garenne, qu'il faut à chaque instant l'intervention personnelle des généraux Doutrelaine, Dumont et Bittard des Portes pour les empêcher de plier. Ceux-ci seront blessés peu après, en se multipliant pour encourager et maintenir leurs hommes.

La défense du plateau d'Illy paraissant momentanément assurée, Douay revient à Floing pour se rendre compte de la situation de la division Liébert (2).

Le général Ducrot s'est préoccupé, lui aussi, de la conservation du plateau d'Illy qu'il considère comme la clef de la position. A 11 heures, le bruit croissant du canon dans la direction de Floing et un peu plus tard dans celle de Fleigneux lui prouve que les Allemands ont tourné l'armée française par Donchery. Plein d'inquiétude, il envoie vers Illy le chef d'escadron Corbin, sous-chef d'état-major du 1er corps; puis, au bout d'un quart d'heure, la canonnade devenant de plus en plus vive, il prend le parti de se rendre lui-même au Calvaire d'Illy. Le terrain est balayé par les feux croisés des batteries du XIe corps et de la Garde. Des fractions de toutes armes refluent en désordre

(1) Prince BIBESCO, *loc. cit.*, 152.
(2) Rapport du général Douay.

dans le bois de la Garenne. Une brigade de cuirassiers se replie vers le sud. Ducrot l'arrête et adjure son chef de surseoir à son mouvement pendant quelques instants en lui annonçant l'arrivée imminente de renforts (1).

Ducrot part ensuite au galop à la recherche de Wimpffen et le rencontre au sud du bois, près du Vieux Camp. « Les événements que je vous annonçais, lui dit-il, se sont produits plus tôt que je ne le pensais. L'ennemi attaque le Calvaire d'Illy. Douay est fort ébranlé. Les instants sont précieux. Hâtez-vous d'envoyer des renforts, si vous voulez conserver cette position (2). » Wimpffen confie à Ducrot le soin de réunir tout ce qu'il trouvera de troupes de toutes armes et de se maintenir au Calvaire d'Illy, tandis que, personnellement, il s'occupera du 12ᵉ corps. Ducrot prescrit aussitôt au général Forgeot d'envoyer sur la crête au sud-ouest du Calvaire toute l'artillerie disponible du 1ᵉʳ corps. Il charge le colonel Robert, son chef d'état-major, d'amener ce qu'il pourra des divisions Pellé et L'Hériller au saillant nord-ouest du bois de la Garenne (3).

Six batteries du 1ᵉʳ corps viennent successivement occuper les emplacements reconnus par le

(1) Conseil d'Enquête sur les Capitulations, Déposition du général Ducrot.

(2) Général DUCROT, *loc. cit.*, 33.

(3) Conseil d'Enquête sur les Capitulations, Déposition du général Ducrot.

général Forgeot. A peine ont-elle pris position qu'une « véritable avalanche d'obus (1) » s'abat sur elles, écrasant servants, conducteurs, chevaux, démontant les pièces, faisant exploser les caissons. Les survivants s'obstinent et continuent contre l'artillerie adverse, infiniment supérieure en nombre, en portée et en précision, une lutte sans espoir et sublime de dévouement et de vaillance (2). Vers 3 heures, les batteries françaises, dont, pour la plupart, les munitions sont épuisées, ont dû toutes abandonner les abords du bois de la Garenne (3). « L'héroïsme déployé dans cette circonstance par l'artillerie, sûre d'avance d'être écrasée, est bien au-dessus de tout ce que nous pourrions exprimer, dit un témoin. Elle eut du moins la consolation d'arrêter pendant un certain temps l'élan de l'ennemi et de permettre à nos troupes d'infanterie et de cavalerie de préparer une dernière tentative (tentative désespérée pour briser le cercle de fer et de feu qui nous étreignait), en attirant sur elle les efforts de l'ennemi (4). »

Suivant les instructions de Ducrot, le colonel Robert a rejoint le général Pellé au nord-ouest de Daigny. Mais déjà Wimpffen a employé la bri-

(1) Rapport du capitaine Perrin, 3 septembre 1870.
(2) Rapports du lieutenant-colonel Lamandé, du capitaine Ducasse, du capitaine Brice.
(3) Notes du colonel Robert.
(4) Notes du capitaine ACHARD, *la Journée de Sedan*, 139.

gade Montmarie à renforcer les troupes occupant les hauteurs à l'ouest du village. Pellé ne dispose plus que de la brigade Gandil et de l'artillerie divisionnaire. Vers une heure, le colonel Robert amène ces troupes au saillant nord-ouest du bois de la Garenne. Quelques tentatives pour gagner du terrain sont aussitôt paralysées par le feu de l'artillerie adverse (1).

La division L'Hériller n'a plus, elle aussi, qu'une brigade disponible (2) qui, au lieu de suivre le mouvement du général Pellé, s'est portée sur Illy à travers le bois de la Garenne. Le chemin étroit qu'elle suit est déjà encombré de troupes de toutes armes : infanterie, cavalerie, artillerie se pressent en sens contraire, et les obus tombant dans cette masse augmentent encore la confusion. Survient un capitaine d'état-major qui prescrit à L'Hériller de revenir sur ses pas. Bientôt le désordre est complet ; la colonne se disloque, s'égare, et finit par échouer près des glacis de la place au moment où la lutte est à peu près terminée (3).

Vers 2 heures, les fractions du 72ᵉ et du 82ᵉ de ligne, qui occupent le plateau d'Illy, plient

(1) Historique de la 2ᵉ division du 1ᵉʳ corps ; Notes du colonel Robert ; Historiques des 78ᵉ de ligne, 1ᵉʳ tirailleurs, 1ᵉʳ de marche.

(2) La 1ʳᵉ est au nord-ouest de Balan.

(3) Journal de marche de la 2ᵉ brigade de la 3ᵉ division du 1ᵉʳ corps ; Historiques du 48ᵉ de ligne et du 2ᵉ tirailleurs.

sous le feu écrasant de l'artillerie et se réfugient dans le bois de la Garenne. Une compagnie du *82*^e s'empare du Calvaire ; elle y est rejointe par six compagnies du *80*^e et quatre du *87*^e venues d'Olly par Chataimont. Trois d'entre elles pénètrent un instant dans le saillant nord-est du bois, mais elles en sont rejetées presque aussitôt par un vigoureux retour offensif. Une vive fusillade s'engage entre les Allemands qui occupent le plateau d'Illy et les groupes de tous les corps établis au saillant nord du bois.

Des dispositions sont prises par le général de Hohenlohe, commandant l'artillerie de la Garde, pour couvrir d'obus le bois de la Garenne et préparer méthodiquement l'attaque de l'infanterie. Les batteries montées de la Garde établies aux abords du bois de Villers-Cernay prennent à cet effet position sur les pentes à l'est de Givonne. Vers 2 heures, les batteries à cheval prolongent les deux ailes de cette ligne, de sorte que soixante bouches à feu criblent de projectiles le bois de la Garenne. La lisière orientale est divisée en tranches réparties entre les batteries qui battent l'intérieur sur une profondeur de 500 pas. Dès qu'une fraction quelconque de troupes françaises apparaît, toutes les pièces dirigent leur tir sur elle et l'accablent aussitôt (1).

____

(1) *Historique du grand État-major prussien*, VIII, 1168-1169.

« Dans cette phase de la bataille, dit le prince de Hohenlohe, et sur le point où nous étions, notre supériorité sur l'ennemi était écrasante au point que nous ne subissions plus de pertes du tout. Les batteries tiraient comme elles tirent sur la cible du polygone. Il nous venait des spectateurs comme il en vient aux écoles à feu... officiers des corps de troupe tenus en réserve, médecins militaires, voire même un aumônier (1). »

De leur côté, les cinq autres batteries de la Garde, ainsi que les deux batteries bavaroises et les sept batteries saxonnes établies au nord-est de la Moncelle, dirigent leur feu sur les hauteurs à l'ouest de Haybes et de Daigny (2). Entre midi et une heure, la gauche de la ligne d'artillerie saxonne, établie à l'est de la Moncelle, s'est trouvée masquée, il est vrai, par les progrès de l'infanterie allemande qui occupe le terrain au nord de Bazeilles jusqu'à la route de Balan à la Moncelle (3). Par contre, vers une heure, l'artillerie du II\ :sup:`e` corps bavarois a été renforcée de deux batteries au sud-est de Frénois. A ce moment donc, soixante et onze batteries balaient de leurs projectiles l'étroit espace où l'armée française est refoulée. Cet ouragan de fer s'abat sans relâche et presque en tous sens tant sur l'artillerie et les pre-

(1) Prince DE HOHENLOHE, *loc. cit.*, 85-86.
(2) *Historique du grand État-major prussien*, VIII, 1169.
(3) *Ibid.*, 1170, 1121-1122.

mières lignes d'infanterie, que sur les masses de cavalerie et les réserves, qui cherchent vainement un abri. De nombreuses unités éprouvent des pertes considérables sans avoir combattu, sans même avoir aperçu l'ennemi. « Ce formidable déploiement d'artillerie aurait suffi en quelque sorte à décider de l'issue de la journée sans qu'il fût nécessaire de faire donner l'infanterie (1). » Désormais, celle-ci n'interviendra guère que pour s'opposer aux tentatives désespérées des Français pour franchir le cercle qui s'est formé et se rétrécit constamment autour d'eux.

(1) *Historique du grand État-major prussien*, VIII, 1170.

CHAPITRE VIII

CHARGES DE LA DIVISION MARGUERITTE

Entrée en ligne de la *19e* brigade. — La division Liébert menacée également sur son flanc gauche par six bataillons de la *22e* division. — Dispositions prises par le général Liébert. — L'artillerie du 7e corps impuissante à lutter contre les nombreuses batteries ennemies. — Résistance énergique et active de notre infanterie. — Diversion opérée par deux escadrons du 4e lanciers. — La division Margueritte après la traversée du bois de la Garenne. — Instructions données par Ducrot. — Rassemblement et formation de la division. — Margueritte blessé mortellement. — Charges héroïques dirigées par le général de Galliffet. — Ralliement et nouvelle tentative. — Les pertes de la division Margueritte.

Le déploiement complet, à l'est du défilé de Saint-Albert, de l'infanterie des Ve et XIe corps rend bientôt extrêmement critique la situation des divisions Liébert et Conseil Dumesnil, du 7e corps. Sur le front de cette dernière, au nord-est du Terme, la lutte s'est bornée pendant un certain temps, à partir de 11 heures du matin, à une canonnade entre l'artillerie allemande et la batterie de mitrailleuses établie entre deux petits bois. Le IIIe bataillon du 99e et le 21e de ligne tentent, sous un feu très violent, de prendre pied sur la croupe 270. Les officiers d'état-major de la division donnent vaillamment l'exemple, et c'est à ce moment que le colonel Sumpt a les deux mains emportées par un obus. Ce mouvement d'offensive isolée échoue; les troupes qui l'ont tenté reprennent leurs positions initiales (1).

Jusqu'alors, l'infanterie ennemie, peu nombreuse, est faiblement intervenue dans ce secteur. Vers une heure seulement, les quatre bataillons de la *19ᵉ* brigade, rassemblés au sud-ouest de Fleigneux, se portent en avant afin de fermer la trouée entre Floing et Illy (2). La division Liébert est également très menacée. Entre midi et une heure, huit bataillons de la *22ᵉ* division débouchent du défilé de Saint-Albert et, sur l'ordre du général von Schkopp, se dirigent vers Floing en longeant la Meuse, de manière à aborder de flanc et à revers le plateau occupé par la division Liébert. Après avoir traversé le ruisseau à Floing même et en aval, von Schkopp reçoit du commandant du XIᵉ corps l'ordre de détacher une brigade, comme réserve générale, au bois du Hattoy. Mais, en prévision du combat sérieux qui va s'engager, von Schkopp se contente d'y envoyer deux bataillons. Les six autres, utilisant l'angle mort qui se trouve au pied des pentes

____

(1) Rapport du général de Saint-Hilaire, 3 septembre; Notes du capitaine d'état-major Mulotte.

(2) *Historique du grand État-major prussien,* VIII, 1173.

occidentales du plateau de Floing, se déploient sans difficulté face aux hauteurs de Gaulier et de Cazal, qu'ils gravissent peu à peu (1).

Du côté français, la situation s'est sensiblement modifiée depuis midi. Vers une heure, le général Ducrot arrive sur le plateau et annonce à Liébert que, notre droite étant « complètement tournée » , il fait avancer l'artillerie du 1ᵉʳ corps pour le renforcer et lui permettre, s'il est possible, de se « frayer un passage au travers des lignes ennemies (2) » . Liébert prend aussitôt de nouvelles dispositions. Tout le 5ᵉ de ligne, moins deux compagnies gardées en réserve, se porte en avant pour appuyer les défenseurs des tranchées construites vers le Terme. Malgré des pertes sensibles, ce régiment maintient énergiquement ses positions. Le 37ᵉ de ligne, appuyant à droite, est relevé par deux bataillons du 53ᵉ dans les tranchées qui dominent immédiatement Floing. Deux bataillons du 89ᵉ s'intercalent entre ces deux régiments derrière des haies parallèles à la crête. Le reste de la division se déploie en arrière. Deux escadrons du 4ᵉ hussards se portent successivement au galop sur l'infanterie prussienne, qui débouche de Floing, mais s'arrêtent à 300 mètres environ des tirailleurs, qui se sont embusqués à

(1) *Historique du grand État-major prussien*, VIII, 1171-1172.
(2) Rapport du général Liébert, 6 octobre 1870.

la lisière du village. Malheureusement, au moment le plus critique, les dix batteries françaises qui étaient parvenues à se maintenir jusqu'à midi 30 sont contraintes de se retirer, soit pour se ravitailler, soit par défaut de personnel (1). Le général Liébert ordonne alors « à la moins maltraitée de se porter de nouveau en avant du 5ᵉ de ligne, et de tenter un dernier effort pour arrêter les colonnes d'infanterie », qui gagnent du terrain vers le Terme. Cette batterie essaie d'ouvrir le feu, mais, dès les premiers coups, elle est reconnue impuissante à tenir sous la pluie d'obus qui l'accable (2).

Désormais privée d'artillerie, la division Liébert va lutter encore avec une bravoure et une ténacité admirables. Vers une heure, les tirailleurs des six bataillons de von Schkopp atteignent la crête du plateau au sud de Floing. Les fractions allemandes qui occupent le village en débouchent à leur tour, et, de gradin en gradin, gravissent les pentes au sud-est, leur gauche se dirigeant vers le cimetière (3). A cette double attaque, les vaillantes troupes de Liébert, bien qu'exposées depuis plusieurs heures à un violent feu d'artillerie, opposent une résistance éner-

(1) Les 3ᵉ, 4ᵉ et 12ᵉ du 7ᵉ se retirent les dernières (Rapport du chef d'escadron de Callac).
(2) Rapport du général Liébert.
(3) *Historique du grand État-major prussien*, VIII, 1173.

gique et active. Le 5ᵉ de ligne est d'abord contraint de se replier à une cinquantaine de mètres
de la crête; mais, brillamment entraîné par ses
officiers et ses sous-officiers, il reprend par trois
fois ses positions. Le 37ᵉ est débordé sur sa
gauche et obligé de remonter sur le plateau : le
colonel, deux chefs de bataillon et dix-neuf officiers sont mis hors de combat. Le 53ᵉ se porte en
avant pour refouler l'attaque débouchant de
Floing; mais à ce moment les tirailleurs de von
Schkopp le criblent de feux de flanc et à revers.
En quelques minutes, les IIᵉ et IIIᵉ bataillons perdent la moitié de leur effectif : six officiers sont
tués, vingt-six blessés. Le 89ᵉ exécute à l'extrême
gauche une vigoureuse contre-attaque, qui lui
coûte dix officiers tués et vingt-six blessés. Le
6ᵉ bataillon de chasseurs franchit la crête pour
battre le vallon de Floing; mais les pertes sont
si fortes en quelques instants qu'il lui faut reprendre son emplacement précédent (1).

Grâce à ces efforts, l'offensive de l'ennemi est
momentanément arrêtée tant sur le front que sur
le flanc gauche de la division Liébert. Quelques
contre-attaques partielles réussissent même à rejeter l'assaillant jusqu'au bas des pentes. Dans les
fluctuations de cette lutte indécise, de part et
d'autre les unités tactiques se désagrègent. « Des

(1) Rapport du général Liébert; Historiques des 5ᵉ, 37ᵉ, 53ᵉ,
89ᵉ de ligne et du 6ᵉ bataillon de chasseurs.

fractions de compagnies et même de régiments se groupent confusément autour des officiers encore valides et s'efforcent, dans une série d'actions partielles qui échappent à toute analyse, de gagner de leur mieux du terrain (1). »

Deux escadrons du 4ᵉ lanciers, réduits à cinq pelotons environ et qui stationnent à l'est du Terme, reçoivent, vers 1 h. 30, l'ordre de charger l'infanterie ennemie parvenue sur les hauteurs au sud-est de Floing. Quelques tirailleurs allemands sont atteints, mais le feu cloue sur place la plupart de nos cavaliers. Quelques-uns pénétrent dans Floing où ils sont démontés et pris. 10 officiers et 75 hommes de troupe sont tués ou blessés (2).

Notre infanterie a pu, grâce à cette diversion, regagner environ 150 mètres. Mais l'ennemi reçoit de nouveaux renforts. Six compagnies restées jusqu'alors au bois du Hattoy se portent en avant, partie sur Floing, partie à l'est du village. Une batterie renforcée par une section contourne Floing du côté ouest et vient s'établir sur le versant occidental du plateau, prenant ainsi en flanc nos positions que l'artillerie ennemie continue d'ailleurs à cribler d'obus (3).

Vers 2 heures, les progrès des troupes du gé-

(1) *Historique du grand État-major prussien*, VIII, 1173.
(2) Notes du général Heurtault de Lammerville.
(3) *Historique du grand État-major prussien*, VIII, 1173.

néral von Schkopp aggravent à tout instant la situation de la division Liébert. Accouru sur les lieux, Ducrot juge indispensable de faire donner la cavalerie pour retarder, sinon empêcher le fatal dénouement. Il envoie un officier au général Margueritte pour lui demander de lancer ses escadrons sur le plateau de Floing.

*
* *

Après les charges de la matinée, la division Margueritte a traversé du nord au sud, et non sans quelque désordre, le bois de la Garenne. Dans ce mouvement, une partie du 4ᵉ chasseurs d'Afrique a été coupée; en outre ont été subies des pertes sensibles parmi lesquelles celle du général Tilliard, frappé mortellement. La division s'est d'abord ralliée et reconstituée au nord des fermes Triples-Levrettes; vers midi, elle se trouve face à l'ouest, au nord de la ferme de la Garenne. La brigade Bauffremont est à droite, en colonne par quatre, le 1ᵉʳ hussards suivi du 6ᵉ chasseurs, le long de la lisière sud du bois; la brigade Galliffet à gauche, dans la même formation, 1ᵉʳ puis 3ᵉ chasseurs d'Afrique, le long d'un grand mur de clôture. La division est défilée aux vues de l'ennemi par la croupe qui s'abaisse vers le cimetière de Sedan, mais une grande quantité de projectiles tombent sur le terrain qu'elle occupe (1).

Ducrot a vainement tenté d'entraîner la division Pellé dans un mouvement offensif et à constaté l'impuissance des batteries du 1er corps. L'heure s'impose où il faut à tout prix arrêter l'infanterie ennemie. L'officier d'ordonnance, envoyé au général Margueritte, lui expose « qu'un effort désespéré » va être tenté : toutes les divisions de cavalerie chargeront derrière la sienne quand l'artillerie aura ébranlé les masses opposées ; l'infanterie « essaiera de se frayer un passage dans le sillon de la cavalerie (2) ».

Margueritte vient de faire rompre ses colonnes quand survient Ducrot qui le guide lui-même, le dirige à travers une sorte de clairière entre le bois de l'Algérie et le saillant sud-ouest du bois de la Garenne, le conduit par un à-gauche vers le vallon au sud-est du Terme et dépassant la gauche des batteries à cheval du 1er corps, lui indique le point où la division viendra exécuter son premier déploiement. Ducrot donne ensuite à Margueritte des instructions générales sur le but à atteindre : charger dans la direction de Floing ; en cas de succès, se rabattre vers la droite de manière à prendre en flanc les troupes qui attaquent le sail-

(1) Notes du général Berthaut.
(2) Récit d'un ancien officier d'ordonnance du général Ducrot (*Vie militaire du général Ducrot*, II, 414).

lant nord-ouest du bois de la Garenne et en dégager ainsi les défenseurs. De son côté, il se propose de faire simultanément un mouvement offensif avec l'infanterie, qui passerait à travers les batteries (1).

Ducrot quitte alors Margueritte qui, après avoir arrêté ses têtes de colonnes, se porte à 200 mètres environ sur la droite, vers la crête du Terme, pour reconnaître le terrain. Pendant ce temps, la division s'établit face à l'ouest et commence son déploiement qui, sans affecter un dispositif régulier, est terminé vers 2 heures de l'après-midi.

A la droite, en colonnes de pelotons, se tiennent le 3ᵉ chasseurs d'Afrique, son centre à 500 mètres environ au sud-est du Terme, et, à sa gauche, le 1ᵉʳ chasseurs d'Afrique ; à la gauche de ce dernier et masqué par un pli de terrain, le 1ᵉʳ hussards en colonne serrée, sa gauche tout près du bois de l'Algérie ; derrière lui, le 6ᵉ chasseurs dans la même formation, ayant à sa gauche deux escadrons environ du 4ᶜ chasseurs d'Afrique (2). Déjà les obus et les balles

(1) Conseil d'Enquête sur les Capitulations, Déposition du général Ducrot.

(2) Notes du général de Galliffet, du 23 juillet 1900. — Ces notes, pas plus que les historiques des régiments, n'indiquent nettement la formation des 1ᵉʳ hussards et 6ᵉ chasseurs. Le récit de l'ancien officier d'ordonnance du général Ducrot est assez vague à ce sujet. Cette formation a été donnée d'après l'ouvrage du général ROZAT DE MANDRES : *Les régiments de la division*

causent des pertes sensibles à tous les régiments.

Parvenu sur la crête aux abords du Terme, Margueritte se rend compte de la situation et fait choix du terrain sur lequel il va lancer sa division. Puis il envoie prévenir les colonels que l'on chargera « successivement en colonne par pelotons, chaque régiment devant chercher à passer, quel que soit le mouvement du régiment qui précède, et en profitant des abris naturels du terrain (1) ». Au moment où Margueritte achève sa reconnaissance, il reçoit dans la figure une balle qui, traversant les deux joues, lui brise la mâchoire et lui coupe la langue. Remis en selle et soutenu par le lieutenant Reverony, son officier d'ordonnance, et par le chasseur Wurtz, il arrive devant le front de sa division où, rassemblant toutes ses forces, et ne pouvant plus articuler une syllabe, il a encore l'énergie d'indiquer d'un geste expressif la direction de l'ennemi (2). Aux acclamations des chasseurs d'Afrique succèdent les cris de : « Vengeons-le! En avant! » Sous un feu déjà intense, les premiers rangs s'énervent, les sabres s'agitent. Dans leur impatience de joindre l'adversaire, quelques pelotons partent même sans

Margueritte, 140-142. L'auteur a consulté de nombreux survivants. D'après lui, la division Margueritte comptait dans le rang, prêts à charger, 138 officiers et 1 650 sabres.

(1) Général Rozat de Mandres, *loc. cit.*, 140.

(2) Notes du sous-lieutenant Royer (Papiers Rozat de Mandres). — Le général Margueritte succomba le 6 septembre.

ordre. Une pluie de balles les arrête presque aussitôt (1).

Le général de Galliffet et les colonels des quatre régiments se sont réunis dans l'intervalle entre les deux brigades. Successivement arrivent les lieutenants Reverony et de Pierres, qui apprennent au général de Galliffet que Margueritte lui remet le commandement de la division. Peu après, accourt le capitaine Faverot de Kerbrech, chargé par Ducrot de prescrire à la cavalerie de partir sans tarder davantage. Au même instant, survient Ducrot lui-même, qui insiste dans ce sens, la situation devenant « de plus en plus critique ». Chaque régiment devra s'efforcer de culbuter l'infanterie prussienne qui est devant son front (2). Sur la demande du général de Galliffet, qui n'a pas d'officier disponible, Ducrot fait parvenir directement l'ordre au colonel de Bauffremont, placé à la tête de la 2ᵉ brigade depuis la mort du général Tilliard (3).

---

(1) Récit d'un ancien officier d'ordonnance du général Ducrot (*Vie militaire du général Ducrot*, II, 416); Notes du général Berthaut; Général FAVEROT DE KERBRECH, *La Guerre contre l'Allemagne*, 75.

(2) Rapport du général de Galliffet (*Revue historique*, 1885, 103).

(3) Général FAVEROT DE KERBRECH, *loc. cit.*, 75.

Le droit du général de Galliffet au commandement de la division est incontestable. L'empereur avait nommé à Stonne, le 28 août, le colonel de Galliffet général de brigade, en même temps que le général Margueritte divisionnaire. Le décret por-

Les charges commencent aussitôt dans la direction générale de l'ouest, sous les feux de flanc des batteries prussiennes et sous les feux de front de l'infanterie. Le terrain est des plus défavorables : il présente d'abord, il est vrai, sur le plateau, la forme d'un glacis; mais, au lieu de s'abaisser en pentes douces vers la Meuse, il s'accidente ensuite de ressauts de plus d'un mètre, de dépressions brusques, de gradins taillés à pic, de carrières où pourront s'abîmer des pelotons entiers. L'infanterie prussienne, qui est parvenue sur la crête à l'est de la Maladrie, reçoit ce choc impétueux de pied ferme et déployée, partout où elle trouve à se couvrir d'une haie ou d'un fossé; c'est seulement sur les points entièrement dépourvus d'abris ou lorsqu'ils sont abordés simultanément dans plusieurs directions, que les tirailleurs se groupent en essaims pour faire tête à l'attaque (1).

Les 3ᵉ et 4ᵉ escadrons du 1ᵉʳ chasseurs d'Afrique, au centre, s'ébranlent les premiers « d'un train d'enfer (2) », sous la direction du colonel Clicquot, qui, au bout de 200 mètres, tombe mortellement frappé d'une balle en pleine poitrine. A leur gauche, et presque simultanément, part le

tant ces deux promotions est daté de Raucourt, 30 août 1870 (Archives administratives de la Guerre).

(1) *Historique du grand État-major prussien*, VIII, 1174.
(2) Notes du sous-lieutenant Royer.

1er hussards; puis à leur droite, le 3e chasseurs d'Afrique entraîné par le général de Galliffet, et dont les 1er, 2e, 3e et 6e escadrons chargent successivement. Ni les balles, ni les obus, ni les obstacles matériels n'arrêtent l'impétueux élan de ces braves. Il ne faut pas songer à décrire les péripéties de cette lutte épique, dont les survivants n'ont gardé nécessairement qu'un vague souvenir d'ensemble. Chasseurs d'Afrique et hussards abordent les tirailleurs de von Schkopp et les enfoncent sur plusieurs points; mais leurs efforts échouent en général devant les compagnies compactes, dont les feux leur causent des pertes sensibles (1). Des fractions, lancées à toute allure, arrivent, malgré un feu à mitraille, jusqu'aux huit pièces en batterie au sud de Floing et sabrent les servants. D'autres, traversant les lignes d'infanterie, débouchent au nord de Gaulier. Quelques-unes se font jour vers le nord, au delà de Floing, et viennent jeter le désordre dans les convois qui se trouvent vers Saint-Albert (2). Pendant un certain temps, c'est une lutte confuse, tumultueuse, dans laquelle certains escadrons se reportent en arrière, se rallient et repartent pour recommencer la charge.

Le 6e chasseurs suit d'abord les traces du

(1) Rapport du général de Galliffet; *Geschichte des Infanterie-Regiments Nr. 95*, 302.
(2) *Historique du grand État-major prussien*, VIII, 1175.

1ᵉʳ hussards, et le 2ᵉ escadron charge en arrière et à gauche de celui-ci; quant au gros du régiment, il appuie ensuite fortement à droite, aborde la crête du Terme entre les deux petits bois à l'est, franchit en colonne d'escadrons, malgré les difficultés du terrain, le vallon au nord et gravit les pentes de la croupe qui descend du Calvaire d'Illy vers Floing. Le feu de l'artillerie et de l'infanterie ennemie d'ailleurs invisible est extrêmement violent, et la fumée est si épaisse qu'on ne distingue rien à vingt mètres. Le régiment tournoie vers les pentes en avant, sur le terrain des charges de la matinée. Les escadrons de tête finissent par aborder l'infanterie ennemie; les escadrons de queue ne l'aperçoivent pas, il en est de même de ceux du 4ᵉ chasseurs d'Afrique qui leur succèdent. Le 6ᵉ chasseurs revient au galop entre les deux petits bois de la croupe du Terme et, rompant en colonne par quatre, poursuit ensuite son chemin au pas dans la direction de l'est (1).

Les restes des cinq régiments se rallient au nord-ouest de la ferme de la Garenne, sur le terrain où ils se trouvaient avant l'attaque. La brigade Gandil, de la division Pellé, apparaît à ce moment, et Ducrot envoie une seconde fois le capitaine Faverot de Kerbrech auprès du général de Galliffet pour lui prescrire de renouveler

---

(1) Notes du général Berthaut; Historique du 6ᵉ chasseurs.

la charge. Galliffet montre que le terrain présente, à quelques centaines de mètres, «un obstacle à pic impossible à franchir (1) » . Ducrot indique une autre direction, vers le nord-ouest, accourt lui-même et demande encore un effort « pour l'honneur des armes » . Galliffet, au nom de tous ces braves qui vont encore affronter la mort, répond simplement en saluant : « Tant que vous voudrez, mon général, tant qu'il en restera un (2) ! »

Tous ceux qu'on a pu rallier s'ébranlent pour une nouvelle charge dirigée cette fois vers le nord-ouest. Par une déplorable méprise, des fractions d'infanterie du 7ᵉ corps croient voir dans les chasseurs une troupe ennemie et font feu. Ducrot est obligé de se jeter devant elles pour les empêcher de tirer. Nos héroïques cavaliers tentent vainement de s'élever sur les pentes sud du plateau d'Illy; ils s'égrènent peu à peu, tués, blessés ou pris. Le général de Galliffet et quelques rares officiers et chasseurs arrivent seuls jusqu'aux réserves prussiennes. Au retour, ils passent à courte portée d'un bataillon dont le commandant, suivant un témoin, « saisi d'admiration pour cette poignée de braves », fait cesser le feu. Quelques cavaliers saluent du sabre en criant :

(1) Général FAVEROT DE KERBRECH, *loc. cit.*, 78.
(2) *Ibid.*, 79.

« Vive l'empereur ! » Les officiers allemands rendent le salut (1).

Pendant que la cavalerie et l'artillerie font ces nobles efforts, Ducrot cherche à gagner du terrain avec les bataillons de la brigade Gandil. Mais ces troupes, exposées inutilement depuis le matin au feu d'une artillerie formidable, « portées tantôt en avant, tantôt en arrière », impuissantes à répondre directement à un ennemi à peine visible, qui les crible de projectiles et qui les enveloppe de toutes parts, n'ont plus « ni élan, ni énergie ». Donnant le plus bel exemple de courage et de volonté, Ducrot, secondé par quelques officiers, se multiplie pour entraîner ces soldats démoralisés. Un certain nombre de braves se portent en avant, la plupart suivent un instant, mais accablés aussitôt par les obus et la mitraille, ils reculent et se débandent (2).

Une fois de plus, la cavalerie française vient de s'immortaliser. Les pertes de la division Margueritte, au cours des mémorables charges de la matinée et de l'après-midi, sont considérables et témoignent hautement de la valeur et de l'esprit de sacrifice de ces braves : 29 officiers tués, 25 blessés, 783 hommes de troupe tués, blessés ou disparus (3).

(1) Récit d'un ancien officier d'ordonnance du général DUCROT (*Vie militaire du général Ducrot*, II, 418); Paul et Victor MARGUERITTE, *Quelques idées*, 286.

(2) Général DUCROT, *loc. cit.*, 37.

(3) MARTINIEN, *État nominatif... des officiers tués ou blessés*,

De l'autre côté de la Meuse, sur les hauteurs au sud-ouest de Frénois, se tenaient le roi de Prusse, Moltke, Bismarck, entourés de leurs états-majors. L'énergie, la bravoure, le mépris de la mort de ces vaillants escadrons arrachèrent, dit-on, au roi un cri d'admiration (1). L'*Historique du grand État-major prussien* leur a rendu un hommage pleinement justifié : « Bien que le succcès n'eût pas répondu aux efforts de ces braves escadrons, bien que leur héroïque tentative eût été impuissante à conjurer la catastrophe à laquelle l'armée française était déjà irrémissiblement vouée, celle-ci n'en est pas moins en droit de jeter un regard de légitime orgueil vers ces champs de Floing et de Cazal, où, dans cette mémorable journée de Sedan, sa cavalerie succomba glorieusement sous les coups d'un adversaire victorieux (2). »

121-123. — D'après le rapport du général de Galliffet, daté du 2 septembre, le chiffre *approximatif* des pertes de la division est : 84 officiers, 709 hommes de troupes tués, blessés ou disparus.

(1) « Oh ! les braves gens ! » Cf. Général Ducrot, *loc. cit,* 35, note 1, d'après un récit fait quelques jours après à Ducrot par le prince royal de Prusse ; Rapport du général de Galliffet, d'après une conversation entre le prince royal, Moltke, le général Reille et le colonel d'Abzac.

« Trois charges où la cavalerie française montra une extrême bravoure attirèrent particulièrement l'attention du roi » (L. Schneider, *L'Empereur Guillaume, Souvenirs intimes,* II, 232). — « Il manifesta son admiration pour la charge de cavalerie française… » (*Ibid.,* 238.)

(2) *Historique du grand État-major prussien,* VIII, 1178.

CHAPITRE IX

RETRAITE GÉNÉRALE VERS SEDAN

Instructions de Wimpffen à Douay. — Les illusions du commandant en chef. — Réponse de Douay. — Les progrès de l'infanterie ennemie. — Belle retraite de la division Liébert. —
Le plateau de Floing aux mains des Allemands. — Retraite de
la division Conseil Dumesnil. — Fuite du 1er régiment de
marche. — La division Wolff, du 1er corps, se replie sur
Sedan. — La 23e division saxonne. — Retraite désordonnée
de la brigade Marquisan. — Intervention de la division Goze.
— Les Saxons maîtres des hauteurs à l'ouest de Daigny
et de Haybes. — Recul de la division Goze. — La Garde
pénètre dans le bois de la Garenne qui est également envahi
par l'ouest. — Wimpffen projette une trouée sur Carignan.
— Douay chargé de couvrir le mouvement. — Lettre de
Wimpffen à Napoléon III qui refuse de sortir de Sedan. — Ducrot et Douay à la sous-préfecture, auprès de l'empereur. —
— Demande d'armistice.

Prévoyant la perte imminente du Calvaire
d'Illy, le général Douay revient du bois de la
Garenne sur les positions de la division Liébert
quand, vers 2 heures, le capitaine d'Ollone lui
remet un message de Wimpffen, expédié à une
heure : « Je me décide à percer l'ennemi pour
aller à Carignan prendre la direction de Montmédy. Je vous charge de couvrir la retraite. Ral-

liez à vous les troupes qui sont dans le bois (1). »

Le commandant en chef se faisait d'inconcevables illusions. A ce moment, des directions d'Illy et de Givonne, « le flot de la déroute roule vers les fossés de Sedan, où vont s'engloutir les débris de notre pauvre armée ; il entraîne avec lui des fractions de tous corps et de toutes armes ; les obus arrivent de tous les points de l'horizon et prennent ces masses affolées de face, de flanc et à revers ; aux cris d'épouvante se mêlent les gémissements ; à notre droite, une ambulance prend feu et s'écroule sous les obus ; tout autour de nous, les caissons d'artillerie sautent et augmentent par leurs éclats le nombre des victimes ; de toutes parts on voit errer, isolés ou par pelotons, des chevaux sans cavaliers, épaves sanglantes de l'héroïque charge de cavalerie qui vient d'être exécutée (2)... » Douay assiste impuissant, « le cœur gonflé de rage et de larmes », à ce désastre désormais irrémédiable. « Que faire ? que répondre aux officiers qui viennent demander des ordres ? Quel poste leur assigner ? Quel espoir leur laisser (3) ? »

Sans doute, la vaillante division Liébert, quoique débordée sur sa gauche, extrêmement réduite, accablée sous le nombre, traversée par

(1) Prince BIBESCO, *loc. cit.*, 154.
(2) *Ibid.*, 155.
(3) *Ibid.*, *loc. cit.*, 156.

les débris de nos escadrons, défend encore le terrain pied à pied, mais elle ne se bat plus que pour sauver l'honneur. D'ailleurs, depuis la perte du Calvaire d'Illy, elle risque d'être prise à revers. Comment, avec ces troupes épuisées, arrêter les bataillons allemands sans cesse renouvelés et couvrir la retraite? Douay fait répondre à Wimpffen que, réduit à trois brigades, sans artillerie et sans munitions, tout ce qu'il peut faire est « de se retirer du champ de bataille sans trop de désordre (1) » . Il prescrit à Liébert de rompre par échelons vers l'est, en résistant sur toutes les positions favorables, dont il va, en personne, faire la reconnaissance (2).

La situation est à peu près désespérée. Arrêtée un instant dans son mouvement pour faire tête à la cavalerie, l'infanterie allemande a repris sa marche. A droite, la 43ᵉ brigade, sous les ordres de von Schkopp, gagne du terrain vers Cazal; à gauche, les quatre bataillons de la 19ᵉ, venant des environs de Fleigneux, atteignent la route de Floing à Illy; au centre, les troupes qui ont débouché de Floing s'avancent au nord et au sud du chemin de la ferme de Quirimont, et se portent partie vers l'est, partie vers le bois de l'Algérie. D'autres unités, trois bataillons

____

(1) Rapport du général Douay.
(2) Conseil d'Enquête sur les Capitulations, Déposition du général Douay.

environ, restées jusqu'alors au Hattoy comme soutien de l'artillerie, suivent en seconde ligne. La division Liébert est donc assaillie de front et de flanc par des forces considérables; en même temps, sa ligne de retraite vers Sedan est très sérieusement menacée (1). Malgré tout, elle se maintient encore, avec l'appui de deux batteries de la division Dumont qui, sur l'ordre de Ducrot, sont venues s'établir au Terme (2). Les bataillons de la *19e* brigade sont très éprouvés par le feu parti des tranchées-abris. Ils gravissent les pentes du plateau; « mais ce mouvement est salué par une grêle de balles d'une telle violence que quelques groupes seulement, ralliés par les officiers autour des drapeaux, parviennent à s'élever péniblement d'assise en assise (3) ».

Vers 3 h. 30, la retraite de la division Liébert commence par les 37e et 89e de ligne, qui vont occuper le bois de l'Algérie. Le 6e bataillon de chasseurs, après avoir arrêté l'ennemi par un feu violent à 400 mètres, se retire à son tour. La retraite du 5e de ligne s'effectue avec de faibles pertes, sous la protection de quelques compagnies groupées autour du drapeau. Le 53e se dégage également sans trop de difficultés, grâce à quel-

(1) *Historique du grand État-major prussien*, VIII, 1178-1179.
(2) Rapport du lieutenant-colonel Bonnin.
(3) *Historique du grand État-major prussien*, VIII, 1179.

ques contre-attaques partielles (1). Tous ces mouvements sont exécutés en bon ordre, malgré le feu intense de l'infanterie et de l'artillerie adverses.

Dans cette malheureuse journée, la division Liébert a eu une conduite au-dessus de tout éloge, et l'on peut juger du retard qu'elle eût infligé à l'ennemi, si elle avait été placée dès le début de la matinée à la ferme du Champ de la Grange et à Saint-Menges, avec son artillerie au Hattoy, de façon à barrer la sortie est du défilé de Saint-Albert (2).

Le plateau de Floing et la crête du Terme sont enfin aux mains des Allemands. Deux batteries viennent s'y établir et canonnent nos colonnes en retraite que quelques débris de notre artillerie cherchent à protéger (3). Trois autres débouchent de Floing dans la direction de Sedan ; l'une d'elles essaie de tirer sur la place, mais les bouches à feu établies sur les remparts l'obligent à se retirer (4). Entre 3 et 4 heures, la *43e* brigade, où sont intercalées des fractions du Ve corps, s'avance à droite vers la Meuse et s'empare de

(1) Rapport du général Liébert ; Historiques du 6e bataillon de chasseurs, des 5e et 37e de ligne.

(2) Pertes de la division Liébert : officiers, 32 tués, 89 blessés, 2 disparus ; troupe : 346 tués, 1 012 blessés, 1 301 disparus.

(3) Rapport du lieutenant de Lyonne ; Rapport du capitaine Berquin.

(4) *Historique du grand État-major prussien*, VIII, 1183.

Cazal, puis du cimetière de Sedan que les Allemands ne peuvent toutefois conserver, sous le feu venant des glacis. Sur les hauteurs au nord-est, les progrès de l'assaillant sont à peu près arrêtés, grâce à la fière attitude des bataillons de la division Liébert, qui, rétrogradant en échelons dans le meilleur ordre, met près de deux heures pour atteindre les fortifications. Quelques unités embusquées dans les bouquets de bois, derrière des maisons, tiennent l'ennemi à distance jusqu'à la nuit (1).

La retraite de Liébert a découvert la gauche de la division Conseil Dumesnil dont le flanc droit est menacé par les progrès de l'adversaire dans le bois de la Garenne, dont l'artillerie est d'ailleurs à peu près réduite à l'impuissance et dont tous les bataillons, sauf un du 47ᵉ, sont engagés. L'occupation par l'ennemi de la crête du Terme fait tomber progressivement toutes les positions à l'est, et c'est sous un feu d'artillerie violent que la division Conseil Dumesnil exécute sa retraite. Deux bataillons du 47ᵉ, traversant au pas de course le vallon au sud, s'établissent sur la partie nord-est du plateau de l'Algérie et s'y maintiennent jusqu'à 4 h. 30 (2). Une partie du 99ᵉ se défend à outrance dans un bouquet d'arbres d'où elle est rejetée dans le bois de la Garenne, cer-

(1) Rapports du général Douay et du général Liébert.
(2) Historique du 47ᵉ de ligne.

née et contrainte de déposer les armes (1). Le général Conseil Dumesnil, resté un des derniers sur la position, et n'ayant plus auprès de lui que trois hussards d'escorte, est fait prisonnier (2). Vers 4 heures, au moment de la suprême tentative de Wimpffen sur Balan, une des batteries de la division attelle cinq pièces et se porte sur la route de Bouillon. Elle ouvre le feu contre les batteries établies au sud-ouest de Wadelincourt, puis contre celles qui se trouvent au sud-est de Balan. Bientôt accablée, elle tente de gagner la Belgique par la route d'Illy; mais, arrivée dans le bois de la Garenne, elle est entourée et forcée de se rendre (3).

Au moment de la retraite de la division Conseil Dumesnil, le général Pellé veut prendre quelques dispositions pour faire rétrograder en bon ordre la brigade Gandil. Mais l'infanterie, démoralisée, reste « sourde à la voix de ses chefs (4) ». Les bataillons du 1er régiment de marche en particulier, dont les soldats savent à peine manier leur fusil, se débandent et se jettent dans le bois de la Garenne, entrainant avec eux les troupes voisines. Instinctivement tout reflue vers Sedan (5)...

(1) Historique du 99ᶜ de ligne.
(2) Notes du capitaine d'état-major Mulotte.
(3) *Historique de la 10ᵉ brigade d'artillerie*, 238.
(4) Notes du capitaine Achard.
(5) Historique de la division Pellé.

*
* *

De midi à 2 heures, la situation demeure à peu près stationnaire sur la haute Givonne. Maîtresse des points de passage de la rivière, la Garde termine son déploiement sur le front Daigny, Givonne, tandis que l'artillerie continue à bombarder le bois de la Garenne et à rendre presque intenables les crêtes de la rive droite. Les batteries françaises du 1er corps sont à peu près complètement éteintes; l'infanterie a reculé dans le bois ou sur les hauteurs qui dominent Fond de Givonne au nord. La brigade Bréger, de la division Wolff, a commencé vers midi son mouvement rétrograde : le 18e de ligne se porte, en échelons par bataillon, sur la crête à l'est de Triples-Levrettes; le 96e l'y rejoint vers 2 heures et poursuit sa marche vers Sedan, suivi bientôt du 18e. Traversés à plusieurs reprises par des voitures, par de la cavalerie, par des fuyards, en grand nombre, les deux régiments perdent de vue le général Wolff et finissent par aboutir aux glacis, puis dans la place, dont ils garnissent les remparts. Pourtant un bataillon du 96e et deux compagnies du 18e se dirigent sur Balan, où ils combattront encore avec Wimpffen. Un autre bataillon du 96e se jette dans le bois de la Garenne (1).

(1) Rapports du colonel Bréger et du colonel Bluem.

A la brigade du Houlbec, 2ᵉ de la division Wolff, les trois bataillons du 1ᵉʳ zouaves, séparés depuis le matin, errent sur divers points du champ de bataille aux abords du même bois. Vers 3 heures, le gros du régiment se rassemble sur les glacis; 200 hommes environ combattent vers Cazal avec la division Liébert. Le 45ᵉ de ligne se dirige sur Sedan dès midi. L'artillerie de la division se replie sur la place vers une heure (1). Toutes ces unités sont loin d'avoir épuisé leur force de résistance : elles semblent démoralisées plutôt que défaites. La retraite de la brigade Montmarie, de la division Pellé, commence vers 2 heures, bien que les 50ᵉ et 74ᵉ de ligne n'aient pas été engagés. L'artillerie ennemie crible d'obus ces colonnes, dont la majeure partie recule vers Sedan, non sans quelque désordre (2). Il en est de même du 3ᵉ régiment de tirailleurs et du 2ᵉ de marche, de la division Lartigue (3).

Entre midi et une heure, le prince Georges de Saxe a ordonné à la 23ᵉ division de se porter sur Illy en suivant la vallée de la Givonne jusqu'à Daigny. Vers une heure, après l'arrivée des renforts attendus par le Iᵉʳ corps bavarois (4), celle-ci,

---

(1) Historiques du 1ᵉʳ zouaves et du 45ᵉ de ligne; Notes du lieutenant-colonel Lecœuvre.

(2) Historiques du 16ᵉ bataillon de chasseurs, des 50ᵉ et 74ᵉ de ligne.

(3) Historiques du 3ᵉ tirailleurs et du 2ᵉ régiment de marche.

(4) 3ᵉ division bavaroise et partie du IVᵉ corps.

rassemblée aux abords de Monvillers, passe sur la rive droite. Le général de division, supposant que les Français ont entièrement abandonné les hauteurs de cette rive, se met en marche en une seule colonne, formation peu appropriée à la situation tactique. A la Moncelle, la 46ᵉ brigade, gênée dans son mouvement par d'autres troupes, revient sur la rive gauche et poursuit sa route vers Daigny, en arrière et à droite de la 45ᵉ. Le flanc gauche est à peine couvert, et la surprise est complète quand la compagnie de tête de la 45ᵉ est accueillie à coups de fusil en approchant du petit bois à l'ouest de Daigny (1). A la suite d'un combat long, acharné et confus, dans lequel interviennent des batteries allemandes de la rive gauche, cinq compagnies saxonnes parviennent à refouler vers Fond de Givonne les fractions françaises du 58ᵉ qui leur font face. D'autres unités saxonnes progressent en même temps sur les hauteurs à l'ouest de Haybes, grâce à l'appui de deux bataillons du 2ᵉ grenadiers de la Garde, et rejettent également sur Fond de Givonne une partie du 34ᵉ de ligne (2).

La brigade Marquisan, du 12ᵉ corps, formée des 3ᵉ et 4ᵉ régiments de marche, et placée précé-

(1) Suivant toute vraisemblance, c'étaient des fractions du 58ᵉ de ligne qui occupaient ce bois (Historique du 58ᵉ).

(2) Von Schimpff, *Das XII. Korps*, 176-178 ; *Historique du grand État-major prussien*, VIII, 1188-1189 ; Historique du 34ᵉ de ligne.

demment à gauche du 58ᵉ, s'est repliée dès une heure sur le bois de la Garenne, puis vers Sedan, sauf le IVᵉ bataillon du 64ᵉ de ligne qui s'engagera plus tard aux abords de Balan (1). Cette retraite, d'abord entamée en bon ordre, dégénère en déroute : « Plus de rangs, plus de grades, plus de régiments ; plus de bataillons ; des cris, des vociférations ... le chaos sur lequel les obus viennent brocher de sanglants sillons (2). » Aussi les Saxons parviennent-ils sans difficulté jusqu'à Fond de Givonne, mais ils en sont bientôt chassés par un retour offensif des Français.

La division Goze, du 5ᵉ corps, s'est rassemblée dans les premières heures de la matinée sur les emplacements mêmes de ses bivouacs, c'est-à-dire sur les glacis voisins de la porte de Balan. Le 11ᵉ de ligne et un bataillon du 46ᵉ ont été détachés à Balan, d'où ils observent les bords de la Meuse. A 7 heures, la division se porte au nord de Fond de Givonne, d'où elle exécute quelques marches et contremarches vers le bois de la Garenne et le Vieux Camp. Vers une heure et demie, elle se dirige sur Fond de Givonne que les Saxons évacuent en toute hâte ; elle traverse ensuite la route de Bouillon et, précédée de nombreuses compagnies en tirailleurs, se déploie sur le plateau au sud, face à Daigny, dans une formation

(1) Journal de marche de la brigade Marquisan.
(2) Commandant VIDAL, *Campagne de Sedan*, 177.

très dense (1). A gauche, se sont ralliées des fractions des 22ᵉ, 34ᵉ et 58ᵉ de ligne, appartenant à la
division Grandchamp. Les trois batteries divisionnaires, à peine en position, sont criblées d'obus
qui arrivent de front, d'écharpe et à revers. Elles
se maintiennent néanmoins avec énergie et couvrent l'infanterie ennemie, qui cherche à déboucher sur le plateau, de tout ce qu'elles ont de
boîtes à mitraille (2). Il leur est impossible toutefois d'arrêter les tirailleurs des *100ᵉ* et *101ᵉ* saxons,
et surtout ceux du 2ᵉ régiment des grenadiers de
la Garde qui, gagnant du terrain, gênent bientôt
par leurs balles le service des pièces (3). Vers
2 h. 30, les batteries, obligées de battre en retraite « sous une véritable pluie de projectiles »,
exécutent cependant leur mouvement « en bon
ordre et au pas des chevaux (4) ». Elles vont
s'établir au Vieux Camp.

Les quatre batteries de la 23ᵉ division ont déjà
franchi la Givonne et pris position au nord de la
route de Sedan. Les *100ᵉ* et *101ᵉ*, solidement
installés désormais sur les hauteurs à l'ouest

(1) Journal de marche de la 2ᵉ brigade de la division Goze ;
Historiques des 11ᵉ et 46ᵉ de ligne. — D'après le premier de ces
documents, le mouvement aurait été ordonné par le général en
chef. Wimpffen déclare au contraire en avoir été surpris (*loc.
cit.*, 173).
(2) Rapport du chef d'escadron Pérot, 19 octobre 1870.
(3) Rapports des capitaines commandant les 6ᵉ et 7ᵉ batteries
du 6ᵉ d'artillerie.
(4) Journal de marche de la 2ᵉ brigade de la division Goze.

de Daigny et de Haybes, le prince Georges de
Saxe envoie, par la Moncelle, l'artillerie de
corps sur la rive droite de la Givonne, de sorte
qu'y compris l'artillerie déjà placée à l'est de
Balan, vingt et une batteries allemandes cou-
ronnent les crêtes depuis Bazeilles jusqu'au nord-
est de Fond de Givonne (1). Grâce à cet appui
formidable, l'infanterie allemande gagne du terrain sur le front de la division Goze, mais surtout sur le flanc gauche couvert seulement par
les débris de la division Grandchamp, qui cèdent
et entraînent la retraite des troupes de Goze.
Chaque régiment rompt par peloton en suivant
la grande route et le faubourg de Givonne; les
tirailleurs tiennent l'ennemi à distance (2).

Vers 3 heures, le prince Georges de Saxe constate que, de toutes parts, les troupes françaises
refluent sur Fond de Givonne et Sedan, tandis
qu'une violente fusillade retentit dans le bois de la
Garenne, que la Garde se prépare à aborder par
Givonne. Dans ces conditions, il ne juge plus possible le mouvement sur Illy. Considérant d'ailleurs la bataille comme gagnée, il estime qu'une
continuation de l'offensive dans la zone d'action
de la place causerait des pertes inutiles. Un

______

(1) *Historique du grand État-major prussien*, VIII, 1192. —
De la gauche à la droite : six batteries des Ier et IIe corps bavarois; quatre de la *8e* division; sept de l'artillerie de corps du
XIIe corps ; quatre de la *23e* division.
(2) Journal de marche de la 2e brigade de la division Goze.

compte rendu dans ce sens est adressé au commandant de l'armée de la Meuse, et la *23e* division est maintenue sur place, sauf quelques fractions du *108e* et du *101e* dirigées vers le bois de la Garenne, afin de relier le XIIe corps à la Garde. Le prince royal de Saxe approuve ces dispositions et suspend le mouvement des troupes saxonnes encore en marche vers le nord.

A 4 heures, tout le XIIe corps est massé à Givonne, sur les hauteurs à l'ouest de Haybes et de Daigny, et aux abords mêmes de Daigny (1).

La violente canonnade de l'artillerie de la Garde a presque complètement annihilé la défense de la lisière est du bois de la Garenne, quand, vers 3 heures, la *1re* division de la Garde se porte en avant. Après une dernière salve tirée par toutes les batteries, la première colonne d'attaque, forte de quatre bataillons, gravit les pentes à l'ouest de Givonne. Le bataillon de chasseurs, partant de Haybes, la flanque à gauche. La *1re* brigade la suit par Givonne avec mission de se porter ensuite vers le saillant nord du bois, déjà occupé par des unités du XIe corps venues d'Illy (2). Les Prussiens abordent le bois sans difficulté ; mais, à l'intérieur, a lieu une série d'engagements confus livrés par des fractions

(1) *Historique du grand État-major prussien,* VIII, 1191-1193.
(2) *Ibid.,* 1195-1196.

françaises qui résistent parfois avec énergie, et dont la plupart ne se rendent qu'après avoir été enveloppées et avoir épuisé toutes leurs cartouches. Le 17ᵉ de ligne, en particulier, après avoir défendu longtemps la lisière nord contre les troupes ennemies du XIᵉ corps venues d'Illy et de Chataimont, est pris à revers par la Garde et contraint de se replier sur Quirimont. Scindé en deux tronçons, le régiment, rallié par des isolés de tous les corps, continue la lutte aux abords de la ferme, quand la sonnerie de la cessation du feu se fait entendre, mêlée à des sonneries allemandes. Bientôt on aperçoit près de Quirimont un grand nombre de soldats français désarmés, entourés de groupes ennemis et criant : « Ne tirez pas, le général s'est rendu (1), on pose les armes. » En effet, déjà une quantité de fusils sont entassés à la porte de la ferme et le 17ᵉ, ne pouvant se faire jour sans tirer sur tant de Français, est obligé de se rendre (2). Des fractions du 1ᵉʳ zouaves et du 78ᵉ de ligne, enveloppées de toutes parts, en viennent à la même extrémité après une résistance très honorable. Le IIIᵉ bataillon du 96ᵉ, plus heureux, se défend jusqu'à la nuit et parvient à gagner Sedan (3).

(1) Il s'agit vraisemblablement du général de Fontanges (Rapport du général de Fontanges).

(2) Rapport du colonel Weissenburger. — D'après l'Historique du 17ᵉ, le drapeau aurait été détruit et ses débris enterrés.

(3) Rapport du colonel Bluem.

Tandis que le bois de la Garenne est ainsi abordé par l'est et par le nord, il est également envahi par l'ouest. Les deux batteries du XIe corps en position près du Terme canonnent d'abord la lisière où se portent deux bataillons et demi, qui atteignent assez facilement la route d'Illy à Sedan, non loin de la ferme Quirimont. Un autre groupe, d'environ cinq bataillons, pénètre dans le bois entre les chemins qui conduisent de Cazal et de Floing à Quirimont. Un troisième, fort de six bataillons, opère concentriquement contre le saillant sud-ouest où tiennent encore les fractions du 47e de ligne, qui finalement, entourées et sans cartouches, mettent bas les armes. Enfin un dernier groupe, appuyant plus à droite jusqu'à la route de Sedan à Illy, remonte vers le nord et prend à revers les dernières troupes françaises qui s'obstinent à tenir. Parmi elles, le 14e bataillon de chasseurs ne se rend que lorsque toute résistance est devenue impossible (1).

A 5 heures, le bois de la Garenne est tout entier à l'ennemi. A ce moment, une partie des réserves du Ve corps entre en ligne. La 20e brigade, avec deux escadrons de dragons, arrive au Calvaire d'Illy, derrière la gauche de la 19e. La 17e brigade, venant du bois du Hattoy, atteint Cazal et pousse un bataillon sur la hauteur au sud-est. La

---

(1) *Historique du grand État-major prussien*, VIII, 1699-1201 ; Historique du 14e bataillon de chasseurs.

*18*ᶜ reste au Champ de la Grange. Les *2*ᵉ et *4*ᶜ divisions de cavalerie se sont portées dans l'après-midi aux environs d'Illy. Une brigade et l'artillerie de la 2ᵉ division ont suivi l'infanterie sur les hauteurs au sud; le reste a été rappelé, dès 4 heures, à Donchery et Frénois, afin de s'opposer éventuellement à une sortie des Français dans cette direction. La *4*ᵉ division franchit la Givonne pour intercepter la route de Bouillon (1).

Après l'engagement de la *1*ʳᵉ division de la Garde dans la partie nord-est du bois de la Garenne, un bataillon est allé occuper la Chapelle. La 2ᵉ division reste à l'est de Haybes jusque vers 5 heures et se rapproche ensuite de Givonne. L'artillerie de corps traverse ce village pour gagner le Calvaire d'Illy. La division de cavalerie se tient derrière les batteries du Vᶜ corps (2).

Après avoir examiné la situation sur le front du 7ᵉ corps, Wimpffen a acquis la conviction de l'impossibilité d'une retraite vers Mézières pendant le jour. Les manœuvres en lignes intérieures que — suivant ses déclarations postérieures aux événements — il aurait conçues dans la matinée,

(1) *Historique du grand État-major prussien*, VIII, 1201.
(2) *Ibid.*, 1202.

ne lui paraissent plus possibles. Il prend alors le parti de tenir jusqu'à la nuit et de se replier alors vers l'ouest (1).

A midi, il se rend au Vieux Camp, point central et dominant, d'où il embrasse l'ensemble de la bataille. Il y rencontre Lebrun et Ducrot. Celui-ci exprime de nouveau le regret que, dans la matinée, on n'ait pas donné suite à son projet de concentration sur Illy, et il fait valoir la nécessité d'exécuter ce mouvement sans retard. Wimpffen objecte que l'opération, impossible quelques heures auparavant, est encore plus irréalisable à ce moment. Lebrun est du même avis (2).

Douay ayant manifesté des inquiétudes au sujet des troupes qui occupent le bois de la Garenne, Wimpffen prescrit de les renforcer et, s'étant rendu sur ce point, il constate par lui-même qu'exposées à un feu d'artillerie intense, certaines d'entre elles sont très démoralisées avant d'avoir combattu (3).

Vers une heure, il revient au Vieux Camp. Le cercle de feu se rétrécit de plus en plus. Douay mande que sa situation est critique. Déjà quelques éléments des 1er et 7e corps refluent en désordre vers la place. Désormais Wimpffen doit

(1) Rapport du général de Wimpffen ; Général DE WIMPFFEN, *loc cit.*, 168.

(2) Conseil d'Enquête sur les Capitulations, Déposition du général Lebrun.

(3) Général DE WIMPFFEN, *loc. cit.*, 166

renoncer à l'espoir de se maintenir sur ses positions jusqu'à la nuit. Telle est également l'opinion de Lebrun (1).

La belle contenance du 12ᵉ corps suggère alors un autre projet au général de Wimpffen : celui de joindre à ces troupes toutes les forces disponibles des 1ᵉʳ et 5ᵉ corps « pour jeter une fraction de l'armée ennemie dans la Meuse » et se frayer une issue dans la direction de Carignan. C'est une résolution désespérée, qui peut permettre, non de sauver l'armée, mais de succomber honorablement. Wimpffen fait écrire dans ce sens à Douay et à Ducrot. Le premier est chargé « de couvrir la retraite » ; le second marchera, avec tout ce qu'il pourra réunir, sur la Moncelle et Bazeilles, tout en assurant avec le 7ᵉ corps la possession du Calvaire d'Illy (2). Les divisions Goze et Lespart, du 5ᵉ corps, sont mises à la disposition de Lebrun, qui leur prescrit de se placer en deuxième ligne, derrière l'infanterie de marine (3). Enfin, vers 1 h. 30, Wimpffen adresse à

(1) Conseil d'Enquête sur les Capitulations, Déposition du général Lebrun.

(2) Rapports des généraux de Wimpffen et Lebrun ; Rapport du capitaine d'Ollone au général de Wimpffen (*Revue historique,* 1884, XXVI, 310) ; Prince BIBESCO, *loc. cit.,* 154.

(3) Conseil d'Enquête sur les Capitulations, Déposition du général Lebrun ; Général DE WIMPFFEN, *loc. cit.,* 170. — Ces dispositions ne sont pas relatées dans le rapport du général de Wimpffen. L'ordre ne semble pas être parvenu au général Ducrot (*la Journée de Sedan,* 45). Le général de Wimpffen ne disposait, assure-t-il,

l'empereur la lettre suivante, qui est portée en double expédition par les capitaines d'état-major de Saint-Haouen et de Lanouvelle :

« Sire,

« Je me décide à forcer la ligne qui se trouve devant le général Lebrun et le général Ducrot, plutôt que d'être prisonnier dans la place de Sedan.

« Que Votre Majesté vienne se mettre au milieu de ses troupes, elles tiendront à honneur de lui ouvrir un passage (1). »

Le capitaine de Saint-Haouen arrive le premier à la sous-préfecture et remet à l'empereur le message de Wimpffen en joignant les explications nécessaires. Après un instant de silence général, le colonel Stoffel prend la parole pour faire observer que la bataille peut « à la rigueur être considérée comme indécise ». Le capitaine de Saint-Haouen répond qu'elle est « perdue, complètement perdue » et qu'il faut « prendre immédiatement un parti ». Dans l'entourage du souverain, on tient une sorte de conseil et l'on décide que la trouée proposée par Wimpffen est impraticable, que l'on sacrifierait inutilement plusieurs

que d'un petit nombre d'officiers d'ordonnance et d'état-major (Conseil d'Enquête sur les Capitulations, Déposition du général de Wimpffen).

(1) Général DE WIMPFFEN, *loc. cit.*, 170.

milliers d'hommes, qu'il ne reste donc plus
« qu'à capituler (1) ».

L'empereur refuse en conséquence d'adhérer
à la proposition de Wimpffen. Il se contente
ensuite de manifester au capitaine de Lanouvelle
le désir d'être informé de toutes les phases de
l'action qui va s'engager et, croyant devoir expliquer et justifier son refus, il ajoute « qu'il ne
pouvait se faire prendre (2) ».

Le message de Wimpffen parvient à Ducrot
un peu avant 3 heures, au moment où, suivant le
mouvement de retraite de ses troupes, il arrive
sous les murs de Sedan seul, séparé même de
son escorte (3). Déjà le drapeau blanc, arboré par
l'ordre de l'empereur, flotte sur l'un des bastions.

(1) Rapport du capitaine de Saint-Haouen au général de
Wimpffen (*Revue historique*, 1884, t. XXVI, 312).

(2) Journal inédit du capitaine de Lanouvelle et Rapport du
même officier au général de Wimpffen (*Revue historique*, 1884,
XXVI, 316). — Les mots placés entre guillemets le sont également dans le manuscrit. L'auteur semble donc citer textuellement les paroles de l'empereur. — D'après l'ouvrage *Des causes
qui ont amené la capitulation de Sedan,* qui lui a été attribué,
Napoléon III aurait fait répondre « qu'il ne pouvait aller rejoindre
le général ; que d'ailleurs il n'entendait pas, pour sauver sa personne, sacrifier la vie d'un grand nombre de soldats, et qu'il
était décidé à partager le sort de l'armée » (24).

(3) Dans *la Journée de Sedan,* Ducrot n'a pas spécifié l'heure
exacte. Pour le moment de l'arrivée de Ducrot sous les murs de
Sedan, voir le rapport du lieutenant de mobiles de Laizer au
général de Wimpffen (*Revue historique,* 1884, XXVI, 309). Ce
rapport dit : « J'estime que ce devait être dans les environs de
2 heures et demie. »

Ducrot, Douay et quelques autres généraux tiennent conseil et jugent utile de pénétrer dans la place, afin d'en examiner les défenses et de savoir ce qui se passe vers le sud-est. Ils constatent avec le général Dejean, commandant le génie de l'armée, combien les moyens de résistance sont précaires. Ils placent cependant quelques soldats sur les parapets et dans les chemins couverts, mais ces hommes, démoralisés et découragés, quittent leur poste dès qu'on les perd de vue. Ducrot prend le parti de traverser la ville pour se mettre en communication avec Wimpffen.

« A l'intérieur de Sedan, le spectacle était indescriptible; les rues, les places, les portes étaient encombrées de voitures, de chariots, de canons, de tous les impedimenta d'une armée en déroute. Des bandes de soldats, sans fusils, sans sacs, accouraient à tout moment, se jetaient dans les maisons, dans les églises. Aux portes de la ville, on s'écrasait. Plusieurs malheureux périrent piétinés. A travers cette foule, accouraient des cavaliers ventre à terre, des caissons passant au galop, se taillant un chemin au milieu de ces masses affolées. Les quelques hommes qui avaient conservé un reste d'énergie ne semblaient s'en servir que pour accuser et maudire : « Nous avons été trahis, criaient-ils, nous avons été vendus par les traîtres et les lâches! » Il n'y avait évidemment rien à faire avec de tels hommes (1)... »

A la vue de cet effondrement, Ducrot et Douay décident de se rendre à la sous-préfecture et de s'entretenir de la situation avec l'empereur. La physionomie de Napoléon III n'est plus froide et impassible comme à l'ordinaire; ses traits altérés et empreints d'une profonde tristesse trahissent les cruelles émotions et les souffrances physiques qu'il subit. Dès qu'il aperçoit Ducrot, le souverain exprime ses vifs regrets de la nomination de Wimpffen au commandement de l'armée et ajoute que seul le mouvement prescrit par Ducrot eût pu la sauver. Puis, à ce moment critique, où il sent tout s'écrouler — l'armée et l'empire — revenant sur les faits antérieurs à la guerre, il rend justice aux avertissements et aux conseils du général et reconnaît qu'il aurait dû en tenir plus sérieusement compte. L'empereur se tait un instant poursuivant le cours de ses pensées douloureuses, évoquant à la fois le passé irrévocable et l'avenir si compromis; son entourage ému garde comme lui le silence qui rend plus saisissant encore le bruit du dehors. L'air est en feu; les obus tombant sur les toits entraînent des pans de maçonnerie qui s'abattent avec fracas sur le pavé. L'éclatement des projectiles se mêle au grondement de 600 bouches à feu, « épou-

____

(1) Général Ducrot, *loc. cit.*, 46.

vantable canonnade qui fut entendue jusque devant Metz par le prince Frédéric-Charles (1) ».

L'empereur se montre surpris d'entendre la bataille se continuer quand, depuis quelque temps déjà, le drapeau parlementaire a été arboré. Il annonce son intention d'avoir une entrevue avec le roi de Prusse; il espère obtenir des conditions avantageuses pour l'armée. Ducrot répond avec raison qu'il ne compte pas beaucoup sur la générosité de l'ennemi et propose de tenter une sortie à la nuit. L'empereur objecte le désordre et l'encombrement de la ville, ainsi que la démoralisation des troupes. A son avis, « une tentative de cette sorte n'aboutirait qu'à une nouvelle effusion de sang ». Peut-être réussirait-il avec quelques officiers à s'échapper; mais il ne fallait plus songer à sauver l'armée.

Cependant la canonnade, loin de diminuer, redouble d'intensité. L'incendie se déclare sur plusieurs points de la ville. Acculées aux murailles, entassées dans les fossés et dans les rues, les troupes subissent des pertes très fortes. Des obus éclatent à tout instant dans le jardin et la cour de la sous-préfecture. « Il faut absolument faire cesser le feu », dit nerveusement l'empereur. Montrant à Ducrot une table : « Écrivez là.» Et le souverain dicte : « Le drapeau parlemen-

(1) Général Ducrot, *loc. cit.*, 47-48.

taire ayant été arboré, les pourparlers vont être ouverts avec l'ennemi ; le feu doit cesser sur toute la ligne. » Puis, comme le général regarde l'empereur, celui-ci ajoute : « Maintenant, signez. — Oh non ! Sire, je ne peux pas signer. A quel titre signerais-je ? Je commande le 1ᵉʳ corps. C'est le général de Wimpffen qui est général en chef. — Vous avez raison ; mais je ne sais pas où est le général de Wimpffen ; il faut que quelqu'un signe. — Faites signer par son chef d'état-major, ou par le plus ancien général de division, qui est le général Douay. — Oui, répond l'empereur, faites signer par le chef d'état-major (1). »

Ducrot sort et communique les ordres de l'empereur au colonel Robert, qui se met à la recherche du général Faure et le trouve dans la citadelle. Mais Faure se refuse énergiquement à signer : « Je viens de faire abattre le drapeau blanc, ajoute-t-il ; ce n'est pas moi qui le ferai relever (2). »

Sur ces entrefaites, le général Lebrun a été reçu par Napoléon III. Il avait attendu, pour mettre le 12ᵉ corps en mouvement (3), que la division

---

(1) Général Ducrot, *loc. cit.*, 50 ; Conseil d'Enquête sur les Capitulations, Déposition Ducrot. — On observera qu'il faut s'en rapporter au général Ducrot seul pour le récit de cette entrevue.

(2) Notes du colonel Robert.

(3) Dans une lettre datée d'Aix-la-Chapelle, 20 octobre 1870, et adressée au général de Wimpffen, Lebrun déclare n'avoir pas reçu, vers une heure, l'ordre de tenter avec son corps

Goze eût occupé l'emplacement prescrit. Mais, constatant que des fractions de plus en plus nombreuses des 1er et 7e corps refluent en désordre vers Sedan et redoutant de voir cet exemple suivi par d'autres troupes encore compactes, il se rend en toute hâte à la porte de Balan et fait fermer la barrière. Le remède est d'ailleurs insuffisant : de tous côtés, les soldats débandés se jettent dans les fossés. Lebrun poursuit alors son chemin jusqu'à l'enceinte et fait lever les ponts-levis. Puis il a la fâcheuse idée de pousser jusqu'au quartier général, afin de rendre compte de ce qui se passe soit à l'empereur, soit au maréchal de Mac-Mahon. Arrivé malgré mille difficultés à la sous-préfecture, Lebrun est introduit aussitôt auprès de Napoléon III qui, sans lui laisser le temps d'exposer la situation, manifeste à nouveau son étonnement au sujet de la continuation de la lutte alors que, « depuis plus d'une heure », il a demandé un armistice en faisant hisser le drapeau blanc sur la citadelle.

Lebrun objecte justement qu'il est impossible

d'armée une trouée vers Carignan (*Étoile belge* du 26 octobre 1870). Wimpffen répondit aussitôt qu'il avait donné verbalement, entre une heure et 2 heures, « l'ordre positif » à Lebrun de commencer le mouvement (général DE WIMPFFEN, *loc. cit.*, 283). Lebrun ne relate pas ces instructions dans sa déposition au Conseil d'Enquête sur les Capitulations; mais, dans son ouvrage *Bazeilles-Sedan*, il reconnaît avoir reçu l'ordre de faire un effort sur Bazeilles (p. 120).

que ce signal ait été aperçu de toutes les troupes,
sur un champ de bataille d'une si grande étendue.
D'ailleurs, il est peu vraisemblable que l'on cesse
le feu à la vue du drapeau blanc. Ce n'est pas
ainsi, observe-t-il enfin, que, suivant les lois de la
guerre, on demande un armistice, mais en en-
voyant au quartier général ennemi un parlementaire muni de pleins pouvoirs. Il propose de charger de cette mission le général Gresley, son chef
d'état-major, sous réserve de l'approbation de
Wimpffen (1).

L'empereur dicte alors à Lebrun la lettre suivante :

« Sous Sedan, le 1er septembre 1870.

« Je soussigné, commandant en chef de l'armée
française, ai l'honneur d'adresser à M. le général en chef de l'armée allemande une demande
d'armistice, pendant la durée duquel il sera possible de traiter des conditions également accep-
tables pour les deux armées.

« Le général en chef de l'armée française (2). »

(1) Conseil d'Enquête sur les Capitulations, Déposition du général Lebrun.

(2) Général LEBRUN, *Bazeilles-Sedan*, 133. — « J'ai cru comprendre que l'empereur, parfaitement édifié sur l'insuccès complet de ses armes, d'après les rapports des généraux Ducrot et
Douay qu'il avait vus avant moi, n'avait pas voulu attendre que
la déroute fût générale, sans rien faire en vue d'obtenir de l'ennemi des conditions moins dures » (Notes personnelles du général Lebrun).

Napoléon III ajoute que cette pièce doit être signée du général de Wimpffen. Lebrun part à sa recherche, dans la direction de Balan. Des officiers de la maison militaire de l'empereur, croyant que le général Lebrun lui-même est désigné comme parlementaire (1), le font accompagner par un sous-officier de cavalerie portant un fanion blanc au bout d'une lance. Lebrun ne tarde pas à s'en apercevoir, mais il se borne à prescrire au sous-officier de le suivre à grande distance (2).

(1) Le rapport du Conseil d'Enquête sur la capitulation de Sedan le déclare par erreur. Ducrot se trompa également sur la mission exacte dont était chargé Lebrun (*loc. cit.*, 51).
(2) Général LEBRUN, *loc. cit.*, 134 et 284-288.

CHAPITRE X

DERNIERS EFFORTS

Wimpffen tente une contre-attaque au nord-est de Sedan. — Il refuse d'entendre parler d'armistice. — Combat livré aux Bavarois par la brigade Carteret-Trécourt. — La brigade Abbatucci entre en ligne et refoule les Bavarois. — Belle conduite du commandant Moch. — Wimpffen exécute une nouvelle tentative sur Balan et en chasse les Bavarois. — Il est contraint d'abandonner le village et de se replier sur la place. — Le général Wolff essaie vainement de percer par Fond de Givonne. — Efforts du chef d'escadrons d'Alincourt par le faubourg de Gaulier. — Bombardement de Sedan. — Fin de la lutte. — Les pertes et les effectifs mis en ligne de part et d'autre.

Après avoir attendu pendant une heure la réponse de l'empereur (1), le général de Wimpffen, se rendant compte de la nécessité d'agir sans tarder davantage, réunit des fractions de tous les corps massées aux abords nord-est de Sedan et se place à leur tête avec son état-major (2). En même temps, il donne à la division Vassoigne l'ordre de se porter en avant (3). Il est 3 heures

(1) Voir *suprà*, p. 130.
(2) Rapport du général de Wimpffen.
(3) Général DE WIMPFFEN, *loc. cit.*, 172.

environ. Toutes ces troupes, comptant 5 000 à 6 000 hommes, suivent la route de Bouillon et gravissent ensuite les hauteurs qui dominent Fond de Givonne au sud. Peu à peu elles appuient vers le sud-ouest et viennent combattre dans les jardins, les clôtures et les vergers attenant à Balan (1).

Surpris de n'avoir pas aperçu le reste du 12ᵉ corps, Wimpffen se rend à Balan où il espère rencontrer Lebrun (2). Vers 4 heures, un officier d'ordonnance de l'empereur le rejoint et lui remet une lettre du souverain. Jugeant la tentative sur Carignan « impraticable », Napoléon III prévient Wimpffen que le drapeau blanc a été hissé sur la citadelle. Il l'invite à faire cesser le feu et le charge de négocier avec l'ennemi (3). Wimpffen refuse de lire le message de l'empereur et de se conformer à ses instructions. Il se propose au contraire d'entrer dans Sedan pour appeler à lui toutes les troupes qui y sont accumulées et pour tenter encore un dernier effort dans la direction de Balan (4).

Lebrun survient à ce moment. Apercevant le

(1) Général DE WIMPFFEN, *loc. cit.*, 173 ; Journal de marche de la division Vassoigne.

(2) Conseil d'Enquête sur les Capitulations, Déposition du général de Wimpffen.

(3) Napoléon III à Wimpffen, Wilhemshöhe, 3 octobre 1870.

(4) Rapport du général de Wimpffen ; Conseil d'Enquête sur les Capitulations, Déposition du général de Wimpffen.

fanion blanc dont il est suivi, Wimpffen ne lui laisse même pas le temps de parler : « Non, non, s'écrie-t-il, je ne veux pas de capitulation ; qu'on fasse disparaître tout de suite ce drapeau blanc. Je veux qu'on continue de se battre (1). » Lebrun tente de lui expliquer qu'il n'a pour toute mission que de lui faire connaître le désir de l'empereur de demander un armistice. Il le supplie de prendre lecture du pli qu'il apporte. Wimpffen s'y refusant obstinément, Lebrun lui conseille d'aller exposer ses projets à l'empereur. Wimpffen prend la direction de Sedan non pour se rendre auprès du souverain, mais pour faire sortir les troupes de la ville (2).

La situation s'aggrave en effet à chaque instant au nord-ouest de Bazeilles. A 11 h. 15, la 5e brigade d'infanterie bavaroise, formant deux lignes, s'est portée vers Balan à travers les prairies qui bordent la Meuse. La gauche se dirige sur le village, le centre sur le parc du château, qui constitue un saillant au sud-est, la droite sur les hauteurs découvertes au nord. Les troupes avancées du Ier corps bavarois rallient les unités dont elles font partie, sauf trois compagnies du 7e bataillon de chasseurs, qui ont déjà progressé

(1) Général LEBRUN, *loc. cit.*, 135; Général DE WIMPFFEN, *loc. cit.*, 173. — D'après Wimpffen, un de ses officiers d'ordonnance fit jeter le fanion à terre.

(2) Conseil d'Enquête sur les Capitulations, Dépositions des généraux Lebrun et de Wimpffen.

vers Balan et quelques fractions des *3e* et *10e* régiments qui demeurent en position sur la crête au
nord-est du village. Déjà ces dernières ont engagé
la fusillade avec les tirailleurs du 8e bataillon de
chasseurs déployés en avant du chemin creux
conduisant de Balan à la cote 215. Cinq batteries françaises luttent péniblement contre neuf
batteries allemandes établies aux abords de la
Platinerie (1).

Au moment où les Bavarois, en marche sur
Balan, arrivent à bonne portée, la majeure partie
du 8e bataillon de chasseurs ouvre le feu. Le
général Carteret-Trécourt fait intervenir aussitôt :
à droite, deux compagnies du 2e zouaves; à
gauche, deux compagnies du 36e de ligne (2). Le
11e de ligne se trouve depuis le matin dans les jardins qui entourent Balan, mais la partie sud-est
du village n'est guère occupée que par quelques
fractions d'infanterie de marine, qui ont évacué
Bazeilles. Aussi les Bavarois pénètrent-ils presque
sans résistance dans Balan. Bientôt ils occupent
en forces le petit bois et les maisons qui avoi-
sinent le cimetière et repoussent une contre-
attaque de deux bataillons du 11e de ligne. Mais,
dans le parc, le Ier bataillon du 2e zouaves leur
oppose une résistance acharnée : il faut, pour le

(1) *Historique du grand État-major prussien,* VIII, 1143.
(2) Rapport du général Carteret-Trécourt, 18 mai 1871; Rapport du chef de bataillon Viénot, 25 septembre 1870.

déloger, l'intervention des troupes de seconde ligne. A midi 15 seulement, les zouaves abandonnent leur point d'appui (1).

Sans espoir d'être secouru et menacé d'être tourné par Fond de Givonne, le général Carteret-Trécourt a préparé sa retraite vers le Vieux Camp. Il place sur une crête, à 300 mètres au nord de la position, derrière une haie parallèle au chemin creux, un bataillon du 36e de ligne et les IIe et IIIe bataillons du 2e zouaves. Un autre bataillon du 36e et deux compagnies de zouaves s'établissent aux ailes de la première ligne pour recueillir les défenseurs du parc. Une fusillade de pied ferme, d'une extrême violence, s'engage alors sur cette partie du champ de bataille. La retraite de la brigade Carteret-Trécourt s'effectue dans de bonnes conditions grâce à ces replis judicieusement ménagés (2).

Vers une heure de l'après-midi, la 5e brigade bavaroise est arrêtée sur la face nord de Balan vis-à-vis du 11e de ligne et d'éléments du 2e zouaves. Un retour offensif dirigé vers l'angle nord-est du parc rejette même les Allemands dans l'intérieur. L'arrivée de fractions de la 6e brigade rétablit le combat en faveur de l'assaillant et lui permet, vers 2 h. 30, de reprendre ses emplacements pri-

____

(1) Historique du 11e de ligne; *Historique du grand État-major prussien*, VIII, 1144.

(2) Rapport du général Carteret-Trécourt.

mitifs. Plusieurs tentatives pour gagner du terrain échouent et, à partir de 3 heures, les Bavarois se bornent à conserver leurs positions. En raison du manque de munitions et de la dissociation de ses unités, la 5ᵉ brigade est ramenée en arrière et remplacée par les bataillons encore disponibles de la 6ᵉ (1).

Sur ces entrefaites, la brigade Abbatucci, de la division Lespart, jusqu'alors en réserve au Vieux Camp, s'est mise en marche, vers 2 h. 30, dans la direction de Balan. Traversant la route de Bouillon, à l'ouest de Fond de Givonne, elle gravit les hauteurs au sud de la chaussée, précédée de nombreux tirailleurs. Une grande quantité d'isolés et de groupes séparés de leurs régiments se joignent à ce mouvement offensif qu'appuie une batterie restée au Vieux Camp. La droite de la brigade, un peu désunie, pénètre dans la partie nord-ouest de Balan et progresse ensuite le long de la lisière occidentale. Deux compagnies bavaroises postées sur ce point sont débordées et rejetées dans la grande rue; elles entraînent dans leur fuite les unités qui s'y trouvent (2).

Le général von der Tann fait avancer trois bataillons à peine reconstitués de la 5ᵉ brigade; il

(1) *Historique du grand État-major prussien*, VIII, 1203-1204.
(2) Rapport du général Abbatucci (général DE WIMPFFEN, *loc.*: *cit.*, 334); Historiques du 19ᵉ bataillon de chasseurs et du 27ᵉ de ligne.

charge la 4ᵉ de la défense de Bazeilles, tandis que
la 1ʳᵉ va s'établir sur les hauteurs au nord, auprès
des batteries. Lorsque, vers 3 h. 15, les trois
bataillons poussés sur Balan en atteignent les
abords, la situation de la 6ᵉ brigade est devenue
« excessivement critique ». Vigoureusement atta-
quées de front et débordées sur leur gauche, les
troupes bavaroises qui occupent le village « se
rabattent... à la débandade, par les deux rues lon-
gitudinales, vers les débouchés sud-est, dont elles
ferment ainsi l'accès aux renforts qui arrivent
précisément (1) ». Seul un bataillon parvient à se
frayer un passage au travers des groupes qui
refluent pêle-mêle sur la chaussée et à se maintenir dans les maisons au sud de l'église.

L'aile gauche de la brigade Abbatucci a dû sur-
monter de plus grandes difficultés. Le IIIᵉ bataillon du 27ᵉ n'a pu s'emparer du parc et du bois voisin qu'après « un combat long et meurtrier (2) ».
Finalement la 6ᵉ brigade bavaroise bat en retraite
en échelons, non sans laisser aux mains des Français de nombreux prisonniers, et elle entraîne
avec elle deux des bataillons de la 5ᵉ envoyés
pour la recueillir. A ce moment, le IIIᵉ bataillon
du 27ᵉ reçoit des renforts. Coupé du gros de la
brigade Marquisan, le IVᵉ bataillon du 64ᵉ, sous
les ordres du commandant Moch, s'est dirigé en

____

(1) *Historique du grand État-major prussien,* VIII, 1206.
(2) Historique du 27ᵉ de ligne.

très bon ordre vers la porte de Balan. De là, il gagne le parc où viennent le renforcer quantité d'isolés. Moch place en réserve ceux qui n'ont plus de cartouches, afin de les utiliser dans le cas où il faudrait combattre à la baïonnette. Il répartit tout le reste de sa troupe sur deux lignes, la seconde devant se substituer à la première après épuisement des munitions. Sans compter ce qui reste du IIIe bataillon du 27e, il y a là environ 1 500 combattants pourvus de cartouches et 300 maintenus en arrière. A quelque distance de l'extrême gauche, se trouvent deux mitrailleuses et deux canons de 4 qui, après avoir tenté de contrebattre l'artillerie bavaroise, sont bientôt réduits au silence. Moch recommande de ne tirer qu'au commandement et à bonne portée. Bientôt deux colonnes bavaroises débouchent d'un petit bois : l'une pour enlever le parc, l'autre pour s'emparer des bouches à feu. Accueillies par un feu nourri et bien ajusté, elles tourbillonnent un instant sur place et battent en retraite « avec la plus grande rapidité ». Aussitôt les batteries bavaroises couvrent le parc d'une grêle d'obus qui causent des pertes sérieuses aux défenseurs. Moch profite d'une accalmie pour mettre en sûreté les deux mitrailleuses. Le lieutenant Pavot, du 17e bataillon de chasseurs, accompagné d'une trentaine d'hommes, se glisse jusqu'aux bouches à feu et les ramène près du parc, puis à la porte de

Bouillon, « avec le sang-froid le plus digne d'éloges (1) ».

*
* *

Vers 4 heures, Wimpffen est rentré à Sedan, afin de réunir quelques fractions et de tenter avec elles un dernier effort à Balan. Il s'avance jusqu'à la place Turenne, appelant sur tout son parcours les troupes au combat et les invitant à le suivre si elles ne veulent pas se trouver bientôt dans l'obligation de déposer les armes. Autour de lui, pour galvaniser tous ces hommes découragés, ses officiers répètent : « Bazaine arrive, Bazaine arrive (2) ! » Ainsi, à la fin de la bataille de Waterloo, annonçait-on l'approche des colonnes de Grouchy. Quelques groupes se rallient autour de Wimpffen, mais un grand nombre de soldats refusent de lui obéir, déclarant que le drapeau parlementaire flotte sur la citadelle par ordre de l'empereur. Néanmoins Wimpffen, à force d'exhortations, parvient à réunir environ 2 000 hommes de tous les corps et deux bouches à feu qu'il entraîne dans la direction de Balan.

Arrivé dans l'intérieur de ce village, Wimpffen

(1) Rapport du commandant Moch ; Historique du 17e bataillon de chasseurs.

(2) Rapport du capitaine d'Ollone au général de Wimpffen (*Revue historique*, 1884, t. XXVI, 311).

rencontre Lebrun et lui demande s'il ne juge pas possible, avec ces troupes, de « faire quelque chose encore ». Lebrun répond qu'on peut certainement les sacrifier, mais sans espoir d'obtenir un résultat utile. Il se déclare prêt toutefois à se conformer aux intentions du commandant en chef et se place auprès de lui, en tête de la colonne. Le général Pellé amène à ce moment un certain nombre d'isolés du 1ᵉʳ corps, ralliés autour d'une fraction du 16ᵉ bataillon de chasseurs (1).

A la sonnerie de la charge, tous ces braves se lancent au pas de course dans la grande rue, les ruelles latérales, les jardins et dans l'espace compris entre Balan et la Meuse. Des éléments du 19ᵉ bataillon de chasseurs et du 27ᵉ de ligne, de la brigade Abbatucci, se joignent à ce mouvement offensif. Malgré une grêle de balles, les Français parviennent, presque d'un seul élan, jusqu'au carrefour situé près de l'église. Là, les Bavarois, embusqués dans une grande maison et derrière les murs du jardin, opposent une résistance énergique. Le capitaine Desmazières accourt avec quatre pièces de la 6ᵉ batterie du 6ᵉ. Chargés à peu près à l'abri, les canons sont amenés à bras dans la rue et font brèche dans les murs. Les servants font des pertes sensibles : les

(1) Conseil d'Enquête sur les Capitulations, Dépositions des généraux de Wimpffen et Lebrun; Historiques de la 2ᵉ division du 1ᵉʳ corps et du 16ᵉ bataillon de chasseurs.

lieutenants Pravaz et Degorge servent les pièces comme de simples canonniers. Les Bavarois abandonnent enfin la maison, qui est aussitôt occupée. Balan est repris presque en entier : l'ennemi ne conserve que le dernier bâtiment situé au débouché de la grande rue et quelques clôtures avoisinantes. Plusieurs fractions, dont une compagnie du 1ᵉʳ zouaves et un groupe de soldats du 16ᵉ bataillon de chasseurs, poussent même au delà de la sortie sud-est du village (1).

L'artillerie bavaroise s'occupe aussitôt de préparer la reprise de Balan. Une batterie rejoint d'abord la grande ligne de bouches à feu en position sur les hauteurs à l'ouest de la Moncelle, puis elle se porte jusqu'à 800 mètres de Balan et ouvre le feu sur la partie sud du village et sur l'église. Deux autres, traversant Bazeilles, s'établissent au débouché nord-ouest. En même temps les batteries bavaroises, restées sur leurs emplacements, et l'artillerie de corps du IVᵉ corps, occupant les pentes à l'ouest d'Aillicourt, dirigent leurs feux sur Balan, «de sorte qu'une grêle d'obus s'abat à la fois de l'est et du sud sur le village, les jardins qui l'entourent et les hauteurs voisines (2)».

Quelque temps auparavant, tandis que l'infanterie bavaroise luttait encore pour la possession

(1) Rapport du capitaine Desmazières, 3 septembre 1870 ; Historiques du 19ᵉ bataillon de chasseurs et du 27ᵉ de ligne.
(2) *Historique du grand État-major prussien*, VIII, 1209.

de Balan, trois bataillons de la 1re brigade et neuf compagnies prussiennes se sont avancés, à son aide, jusqu'à la sortie nord-ouest de Bazeilles; puis, vers 4 heures, ces troupes se sont mises en marche sur Balan de part et d'autre de la grande route. Mais les fractions chassées du village par l'offensive de Wimpffen viennent en désordre se jeter dans ces unités fraîches et les entraînent quelque temps dans leur retraite. Les colonnes se reforment pourtant et progressent jusqu'à l'entrée de Balan : deux bataillons occupent la lisière sud-est, tandis que les Français rétrogradent à l'intérieur (1).

Le retour offensif de Wimpffen sur Balan a fait croire à l'état-major allemand que l'adversaire n'a pas encore renoncé à l'idée d'un effort général dans ce secteur du champ de bataille, afin de percer sur Carignan. Vers 5 heures, de nouvelles dispositions sont prises pour parer à cette éventualité. La 2e brigade du 1er corps bavarois se porte au nord de Bazeilles; la 3e reçoit l'ordre de se tenir prête à la Moncelle. Trois régiments de cuirassiers bavarois se rassemblent sur les pentes à l'ouest de cette localité ainsi que deux régiments de chevau-légers et deux escadrons des uhlans de la Garde. Après s'être reformés peu à peu, les bataillons de la 3e division bavaroise se

(1) *Historique du grand État-major prussien*, VIII, 1209.

déploient en avant de la 2ᵉ brigade entre Bazeilles et Balan. De plus, une brigade du IVᵉ corps se porte derrière les batteries bavaroises, sur les hauteurs au nord de Bazeilles, et le XIIᵉ corps appuie un peu à gauche pour former réserve aux abords de la Moncelle (1).

Ces mesures ont à peine reçu un commencement d'exécution que le général de Wimpffen, voyant fondre les troupes qu'il a entraînées à sa suite, perd enfin courage et juge nécessaire de rétrograder : « Je vois, dit-il à Lebrun, que nous ne sommes pas suivis et qu'il n'y a plus rien à faire. Donne des ordres pour que toutes nos troupes effectuent leur retraite sur Sedan. Je vais donner ma démission de général en chef, tu prendras le commandement à ma place. — Donner ta démission ! Tu n'y penses pas. Ta démission ne sera pas acceptée ; si elle l'était, d'ailleurs, ce ne serait pas moi, dans tous les cas, qui devrais être appelé à te remplacer, ce serait le plus ancien des commandants de corps d'armée. Il est bien entendu que tu me donnes l'ordre positif de faire exécuter la retraite pour faire entrer nos troupes dans Sedan ? — Oui. — Eh bien, alors, je vais faire en sorte que le mouvement de retraite ne soit pas précipité ; les troupes se replieront, en disputant pied à pied le terrain à l'ennemi ; je les ferai

____

(1) *Historique du grand État-major prussien*, VIII, 1210-1211.

entrer successivement dans Sedan, et puis, lorsque je croirai qu'aucun de nos soldats n'est plus dehors, j'y entrerai moi-même et ferai fermer derrière moi la barrière de l'avancée (1). »

Lebrun réunit quelques fractions qui protègent de leur mieux le mouvement rétrograde et tiennent les Bavarois à distance. Près de l'entrée de la ville, des sonneries de clairon répétées rappellent les soldats attardés. Quand Lebrun ne voit plus arriver personne, il franchit la barrière avec les officiers de son état-major, dispose à droite et à gauche, sur la banquette intérieure du parapet, une centaine d'hommes qu'il a retenus auprès de lui, et leur donne l'ordre d'en défendre les approches (2).

L'infanterie bavaroise traverse ou contourne Balan sans rencontrer de résistance sérieuse : tout se borne à quelques engagements partiels avec des fractions embusquées dans les maisons et les jardins. Le commandant Moch, après de brefs pourparlers entamés par les Bavarois, se maintient dans le parc Philippoteaux jusqu'à 6 h. 30 et ramène son détachement à Sedan (3).

Les Bavarois viennent d'arriver sous les murs de la place quand le feu cesse du côté des Fran-

(1) Général LEBRUN, *loc. cit.*, 140-141. — Dans son ouvrage, *Sedan*, le général de Wimpffen ne relate pas cette conversation.
(2) Général LEBRUN, *loc. cit.*, 142.
(3) *Historique du grand État-major prussien*, VIII, 1211; Rapport du commandant Moch.

çais ; en même temps, un drapeau blanc apparaît sur la porte de Balan. Apprenant que les négociations sont engagées, les troupes allemandes suspendent également la lutte.

Pendant ces engagements au sud-est de Sedan, deux autres tentatives de trouée se produisent. Vers 4 h. 30, le général Wolff réunit quelques centaines d'hommes appartenant pour la plupart au 1er corps, et, donnant un bel exemple de bravoure, il gravit à leur tête les hauteurs au nord-est de Fond de Givonne. D'autres fractions débouchent du village vers l'est. Quelques bouches à feu établies au nord-est de la ferme de la Garenne, près du saillant du bois, appuient cette offensive désespérée. Surprises, les troupes de la 45e brigade plient d'abord sous le choc. Mais le général Wolff est grièvement blessé. L'artillerie saxonne ouvre le feu, renforcée ensuite par les batteries à cheval de la Garde. Les Français sont bientôt contraints de faire demi-tour, et les Allemands, les poursuivant, arrivent également sur ce point jusqu'aux abords des glacis. Le prince royal de Saxe fait avancer toute l'artillerie du XIIe corps et de la Garde, afin de canonner la place. Mais, sur ces entrefaites, on apprend que des négociations sont entamées, et les hostilités cessent également sur ce point (1).

____

(1) Souvenirs inédits du général Wolff ; *Gaulois* du 23 no-

Au nord-ouest de Sedan, le chef d'escadrons d'Alincourt tente un suprême effort pour s'ouvrir un passage. Vers 4 heures, il part des glacis avec le 2ᵉ escadron du 1ᵉʳ cuirassiers et se met en marche par la route de Mézières, suivi des capitaines Haas et Blanc, du capitaine d'état-major Mangon de la Lande, du lieutenant d'état-major Lafuente. Les lieutenants Théribaut et Garnier, les sous-lieutenants Anyac et de Montenon dirigent les pelotons. Quatre sous-officiers et une vingtaine de cavaliers du 1ᵉʳ escadron rallient, chemin faisant, ainsi que le sous-intendant Seligman-Lui, une fraction du 5ᵉ escadron dirigée par le capitaine Fuchey et le sous-lieutenant Diehl, enfin le lieutenant de chasseurs d'Afrique de la Moussaye.

A peine la colonne, forte d'une centaine d'hommes, arrive-t-elle au faubourg de Gaulier, qu'elle est accueillie à coups de fusil par les tirailleurs prussiens qui occupent les maisons. La charge sonne. La colonne traverse le faubourg à toute allure et poursuit sa course, parcourant ainsi environ 1 500 mètres sous le feu de fractions ennemies embusquées sur les pentes au nord de la route. Une barricade de voitures mises en travers de la chaussée arrête l'élan des cuirassiers. Le capitaine Mangon de la Lande et le lieutenant

vembre 1876 (récit d'un témoin oculaire); *Historique du grand État-major prussien*, VIII, 1213, 1216.

Théribaut tombent percés de balles ; le capitaine Haas est blessé à l'épaule ; son cheval est tué ainsi que ceux du capitaine Blanc et du sous-intendant Seligman-Lui. Les sous-lieutenants Anyac et de Montenon sont mis hors de combat. Le commandant d'Alincourt parvient, avec une fraction de la colonne, à tourner l'obstacle, mais pour se heurter bientôt à une ligne de cavalerie prussienne déployée entre la Meuse et Floing. Il tombe blessé à son tour et est fait prisonnier avec ce qui reste de cette vaillante petite troupe (1).

Des hauteurs au sud-ouest de Frénois, le roi de Prusse constate que l'artillerie allemande balaie tout l'espace sur lequel l'armée française est refoulée. Des officiers du grand État-major, envoyés en reconnaissance, annoncent que derrière les fronts de l'armée allemande, à l'est et à l'ouest de Sedan, se trouvent des réserves suffisantes pour faire face à toutes les tentatives de trouée que les Français pourraient tenter. Dès lors, on juge « qu'une puissante action de l'artillerie contre les derniers points de refuge de l'adversaire » sera « le moyen le plus propre à le convaincre du caractère désespéré de sa situation et à le déterminer à déposer les armes (2) ».

Vers 4 heures, le roi prescrit à toute l'artillerie

______

(1) Historique du 1er cuirassiers ; *Choses vues* (*Revue de Paris* du 15 septembre 1906).

(2) *Historique du grand État-major prussien*, VIII, 1215.

disponible sur la rive gauche de la Meuse de faire converger ses feux sur Sedan. Les batteries wurtembergeoises, appelées de Donchery, prennent position de part et d'autre de la grande route, à l'est de Belle-Vue et de Frénois. Cette violente canonnade produit des ravages terribles parmi les troupes françaises agglomérées en masses confuses dans les rues, sur les glacis et dans les fossés de Sedan (1). Les généraux Guyot de Lespart et Girard sont mortellement frappés, le premier sur la place Turenne, l'autre non loin de là. Les soldats affolés se réfugient pêle-mêle dans les maisons, dans les caves, partout où s'offre un abri. De nouveaux incendies se déclarent sur plusieurs points de la ville. Une compagnie de chasseurs bavarois s'approche par Torcy de la porte de France. Elle n'y rencontre qu'une faible résistance, et un de ses pelotons se dispose à franchir les palissades quand les défenseurs, cessant le feu, arborent le drapeau blanc et ouvrent des pourparlers.

La lutte est terminée : l'armée française n'a plus qu'à se rendre ou à mourir. Ses pertes s'élèvent à 799 officiers, 9 000 hommes de troupe environ, tués ou blessés (2), 21 000 faits prison-

(1) VERLY, *loc. cit.*, 117, 122; Prince DE LA MOSKOWA, *Quelques notes intimes sur la guerre de 1870 (Correspondant* du 10 décembre 1898); *Enquête...*, 1, 40.
(2) Chiffre approximatif pour les hommes de troupe.

niers sur le champ de bataille (1), 3 000 désarmés en Belgique. Celles des Allemands sont de 470 officiers et 8 461 hommes (2). Ils ont mis en ligne 186 bataillons, 177 escadrons, 117 batteries, et, si l'on défalque de ces chiffres les troupes détachées du champ de bataille proprement dit, on arrive au total de 129 071 fusils, 20 110 sabres, c'est-à-dire 149 181 combattants, avec 695 canons, contre nos 120 000 rationnaires environ, avec 413 bouches à feu (3).

(1) Chiffre donné par l'*Historique du grand État-major prussien* (VII, 1224), et que les documents français ne permettent pas de contrôler. Peut-être les blessés sont-ils compris dans ce total.

(2) *Historique du grand État-major prussien*, VIII, 311*.

(3) *Kriegsgeschichtliche Einzelschriften* Heft 12, herausgegeben vom grossen Generalstabe, 825-830.

CHAPITRE XI

LES POURPARLERS DE DONCHERY

Mission du lieutenant-colonel Bronsart von Schellendorf. — Impression dans l'entourage du roi de Prusse à la nouvelle de la présence de l'empereur à Sedan. — Le général Reille, porteur de la missive impériale, se rend sur les hauteurs de Frénois. — Réponse du roi de Prusse. — Bismarck et Moltke décidés à exploiter le succès jusqu'à ses plus extrêmes limites. — Wimpffen accepte de traiter de la capitulation. — Altercation entre Wimpffen et Ducrot. — Négociations à Donchery dans la nuit du 1er au 2 septembre. — Entretien de Napoléon III et de Bismarck le 2 septembre. — Napoléon III au château de Belle-Vue. — On lui refuse systématiquement de voir le roi de Prusse.

Des hauteurs de Frénois, le roi Guillaume, Moltke et Bismarck, entourés d'une suite nombreuse, ont assisté à toutes les péripéties de la bataille. Ils ont vu le cercle de fer se former et se resserrer peu à peu, et l'armée française refluer de toutes parts vers l'intérieur de la ville. Afin d'abréger la lutte, un bombardement méthodique, exécuté sur leur ordre, s'abat sans trêve sur l'espace étroit où sont entassés une centaine de mille hommes. « Ces malheureuses victimes me font

pitié », aurait dit le prince royal de Prusse (1).
Apprenant qu'à la porte de Torcy, les Français
demandent à parlementer, le roi fait cesser le feu
et, vers 4 h. 30, charge le lieutenant-colonel
Bronsart von Schellendorf et le capitaine von
Winterfeld, tous deux du grand État-major, de
sommer en son nom le commandant en chef des
forces françaises de se rendre avec l'armée et la
place (2). Au moment où les deux officiers s'éloi-
gnent, le général Sheridan, des États-Unis, se
tournant vers Bismarck : « Et si Napoléon faisait
partie de vos prises? » Le chancelier répond avec
un geste d'incrédulité : « Oh non! Le vieux
renard est trop fin pour se laisser prendre
dans un pareil piège. Il a certainement filé à
Paris (3). » Un officier bavarois rend compte, de
la part du général Bothmer, de la présence de
l'empereur à Sedan ; mais la nouvelle trouve peu
de créance dans l'entourage du roi Guillaume et
parmi les troupes (4). Peu à peu, le feu s'est

(1) FRANKENBERG, *Kriegstagebücher von 1866 und 1870-
1871*, 126.

(2) D'après une lettre du roi à la reine, datée de Vendresse,
3 septembre (HAHN, *Der Krieg Deutschlands gegen Frankreich*,
479-481), le roi aurait fait cesser le feu par humanité uniquement. Hassel donne la même version (*Von der dritten Armee*,
235). De même, Schneider (*l'Empereur Guillaume*, II, 233) et
les *Kriegsgeschichtliche Einzelschriften*, herausgegeben vom
grossen Generalstabe, Heft 19, 68.

(3) SHERIDAN, *Personal Memoirs*, II, 402-403.

(4) FRANKENBERG, *loc. cit.*, 126 ; SCHNEIDER, *loc. cit.*, II, 234 ;

éteint sur toute la ligne : un silence profond et solennel succède au tumulte de la bataille. En vue des négociations, le roi mande auprès de lui le prince royal, qui, de son observatoire de la Croix-Piot, au sud de Donchery, se rend sur les hauteurs de Frénois.

A la porte de Torcy, Bronsart est reçu par le général de Beurmann, commandant supérieur de la place, et exprime, au nom du roi, le désir de voir le général en chef de l'armée française. Conduit à la sous-préfecture, il se trouve, à son grand étonnement, en face de l'empereur. Napoléon III, auquel il expose l'objet de sa mission, lui remet une enveloppe cachetée et dont la suscription porte : « A Sa Majesté le roi de Prusse. » Bronsart aborde ensuite un point essentiel : « Sire, nous avons encore besoin d'un officier d'un grade élevé pour traiter des négociations. » — « C'est juste! c'est juste! », observe l'empereur. Bronsart demandant s'il faut s'adresser à Mac-Mahon, Napoléon III répond que le maréchal a été blessé et remplacé par Wimpffen. D'ailleurs, ajoute-t-il, le général Reille accompagnéra les parlementaires et sera chargé de

F. Dalm, correspondant de l'*Allgemeine Zeitung* (HIRTU, *Tagebuch des Krieges*, II, 1676). — « Nous ne pouvions pas croire que l'empereur fût resté près de l'armée battue et, selon toute apparence, cernée; si même il avait conduit en personne la bataille, pensions-nous, il se serait sûrement sauvé à temps » (LASSBERG, *Mein Kriegstagebuch*, 73).

remettre lui-même la lettre impériale au roi de Prusse (1).

A son retour, Bronsart rencontre sous les murs mêmes de la place le capitaine von Alten et lui fait prendre les devants afin de prévenir le roi (2). Alten regagne au galop les hauteurs de Frénois et apprend à son souverain que Bronsart a été reçu à Sedan par l'empereur. « Par l'empereur ! répète Guillaume avec étonnement. Par l'empereur (3) ! » Il y eut un instant de profonde et de silencieuse émotion, puis ce fut une explosion de joie qui secoua les hommes les plus graves. Les uns poussaient des hourras frénétiques, d'autres se congratulaient mutuellement, beaucoup ne pouvaient retenir une larme, et la voix leur manquait pour répondre à un compliment cordial. Les jeunes princes allemands se pressaient autour du roi, qui leur serrait les mains : « C'est un grand bonheur d'assister dans sa jeunesse à un événement aussi grandiose », disait-il solennellement ; puis il ajoutait en souriant : « Pourtant, même

(1) VERDY DU VERNOIS, *loc. cit.*, 153 (d'après un récit de Bronsart à Verdy); Lettre citée du roi à la reine; HASSEL, *loc. cit.*, 236 (dans cet ouvrage, la conversation de l'empereur et de Bronsart est relatée en français).

(2) Alten avait été envoyé vingt minutes après le départ de Bronsart pour lui dire qu'il devait se borner à demander l'envoi d'un parlementaire muni de pleins pouvoirs. Alten, trouvant fermées les portes de Sedan, avait attendu le retour de Bronsart (*Kriegsgeschichtliche Einzelschriften*, Heft 19, 69).

(3) SCHNEIDER, *loc. cit.*, II, 234.

dans la vieillesse, cela fait plaisir. » Bismarck reçut aussi leurs félicitations : « Un jour comme celui-ci, déclara-t-il au prince héritier de Wurtemberg, assure la situation des maisons souveraines allemandes et consolide les principes conservateurs (1). » Seul, semble-t-il, le prince royal de Prusse jugeait ces manifestations d'enthousiasme « déplacées » et peu dignes de « la grandeur d'un tel événement ». Au surplus, on pouvait se demander « s'il fallait s'en réjouir ou non (2) ».

Il était 6 heures environ. Bientôt on aperçut, arrivant par la route de Sedan, trois cavaliers, dont l'un portait un drapeau parlementaire, et qui se dirigeaient sur Frénois. Le roi s'avança jusqu'à l'extrémité du plateau; le kronprinz se plaça à sa gauche. Un peu en arrière se tenaient Moltke, Roon, Bismarck, le prince Charles, le grand-duc de Weimar, le duc Ernest de Saxe-Cobourg. Le reste de la suite royale : généraux, officiers d'état-major, aides de camp, secrétaires, journalistes, demeura à quelque distance de ces hauts personnages. Enfin l'escorte d'honneur se déploya en demi-cercle derrière le grand quartier général (3).

----

(1) FRANKENBERG, *loc. cit.*, !27; Lettre citée du roi à la reine; HIRTH, *loc. cit.*, II, 1681.

(2) *Kaiser Friedrichs Tagebücher*, 109.

(3) HASSEL, *loc. cit.*, 238; SHERIDAN, *loc. cit.*, II, 404; Tableau de A. von Werner, reproduit par Pfister (*Kaiser Wilhelm* I. *und seine Zeit*, 64-66).

Cependant les cavaliers français ont mis pied à terre à une centaine de mètres environ du groupe. Le général Reille s'avance jusqu'à vingt pas, se découvre et, s'inclinant profondément, tend au roi la lettre de Napoléon III. Guillaume a fait retirer tout le monde, même le kronprinz; il rend le salut avec la plus grande correction; puis, avant de rompre les cachets : « Je pose comme première condition que l'armée mette bas les armes (1). » Reille répond qu'il n'a d'autre mission que de remettre la lettre de l'empereur. Dans un silence de mort, le roi déchire l'enveloppe et lit :

« Monsieur mon Frère,

« N'ayant pu mourir au milieu de mes troupes, il ne me reste qu'à remettre mon épée entre les mains de Votre Majesté.

« Je suis, de Votre Majesté, le bon Frère

« NAPOLÉON (2).

« Sedan, le 1er septembre 1870. »

(1) Lettre citée du roi à la reine. — Cf. *Kaiser Friedrichs Tagebücher*, 110; BLUMENTHAL, *Tagebücher*, 93; *Hatzfeldts Briefe*, 65-66; SHERIDAN, *loc. cit.*, II, 404. — D'après une lettre inédite du général Reille, dont M. G. Bapst a bien voulu nous communiquer des extraits, le roi Guillaume aurait tenu le même langage en ces termes : « Si vous venez pour une capitulation, je ne l'accepterai que si l'armée met bas les armes. »

(2) *L'Historique du grand État-major prussien* (VIII, 1217) donne un fac-similé de cette lettre. — Napoléon III a écrit à ce sujet : « On avait tellement répété dans les journaux que le roi de Prusse ne faisait pas la guerre à la France, mais à l'empereur, que celui-ci était persuadé qu'en disparaissant de la scène

Le roi appelle d'un signe son fils, Moltke, Bismarck, et remet la lettre au chancelier qui en donne lecture. Tandis que Reille s'est reculé par discrétion et reçoit les condoléances du comte de Hatzfeldt, une conversation animée se tient entre Guillaume, le kronprinz, Moltke et Bismarck. Celui-ci, en particulier, parle avec beaucoup de vivacité, et l'on entend le roi s'écrier avec énergie : « Non ! non (1) ! » D'après les confidences ultérieures de Bismarck, Guillaume, croyant qu'il s'agissait de la paix, aurait déclaré : « Sedan ne suffit pas, il faut qu'il rende aussi Metz. » Bismarck fit observer que l'on ne savait pas « si l'empereur était encore maître de l'armée (2) ».

Pendant que le roi continue à conférer avec le chancelier, Moltke et le duc de Saxe-Cobourg sont allés rejoindre Reille qui s'entretient déjà avec d'anciennes connaissances : les généraux von Boyen et von Treskow, les comtes Solms et Eulenbourg. Reille, dont l'attitude est très digne, raconte que Napoléon III s'est exposé pendant

et en se remettant entre les mains du vainqueur, il obtiendrait des conditions moins désavantageuses pour l'armée, et donnerait en même temps à la régente la facilité de conclure la paix à Paris » (*OEuvres posthumes de Napoléon III, le Livre de l'Empereur*, 123).

(1) FRANKENBERG, *loc. cit.*, 128 ; SCHNEIDER, *loc. cit.*, II, 235 ; *Hatzfeldts Briefe*, 65-66.

(2) BUSCH, *Mémoires de Bismarck*, I, 210 (28 novembre 1870). — Dans *Graf Bismarck und seine Leute*, II, 36, Busch est beaucoup moins affirmatif.

des heures au feu le plus violent et que plusieurs
personnes de la suite impériale ont été tuées aux
côtés du souverain. Il dépeint les effets fou-
droyants de l'artillerie allemande dont la supériorité sur le matériel français est, à son avis, une
des causes essentielles de nos défaites. On le
réconforte en lui disant avec quel intérêt le roi a
suivi les charges de Floing et les éloges qu'il a
décernés aux valeureux cavaliers de la division
Margueritte. Le kronprinz, à qui Reille a été
attaché au cours de sa visite à Paris en 1867,
lui adresse quelques paroles de sympathie (1).
Moltke, enfin, le prend à part et lui demande si
l'armée peut encore se défendre : « Je crois que
c'est possible, affirme Reille, et que nous pouvons
faire une trouée à faire payer cher notre passage (2). »

Sur ces entrefaites, Bismarck a mandé le
comte de Hatzfeldt. Deux chaises de paille sont
placées l'une sur l'autre et, sous la dictée com-
binée du roi et du chancelier, Hatzfeldt écrit le
brouillon de la réponse. Puis le roi s'assied sur
une des chaises; le capitaine von Alten, un genou
en terre, tient sur l'autre genou la seconde chaise
dont le siège sert de pupitre; le lieutenant von

(1) Kayssler, *Aus dem Hauptquartier* (Hintu, *loc. cit.*, II,
1682); *Kaiser Friedrichs Tagebücher*, 109 ; *Kriegsgeschichtliche
Einzelschriften*, Heft 19, 71; *Tagebücher..... Blumenthal*, 93.
(2) Lettre inédite du général Reille.

Gustedt, des hussards de la Garde, présente sa sabretache comme buvard. Hatzfeldt, debout, tient l'encrier et dicte en même temps au souverain :

« Monsieur mon Frère,

» En regrettant les circonstances dans lesquelles nous nous rencontrons, j'accepte l'épée de Votre Majesté, et je la prie de vouloir bien nommer un de vos officiers muni de vos pleins pouvoirs pour traiter de la capitulation de l'armée qui s'est si bravement battue sous vos ordres. De mon côté, j'ai désigné le général de Moltke à cet effet.

« Je suis, de Votre Majesté,
       « Le bon Frère,

                              « GUILLAUME.

« Devant Sedan, le 1ᵉʳ septembre 1870 (1). »

Au cours de la dictée, Bismarck s'est approché de Reille. « Il ne faut point, dit le général, imposer des conditions trop dures à une grande armée qui s'est si bravement battue. » Selon Busch, pour toute réponse, le chancelier hausse les épaules, peut-être pour manifester que la question

(1) *Historique du grand État-major prussien*, VIII, 1217. — Pour les détails de cette scène, voir : *Hatzfeldts Briefe*, 66 ; FRANKENBERG, *loc. cit.*, 128.

échappe à ses attributions. Reille ajoute que tous à Sedan préféreraient faire sauter la ville. « Eh bien! faites sauter! » réplique sèchement Bismarck (1).

Le roi a terminé sa lettre et, la remettant à Reille, qui la reçoit tête nue, lui adresse quelques paroles « comme à une vieille connaissance (2) ». Guillaume, puis le kronprinz et Moltke tendent la main au général, qui remonte à cheval et regagne Sedan escorté du capitaine von Winterfeld. Peu à peu, la nouvelle se répand parmi les troupes allemandes : de formidables hourras éclatent dans la plaine et se répètent de bivouac en bivouac. En entendant chanter l'hymne *Nun danket alle Gott*, le kronprinz ne peut retenir ses larmes; le souverain et son fils s'embrassent avec effusion (3).

Il était 7 heures environ. La nuit venait. D'innombrables feux de bivouac commençaient à briller tout autour de Sedan; une dizaine de villages brûlaient (4). Le roi resta encore quelques instants à écrire debout, presque dans l'obscurité, un télégramme destiné à la reine (5). De son

(1) BUSCH, *Mémoires de Bismarck*, I, 209-210. — Ce propos ne figure pas dans *Graf Bismarck*.
(2) Lettre citée du roi à la reine.
(3) Dr Carl GEYER, *Verwundet und Kriegsgefangen in Paris, 1870-71*, 70.
(4) *Kaiser Friedrichs Tagebücher*, 110; KAYSSLER, *loc. cit.*, (Hirth, II, 1682); FRANKENBERG, *loc. cit.*, 160.
(5) Sur le champ de bataille de Sedan, 1/9/70, 7 heures un quart : « L'armée française est enfermée dans Sedan, et l'em-

côté, le grand État-major rédigeait les instructions
prescrivant aux troupes de demeurer sur leurs
positions et de s'opposer à toute tentative de passage de l'armée française (1). Pour les négociations, le roi donna ses pleins pouvoirs à Moltke;
il pria Bismarck de ne pas s'éloigner pour le cas
où des questions d'ordre politique seraient soule-
vées; puis, avec son fils, il monta en voiture, et
retourna à Vendresse (2).

Quelles paroles furent échangées pendant le
trajet? On l'ignore. Mais il est certain qu'à la joie
des deux personnages se mêlait un peu d'inquiétude. Le prince royal craignait que le résultat de
la guerre ne répondît pas aux espérances de la
nation allemande (3) Le roi redoutait de ne pouvoir encore conclure la paix. De fait, l'empereur
prisonnier, avec qui négocierait-on? Qu'arrive-
rait-il à Paris? Enfin, que ferait Bazaine (4)? Sur

pereur Napoléon m'a offert son épée. Je l'ai acceptée et je
demande que l'armée capitule en qualité de prisonnière de
guerre. Dieu nous a visiblement bénis! »

« GUILLAUME. »

Voir le fac-similé dans PFISTER, *loc. cit.*, 64.

(1) *Correspondance militaire du maréchal de Moltke*, I,
n° 244.

(2) Lettre citée du roi à la reine; SHERIDAN, *loc. cit.*, II, 405.

(3) *Kaiser Friedrichs Tagebücher*, 109. « Mon souci, c'est
que le résultat de la guerre ne réponde pas aux légitimes
attentes du peuple allemand » (*Ibid.*, 112). — Cf. *Kriegsgeschichtliche Einzelschriften*, Heft, 19, 72.

(4) D'après SCHNEIDER (*loc. cit.*, II. 236), le roi fit le 1ᵉʳ sep-

le passage du souverain, les troupes, sans souci
du lendemain, fêtaient le succès et acclamaient
les princes qui les avaient conduites à la victoire (1). « On s'embrassait, on poussait des
vivats, on pleurait de joie (2) » ; la plupart
étaient convaincus d'un prompt retour dans leurs
foyers, après une paix qui ne semblait pas douteuse (3). Pendant ce temps, Bismarck et Moltke
revenaient ensemble de Frénois à Donchery.
Chemin faisant, ils examinaient attentivement
cette question : « Était-il possible, sans nuire aux
intérêts allemands, d'accorder à l'honneur militaire d'une armée qui s'était vaillamment battue,
des conditions moins dures que celles posées en
principe? » Après avoir débattu les avantages de
la clémence et de l'inflexibilité, ils se trouvèrent
bientôt d'accord pour répondre à cette question

tembre cette confidence à Bismarck : « Je crains bien que cet
événement, qui appartient à l'histoire du monde, ne nous
apporte pas la paix. » Le lendemain matin, il dit à Schneider :
« Je ne sais pas maintenant avec qui conclure la paix, car l'empereur est mon prisonnier » (*Ibid.*, 238). Abeken, conseiller de
chancellerie, qui vit le roi à Vendresse le 1er septembre, ne
constata « aucune trace de suffisance ou d'exaltation ». Natu-
rellement, ajoute-t-il, « il était cependant plein de joie et de
reconnaissance » (*Ein schlichtes Leben in bewegter Zeit*, 417).
— « L'étendue du succès paraissait trop grande... Sûrement il
y avait des inconvénients à la capture de l'empereur » (Russel,
My Diary, 212).

(1) Oncken, *Das Zeitalter des Kaisers Wilhelm*, II, 154.

(2) Schneider, *loc. cit.*, II, 234.

(3) *Historique du grand État-major prussien*, VIII, 1218.

par un non formel (1). « Du côté allemand, a dit Moltke plus tard, on était forcé de se dire qu'en présence d'un ennemi aussi puissant que la France, on n'avait pas le droit de se dessaisir des avantages acquis. Si les Français avaient déjà ressenti comme une offense les succès remportés par la Prusse sur l'Autriche, aucune générosité hors de propos ne pouvait leur faire oublier leur propre défaite (2). » Telle était également l'opinion de Bismarck : « Notre victoire de Sadowa, déclarait-il le 21 août 1870, avait déjà rempli les Français de haine et de rancune à notre égard (3). » Et le 29, il faisait cette confidence à un journaliste : « Il est certain que les Français sont dès à présent si montés contre nous qu'ils chercheront à se venger de toutes les manières possibles. Le mieux que nous puissions faire, dans l'intérêt de la paix, est de leur enlever le pouvoir de nuire (4). » Bismarck et Moltke résolurent donc d'exploiter le succès jusqu'à ses plus extrêmes limites, en exigeant que toute l'ar-

(1) Lettre de Bismarck au roi, 2 septembre 1870 (*Kaiser Wilhelm I. und Bismarck*, 210).

(2) MOLTKE, *Gesammelte Schriften*, III, 97-98.

(3) BUSCH, *Mémoires de Bismarck*, I, 58.

(4) HIRTH, *loc. cit.*, II, 1558. — Le 13 septembre, à Reims, Bismarck tient le même langage à un correspondant du *Standard* : « La France ne pouvait nous pardonner Sadowa, bien que Sadowa ne fût pas dirigé contre elle, et jamais elle ne nous pardonnera Sedan » (*Ibid.*, II, 2132).

mée française mît bas les armes et se constituât prisonnière (1).

* *
*

Au retour de Reille, Napoléon III s'est préoccupé de désigner un officier général chargé de la douloureuse mission de traiter de la capitulation de l'armée. Sollicité à deux reprises de se rendre au quartier général allemand, Wimpffen s'y refuse formellement (2). Un peu plus tard, il adresse même sa démission à l'empereur et demande sa mise à la retraite (3). Napoléon III fait appeler Ducrot et l'invite à prendre le commandement en chef. Mais il se heurte à une opposition inébranlable. Ducrot fait observer que Wimpffen, ayant dans la matinée revendiqué l'honneur de diriger les opérations, n'a pas le droit de se récuser au moment où elles ont abouti à une défaite. Il ajoute que Douay, étant le plus ancien divisionnaire, est tout désigné pour remplacer Wimpffen. Douay se dispose à accepter, quand, sur les observations amicales du général Lebrun, il refuse à son tour en déclarant que Wimpffen, n'étant pas blessé, doit conserver le commandement jusqu'au bout (4). L'empereur se retourne

(1) ONCKEN, *loc. cit.*, 157.
(2) Journal du capitaine de Lanouvelle.
(3) Général DE WIMPFFEN, *loc. cit.*, 226.
(4) Général DUCROT, *loc. cit.*, 51.

alors vers ce dernier et, malgré ses protestations, le maintient dans ses fonctions : « Vous ne pouvez. écrit Napoléon III, donner votre démission lorsqu'il s'agit encore de sauver l'armée par une honorable capitulation. Je n'accepte pas votre démission. Vous avez fait votre devoir toute la journée; faites-le encore. C'est un service que vous rendrez au pays. Le roi de Prusse a accepté l'armistice et j'attends ses propositions. Croyez à mon amitié (1). »

Wimpffen hésite à se rendre à l'appel de l'empereur. Il lui reproche d'avoir pris l'initiative de faire arborer le drapeau parlementaire, d'avoir retenu auprès de lui des généraux, au lieu d'exiger qu'ils retournassent sur le champ de bataille, de n'être entré en communication avec le commandant en chef que pour lui prescrire de négocier, d'avoir, en un mot, substitué son action à la sienne propre. Dès lors, selon Wimpffen, il appartiendrait à Napoléon III de signer la capitulation (2). Toutefois, ému par la lettre impériale, qui en appelle à lui pour défendre les intérêts de l'armée et donner au pays cette dernière preuve de dévouement, Wimpffen se décide, vers 8 heures et demie, à se rendre à la sous-préfecture (3).

(1) Citée par le prince BIBESCO, *loc. cit.*, 169.
(2) Général DE WIMPFFEN, *loc. cit.*, 227.
(3) Conseil d'Enquête sur les Capitulations, Déposition du général de Wimpffen. — Selon Ducrot, il est 8 heures environ *(loc. cit.*, 51).

Introduit, non sans difficultés, auprès de l'empereur (1), il est en proie à une surexcitation visible et, selon Ducrot, se répand aussitôt en récriminations injustes : « Sire, si j'ai perdu la bataille, si j'ai été vaincu, c'est que mes ordres n'ont pas été exécutés, c'est que vos généraux ont refusé de m'obéir. » D'un bond, Ducrot vient se placer face à Wimpffen et, si nous en croyons son récit, l'apostrophe en ces termes : « Que dites-vous, et qui a refusé de vous obéir? A qui faites-vous allusion? Serait-ce à moi? Hélas! vos ordres n'ont été que trop bien exécutés. Si nous avons subi un affreux désastre, plus affreux que tout ce qu'on a pu rêver, c'est à votre folle présomption que nous le devons. Seul, vous en êtes responsable ; car si vous n'aviez pas arrêté le mouvement de retraite, en dépit de mes instances, nous serions maintenant en sûreté à Mézières, ou du moins hors des atteintes de l'ennemi! — Eh bien! réplique Wimpffen, puisque je suis incapable, raison de plus pour que je ne conserve pas le commandement! — Vous avez revendiqué le commandement ce matin, quand vous pensiez qu'il y avait honneur et profit à l'exercer; je ne vous l'ai pas contesté... alors qu'il était peut-être contestable. Mais à l'heure qu'il est, vous ne pouvez plus le refuser. Vous seul

(1) Général DE WIMPFFEN, *loc. cit.*, 228-229.

devez endosser la honte de la capitulation (1)! »

L'empereur et les personnes de son entourage s'interposent et mettent fin à cette altercation. Ducrot s'étant retiré, Wimpffen déclare au souverain qu'il est résolu à remplir sa mission jusqu'au bout. L'empereur lui remet alors une pièce qui l'accrédite au quartier général de l'armée allemande : « L'empereur Napoléon III, ayant donné le commandement en chef au général de Wimpffen, à cause de la blessure du maréchal de Mac-Mahon qui l'empêchait de remplir son commandement, le général de Wimpffen a tous les pouvoirs pour traiter des conditions à faire à l'armée que le roi reconnaît avoir vaillamment combattu. » Wimpffen part aussitôt pour Donchery où doivent avoir lieu les négociations. Il est suivi du général Faure, chef d'état-major

(1) Général Ducrot, *loc. cit.*, 52-53. — On observera que cet ouvrage a été écrit un an après les événements ; il semble donc difficile que Ducrot ait pu reproduire textuellement les termes de cet entretien orageux. Wimpffen le relate plus brièvement : « Dans le cabinet de Sa Majesté... on tenait un conseil. Tous s'empressèrent de sortir, à l'exception du général Ducrot qui resta d'abord et me dit avec exaltation : « Général, puisque votre ambition vous a poussé à m'enlever l'honneur de commander l'armée, c'est à vous que revient la honte de la capitulation... » Je me contins et je répondis au général Ducrot : « J'ai pris le commandement pour éviter une défaite que vous eussiez précipitée par votre mouvement. Je n'ai pas obtenu le résultat que j'espérais; mais je me sens assez fort et assez dévoué pour m'occuper encore des derniers intérêts de l'armée. Du reste, général, je ne suis pas ici pour conférer avec vous, veuillez nous laisser » (*loc. cit.*, 229).

général de l'armée, et de quelques officiers, parmi lesquels le général Castelnau, chargé plus spécialement de débattre les intérêts de l'empereur (1).

* * *

A leur arrivée à Donchery, vers 11 heures du soir, Wimpffen et les officiers qui l'accompagnent sont introduits dans un salon, au rez-de-chaussée, où entrent, dix minutes plus tard, Moltke, Bismarck, Podbielski et quelques officiers du grand État-major (2). Après un salut assez sommaire, Moltke demande à Wimpffen s'il a des pouvoirs et, sur sa réponse affirmative, exprime le désir de les vérifier. Cette formalité remplie, Wimpffen présente les généraux Castelnau et Faure. Moltke s'étant enquis des motifs de leur présence, Faure répond qu'il est venu comme chef d'état-major du maréchal de Mac-Mahon, mais sans aucun caractère officiel, et Castelnau déclare qu'il est chargé d'une communication verbale et officieuse de la part de l'empereur, mais qui n'aura d'opportunité qu'à la fin

(1) Général DE WIMPFFEN, *loc. cit.*, **229**.
(2) Une note relative aux négociations de Donchery a été rédigée, pendant sa captivité à Stettin, par le capitaine d'Orcet, du 4ᵉ régiment de cuirassiers, qui accompagnait Wimpffen (général DUCROT, *loc. cit.*, 53 sqq.). — Les Archives de la Guerre possèdent une copie certifiée conforme du manuscrit.

de la conférence à laquelle il n'a point qualité pour prendre part. Moltke nomme alors Bismarck et Podbielski (1), puis l'on s'assoit autour d'une table carrée éclairée par une lampe et deux candélabres et couverte d'un tapis rouge. D'un côté se trouve Moltke ayant à sa gauche Bismarck et à sa droite Podbielski ; du côte opposé, Wimpffen est seul en avant ; derrière lui, presque dans l'ombre, les généraux Castelnau et Faure, et les autres officiers francais. Les officiers du grand État-major prussien restent debout ; sur un signe de Podbielski, l'un deux, le capitaine von Nostitz, vient s'appuyer sur la cheminée pour sténographier la conversation . « Scène étrange et admirable ! s'écrie un témoin Tous ces uniformes de couleurs variées, le silence solennel, l'expression grave des visages couverts de sueur et de poussière, tout cela sera pour nous un souvenir inoubliable... Un rayon de lumière portait sur la muraille précisément sur un excellent portrait de Napoléon Ier qui semblait se demander ce qui se passait à ses pieds (2). »

Wimpffen est visiblement embarrassé pour engager l'entretien ; mais Moltke demeurant

---

(1) D'après le capitaine d'Orcet, Moltke aurait nommé Bismarck et Blumenthal ; mais il est bien probable que ce dernier n'assistait pas à la séance dont il ne dit pas un mot dans ses *Tagebücher*. L'*Historique du grand État-major prussien* ne le cite pas parmi les assistants (VIII, 1219).

(2) VERDY DU VERNOIS, *loc. cit.*, 151.

impassible, il se décide à commencer : « Je désirerais connaître les conditions de capitulation que Sa Majesté le roi de Prusse est dans l'intention de nous accorder. — Elles sont bien simples, réplique Moltke : l'armée tout entière est prisonnière avec armes et bagages ; on laissera aux officiers leurs armes comme un témoignage d'estime pour leur courage, mais ils seront prisonniers de guerre comme la troupe ». Wimpffen proteste contre la rigueur de ces exigences : « Il me semble que, par son courage, l'armée française mérite mieux que cela. Est-ce qu'elle ne pourrait pas obtenir une capitulation dans les conditions suivantes? On vous remettrait la place avec son artillerie. Vous laisseriez l'armée se retirer avec ses armes, ses bagages et ses drapeaux, à la condition de ne plus servir pendant cette guerre contre la Prusse; l'empereur et les généraux s'engageraient pour l'armée, et les officiers s'engageraient personnellement et par écrit aux mêmes conditions; puis cette armée serait conduite dans une partie de la France désignée par la Prusse dans la capitulation ou en Algérie pour y rester jusqu'à la conclusion de la paix. » Wimpffen ajoute quelques développements dans ce sens; il invoque, à titre de précédents, les capitulations de Mayence, de Gênes et d'Ulm. Il laisse d'ailleurs entendre qu'il considère la paix comme prochaine; mais Moltke, fermement résolu à n'admettre aucune atténuation, ne prend même pas la peine de discuter les clauses proposées par Wimpffen et se contente de répondre qu'il ne peut rien changer aux conditions énoncées (1).

Wimpffen insiste; il fait appel d'abord, bien à tort, à la sympathie que peut inspirer sa situation personnelle, assurément des plus cruelles (2) : « J'arrive il y a deux jours d'Afrique, du fond du désert; j'avais jusqu'ici une réputation militaire irréprochable, et voilà qu'on me donne un commandement au milieu du combat, et que je me trouve fatalement obligé d'attacher mon nom à une capitulation désastreuse dont je suis ainsi forcé d'endosser toute la responsabilité, sans avoir préparé moi-même la bataille dont cette capitulation est la suite. Vous qui êtes officier général comme moi, vous devriez comprendre toute l'amertume de ma situation; mieux que personne, il vous est possible d'adoucir pour moi cette amertume en m'accordant de plus honorables conditions : pourquoi ne le feriez-vous pas? Je sais bien que la plus grande cause de notre complet désastre a été la chute, dès le début de la journée, du vaillant maréchal qui commandait avant moi; il n'aurait peut-être pas

----

(1) Notes du capitaine d'Orcet; Busch, *loc. cit.*, 118; Général de Wimpffen, *loc. cit.*, 241.

(2) Bismarck et Moltke ont déclaré plus tard qu'ils plaignaient profondément Wimpffen (Moltke, *Gesammelte Schriften*, III, 97; *Kaiser Wilhelm I. und Bismarck*, 212-213).

été vainqueur, mais il aurait pu du moins opérer une retraite heureuse... Quant à moi, si j'avais commandé dès la veille, je ne veux pas dire que j'aurais mieux fait que le maréchal de Mac-Mahon et gagné la bataille; mais j'aurais préparé une retraite, ou du moins, connaissant mieux nos troupes, j'aurais réussi à les réunir dans un suprême effort pour faire une trouée. Au lieu de cela, on m'impose le commandement au milieu même de la bataille, sans que je connaisse ni la situation ni les positions de mes troupes : malgré tout, je serais peut-être parvenu à faire une percée ou à battre en retraite, sans un incident personnel qu'il est du reste inutile de relater (1). »

Wimpffen continue sur ce thème, cherchant à émouvoir son interlocuteur par le tableau de tout ce que sa tâche a de pénible et d'amer. Moltke paraissant peu touché de ce plaidoyer personnel et intempestif, Wimpffen ajoute sur un ton un peu plus vif, mais visiblement sans grande conviction : « D'ailleurs, si vous ne pouvez m'accorder de meilleures conditions, je ne puis accepter celles que vous voulez m'imposer. Je ferai appel à mon armée, à son honneur, et je parviendrai à faire une percée, ou je me défendrai dans Sedan. » Moltke demeure indifférent à la perspective d'une reprise des hostilités : « J'ai bien une

----

(1) Notes du capitaine d'Orcet. — Cf. VERDY DU VERNOIS, *loc. cit.*, 115.

grande estime pour vous, j'apprécie votre situation, concède-t-il, et je regrette de ne pouvoir
rien faire de ce que vous demandez; mais, quant
à tenter une sortie. cela vous est aussi impossible
que de vous défendre dans Sedan. Certes, vous
avez des troupes qui sont réellement excellentes;
vos infanteries d'élite (il voulait dire sans doute
zouaves, chasseurs à pied, turcos et infanterie de
marine) sont remarquables, votre cavalerie est
audacieuse et intrépide, votre artillerie est admirable et nous a fait grand mal, trop de mal; mais
une grande partie de votre infanterie est démoralisée, nous avons fait aujourd'hui plus de
20 000 prisonniers non blessés (1)... Il ne vous
reste actuellement pas plus de 80 000 hommes.
Ce n'est pas dans de pareilles conditions que vous
pouvez percer nos lignes, car sachez que j'ai autour de vous actuellement encore 240 000 hommes
et 500 bouches à feu, dont 300 sont déjà en position pour tirer sur Sedan. Les 200 autres y seront
demain au point du jour. Si vous voulez vous en
assurer, je puis faire conduire un de vos officiers
dans les différentes positions qu'occupent mes
troupes, et il témoignera de l'exactitude de ce
que je vous dis. Quant à vous défendre dans
Sedan, cela vous est tout aussi impossible. Vous

(1) D'après Russel, correspondant du *Times*, Moltke était
fixé sur la démoralisation de l'armée française par les prisonniers
amenés à Donchery (HIRTH, *loc. cit.*, II, 1692).

n'avez pas pour quarante-huit heures de vivres et vous n'avez plus de munitions (1). »

Renonçant à apitoyer Moltke sur sa situation personnelle et sans plus faire allusion à l'éventualité d'un nouveau combat, Wimpffen reprend d'un ton conciliant : « Je crois qu'il est de votre intérêt, même au point de vue politique, de nous accorder la capitulation honorable à laquelle a droit l'armée que j'ai l'honneur de commander. Vous allez faire la paix, et sans doute vous désirez la faire bientôt : plus que toute autre, la nation française est généreuse et chevaleresque, par conséquent sensible à la générosité qu'on lui témoigne et reconnaissante des égards qu'on a pour elle ; si vous nous accordez des conditions qui puissent flatter l'amour-propre de l'armée, le pays en sera également flatté ; cela diminuera aux yeux de la nation l'amertume de sa défaite, et une paix conclue sous de pareils auspices aura chance d'être durable, car vos procédés généreux auront ouvert la porte à un retour vers des sentiments réciproquement amicaux, tels qu'ils doivent exister entre deux grandes nations voisines et tels que vous devez les désirer. *En persévérant,* au contraire, dans des mesures rigoureuses à notre égard, vous exciterez à coup sûr la colère et la haine dans le cœur de tous les soldats; l'amour-

(1) MOLTKE, *Gesammelte Schriften*, III, 93 ; Notes du capitaine d'Orcet.

propre de la nation tout entière sera offensé grièvement, car elle se trouvera solidaire de son armée, et ressentira les mêmes émotions qu'elle. Vous réveillerez ainsi tous les mauvais instincts endormis par le progrès de la civilisation, et vous risquerez d'allumer une guerre interminable entre la France et la Prusse (1). »

L'entretien s'engageant dans le domaine de la politique, Bismarck intervient pour réfuter d'abord les idées de gratitude que Wimpffen fait entrevoir et ensuite émettre de faciles railleries et d'acerbes critiques à l'égard de la France : « Votre argumentation, général, paraît au premier abord sérieuse, mais elle n'est au fond que spécieuse et ne peut soutenir la discussion. Il faut croire, en général, fort peu à la reconnaissance, et, en particulier, nullement à celle d'un peuple ; on peut croire à la reconnaissance d'un souverain, à la rigueur à celle de sa famille ; on peut même, en quelques circonstances, y ajouter une foi entière ; mais, je le répète, il n'y a rien à attendre de la reconnaissance d'une nation. Si le peuple français était un peuple comme les autres, s'il avait des institutions solides, si, comme le nôtre, il avait le culte et le respect de ses institutions, s'il avait un souverain établi sur le trône d'une façon stable, nous pourrions croire à la gratitude de

(1) Notes du capitaine d'Orcet. — Cf. Busch, *loc. cit.*, 118-119.

'empereur et à celle de son fils, et attacher un prix à cette gratitude; mais en France, depuis quatre-vingts ans, les gouvernements ont été si peu durables, si multipliés, ils ont changé avec une rapidité si étrange et si en dehors de toute prévision, que l'on ne peut compter sur rien de votre pays, et que fonder des espérances sur l'amitié d'un souverain français serait, de la part d'une nation voisine, un acte de démence; *ce serait vouloir bâtir en l'air* (1). Et d'ailleurs, ce serait folie de s'imaginer que la France pourrait nous pardonner nos succès; vous êtes un peuple irritable, envieux, jaloux et orgueilleux à l'excès. »

Exposant l'histoire à sa manière et en vue de l'impression qu'il veut produire, le chancelier rappelle toutes les prétendues agressions de la France. « Depuis deux siècles, la France a déclaré *trente fois* la guerre à la Prusse (2), (se reprenant) à l'Allemagne; et, cette fois-ci, vous nous l'avez déclarée comme toujours par jalousie, parce que vous ne pouviez nous pardonner notre victoire de Sadowa, et pourtant Sadowa ne vous avait rien

(1) Mots soulignés dans le texte. — Bismarck était parfaitement renseigné sur l'opinion publique en France (ABEKEN, *Ein schlichtes Leben*, 401).

(2) Ce reproche revient souvent dans la bouche de Bismarck : voir conversation du 21 août avec Busch (*Mémoires de Bismarck*, I, 57); Interview du 13 septembre à Reims, par un correspondant du *Standard* (HIRTH, *loc. cit.*, II, 2132).

coûté et n'avait pu en rien atteindre votre gloire ; mais il vous semblait que la victoire était un apanage qui vous était uniquement réservé, que la gloire des armes était pour vous un monopole ; vous n'avez pu supporter, à côté de vous, une nation aussi forte que vous ; vous n'avez pu nous pardonner Sadowa, où vos intérêts ni votre gloire n'étaient nullement en jeu ! Et vous nous pardonneriez le désastre de Sedan ? Jamais ! Si nous faisions maintenant la paix, dans cinq ans, dans dix ans, dès que vous le pourriez, vous recommenceriez la guerre, voilà toute la reconnaissance que nous aurions à attendre de la nation française ! » Et l'homme, qui a imaginé la candidature Hohenzollern et falsifié la dépêche d'Ems en vue de déchaîner la guerre, ajoute avec sérénité : « Nous sommes, nous autres, au contraire de vous, une nation honnête et paisible, que ne travaille jamais le désir des conquêtes et qui ne demanderait qu'à vivre en paix, si vous ne veniez constamment nous exciter par votre humeur querelleuse et conquérante (1). Aujour-

(1) Le capitaine d'Orcet ajoute ici cette réflexion : « Je ne pus m'empêcher, en entendant ces mots, de songer à ces adroits faiseurs d'affaires qui, après avoir dépouillé quelqu'un, crient plus fort que lui : au voleur ! » — On sait que, plus tard, Bismarck rejeta toutes ces fausses apparences. D'après M. Émile Ollivier, il aurait déclaré, au cours même de la campagne, à un correspondant anglais qui suivait l'armée prussienne : « C'est moi qui les ai obligés (les Français) à se battre. La guerre était inévitable : j'ai choisi mon heure » (*L'Empire libéral*, XVI, 519).

d'hui, c'en est assez ; il faut que la France soit châtiée de son orgueil, de son caractère agressif et ambitieux ; nous voulons pouvoir enfin assurer la sécurité de nos enfants, et, pour cela, il faut que nous ayons, entre la France et nous, un glacis ; il faut un territoire, des forteresses et des frontières qui nous mettent pour toujours à l'abri de toute attaque de sa part (1). »

Wimpffen proteste contre les appréciations de Bismarck sur la France : « Votre Excellence se trompe dans le jugement qu'elle porte sur la nation française : vous en êtes resté à ce qu'elle était en 1815, et vous la jugez d'après les vers de quelques poètes ou les écrits de quelques journaux. Aujourd'hui les Français sont bien différents ; grâce à la prospérité de l'Empire, tous les esprits sont tournés à la spéculation, aux affaires, aux arts ; chacun cherche à augmenter la somme de son bien-être et de ses jouissances, et songe bien plus à ses intérêts particuliers qu'à la gloire.

(1) Cf. Busch, *Graf Bismarck und seine Leute*, I, 119 ; Verdy du Vernois, *loc. cit.*, 151. — Dans une lettre au ministre de la guerre, datée de Fays-les-Veneurs (Belgique), 5 septembre 1870, Wimpffen confirme cette déclaration de Bismarck : « ...D'après les conversations que j'ai eues avec le comte de Moltke et le comte de Bismarck, les puissances allemandes paraissent décidées à ne pas quitter le sol français avant d'avoir obtenu une cession de territoire... » — Dans son ouvrage, écrit en 1871, Wimpffen précise : « Le comte de Bismarck... me dit que la Prusse avait l'intention bien arrêtée d'exiger non seulement une indemnité de guerre de quatre milliards, mais encore la cession de l'Alsace et de la Lorraine allemande (*loc. cit.*, 242).

On est tout prêt à proclamer en France la fraternité des peuples. Voyez l'Angleterre! Cette haine séculaire qui divisait la France et l'Angleterre, qu'est-elle devenue? Les Anglais aujourd'hui ne sont-ils pas nos meilleurs amis? Il en sera de même pour l'Allemagne si vous vous montrez généreux, si des rigueurs intempestives ne viennent pas ranimer des passions éteintes (1). »

Bismarck a fait un geste plein de scepticisme en entendant Wimpffen se prévaloir de l'amitié existant entre la France et l'Angleterre. Il interrompt presque aussitôt son interlocuteur pour confirmer sa première appréciation : « Je vous arrête ici, général; non, la France n'est pas changée, c'est elle qui a voulu la guerre, et c'est pour flatter cette manie populaire de la gloire, dans un intérêt dynastique, que l'empereur Napoléon III est venu nous provoquer; nous savons bien que la partie raisonnable et saine de la France ne poussait pas à la guerre; néanmoins elle en a accueilli l'idée volontiers; nous savons bien que ce n'était pas l'armée non plus qui nous était le plus hostile : mais la partie de la France qui poussait à la guerre, c'est celle qui fait et défait les gouvernements. Chez vous, c'est la populace, ce sont aussi les journalistes (et il appuya sur ce mot), ce sont ceux-là que nous voulons punir; il

____

(1) Notes du capitaine d'Orcet.

faut pour cela que nous allions à Paris. Qui sait
ce qui va se passer? Peut-être se formera-t-il chez
vous un de ces gouvernements qui ne respecte
rien, qui fait des lois à sa guise, qui ne recon-
naîtra pas la capitulation que vous aurez signée
pour l'armée, qui forcera peut-être les officiers à
violer les promesses qu'ils nous auraient faites,
car on voudra, sans doute, se défendre à tout
prix. Nous savons bien qu'en France on forme
vite des soldats; mais des jeunes soldats ne valent
pas des soldats aguerris, et, d'ailleurs, ce qu'on
n'improvise pas, c'est un corps d'officiers, ce sont
même les sous-officiers. »

Bismarck affirma que l'Allemagne voulait la
paix, mais une paix durable et aux conditions
précédemment énumérées. A cette fin, il importait de mettre la France dans l'impossibilité de résister davantage. Le sort des batailles
avait livré les meilleures troupes de l'armée
française : les mettre en liberté serait une folie
et équivaudrait à vouloir prolonger la guerre à
plaisir. « Non, général, conclut Bismarck ; quel
que soit l'intérêt qui s'attache à votre position,
quelque flatteuse que soit l'opinion que nous
avons de votre armée, nous ne pouvons acquies-
cer à votre demande et changer les premières
conditions qui vous ont été faites. — Eh bien, réplique avec dignité Wimpffen, il m'est également
impossible à moi de signer une telle capi-

tulation ; nous recommencerons la bataille (1)! »

Les pourparlers semblaient rompus : un incident prolongea l'entretien. D'une voix hésitante, le général Castelnau prend la parole : « Je crois l'instant venu de transmettre le message de l'empereur. L'empereur m'a chargé de faire remarquer à Sa Majesté le roi de Prusse qu'il lui avait envoyé son épée sans condition et s'était *personnellement* rendu absolument à sa merci, mais qu'il n'avait agi ainsi que dans l'espérance que le roi serait touché d'un si complet abandon, qu'il saurait l'apprécier, et qu'en cette considération, il voudrait bien accorder à l'armée française une capitulation plus honorable et telle qu'elle y a droit par son courage. — Est-ce tout? » demanda Bismarck, et, sur un signe affirmatif de Castelnau : « Mais quelle est l'épée qu'a rendue l'empereur Napoléon III ? *Est-ce l'épée de la France ou son épée à lui?* Si c'est celle de la France, les conditions peuvent être singulièrement modifiées, et *votre message aurait un caractère des plus graves.* — C'est seulement *l'épée de l'empereur,* déclare Castelnau. — En ce cas, reprend en hâte et presque avec joie Moltke, cela ne change rien aux conditions », et il ajoute : « L'empereur obtiendra pour sa personne tout ce qu'il lui plaira de demander. D'ailleurs il n'est plus le comman-

(1) Notes du capitaine d'Orcet.

dant en chef. » Un des témoins a l'impression qu'il y a divergence d'opinion entre Bismarck et Moltke, le premier ayant le désir de terminer la guerre, le second voulant au contraire la continuer (1).

Aux dernières paroles de Moltke, Wimpffen répète : « Nous recommencerons la bataille! — La trêve, réplique froidement Moltke, expire demain à 4 heures du matin. A 4 heures précises, j'ouvrirai le feu. » Tous les officiers français se lèvent et font demander leurs chevaux.

Après quelques instants d'un silence tragique, Bismarck reprend la parole : « Oui, général, vous avez de vaillants et d'héroïques soldats; je ne doute pas qu'ils ne fassent demain des prodiges de valeur et ne nous causent des pertes sérieuses; mais à quoi cela servirait-il? Demain soir, vous ne serez pas plus avancé qu'aujourd'hui, et vous aurez seulement sur la conscience le sang de vos soldats et des nôtres que vous aurez fait couler inutilement : qu'un moment de dépit ne vous fasse pas rompre la conférence! M. le général de Moltke va vous convaincre, je l'espère, que tenter de résister serait folie de votre part. »

On se rassied. Sur un ton péremptoire, comme il énoncerait un axiome, Moltke déclare qu'une trouée est impraticable : « Indépendamment de

_____

(1) Notes du capitaine d'Orcet. — Cf. Busch, *loc. cit.*, I, 119-120; Verdy du Vernois, *loc. cit.*, 152.

la grande supériorité numérique de mes hommes
et de mon artillerie, j'occupe des positions d'où je
puis brûler Sedan en quelques heures! Ces positions commandent toutes les issues par lesquelles
vous pouvez essayer de sortir du cercle où vous
êtes enfermés, et sont tellement fortes qu'il est
impossible de les enlever. — Oh! elles ne sont
pas aussi fortes que vous voulez le dire, ces positions! interrompt Wimpffen. — Vous ne con-
naissez pas la topographie de Sedan, riposte
Moltke, et voici *un détail bizarre et qui peint bien
votre nation présomptueuse et inconséquente; à l'entrée de la campagne, vous avez fait distribuer à tous
vos officiers des cartes de l'Allemagne, alors que
vous n'aviez pas le moyen d'étudier la géographie
de votre pays, puisque vous n'aviez pas les cartes de
votre propre territoire.* Eh bien! moi je vous dis
que mes positions sont non seulement très fortes,
mais formidables et inexpugnables. »

Wimpffen ne trouve rien à répondre à cette
sortie brutale. Après un instant de silence, il
reprend : « Je profiterai, général, de l'offre que
vous avez bien voulu me faire au début de la conférence; j'enverrai un officier voir ces forces formidables dont vous me parlez et, à son retour,
je verrai et prendrai une décision. — Vous n'en-
verrez personne, c'est inutile, tranche Moltke
avec autorité, vous pouvez me croire; et, d'ailleurs, vous n'avez pas longtemps à réfléchir, car il

est minuit; c'est à 4 heures du matin qu'expire la trêve, et je ne vous accorderai pas un instant de sursis. »

Wimpffen abandonne, sans insister, le projet de faire vérifier les positions des Allemands. « Pourtant, dit-il, vous devez bien comprendre que je ne puis prendre seul une telle décision; il faut que je consulte mes collègues; je ne sais où les trouver tous à cette heure dans Sedan, et il me sera impossible de vous donner une réponse pour 4 heures. Il est donc indispensable que vous m'accordiez une prolongation de trêve. »

Avec un redoublement d'obstination et de rudesse, Moltke s'y refuse, mais Bismarck se penche vers lui et lui dit, à voix basse, quelques mots. Ces paroles, autant qu'un témoin put les saisir, signifiaient que le roi arriverait à 9 heures, et qu'il convenait de l'attendre. Moltke déclare alors qu'il consent à prolonger le délai jusqu'à 9 heures; mais ce sera la dernière limite. « Si je n'ai pas votre réponse à ce moment, conclut-il, je ferai reprendre le feu. »

La discussion porte encore sur quelques détails : on dispense les soldats de rendre eux-mêmes leurs armes; on promet de laisser aux officiers tout ce qui leur appartient, clause qui ne sera pas respectée. Visiblement, Wimpffen est décidé à accepter la capitulation telle qu'elle lui est imposée, et, s'il ne la signe pas immédiate-

ment, c'est afin de « sauver les apparences et...
de diminuer sa responsabilité... en la faisant partager autant que possible par les autres généraux (1) ».

A une heure du matin, Wimpffen est de retour
à Sedan. Il se rend à la sous-préfecture, auprès
de l'empereur, et lui fait connaître les exigences
impitoyables du vainqueur. « Je ne compte plus,
ajoute-t-il, que sur les démarches de Votre Majesté
pour nous sortir, aussi honorablement que possible, de notre malheureuse situation. » Napoléon III lui promet de se rendre à 5 heures du
matin au quartier général allemand, afin de voir
le roi de Prusse et d'obtenir des conditions moins
rigoureuses (2).

Le 2 septembre, à 6 heures du matin, l'empereur, accompagné des généraux Castelnau, de la
Moskowa, Pajol et Waubert de Genlis, part de la
sous-préfecture. « Une voiture parut, dit un
témoin. Un homme, en tenue de ville, s'y faisait voir portant le grand-cordon de la Légion
d'honneur; un frisson parcourut les rangs : c'était

(1) Notes du capitaine d'Orcet. — Cf. Général DE WIMPFFEN,
loc. cit., 241-243; Buscu, *loc. cit.*, 120; VERDY DU VERNOIS, *loc.*
cit., 152 (Ce dernier commet une erreur en disant que Wimpffen promit la réponse pour 10 heures).
(2) Général DE WIMPFFEN, *loc. cit.*, 245.

l'empereur. Il jetait autour de lui ces regards froids que tous les Parisiens connaissent. Il avait le visage fatigué ; mais aucun des muscles de son visage pâle ne remuait. Toute son attention paraissait absorbée par une cigarette qu'il roulait entre ses doigts... La calèche marchait au pas. Il y avait comme de l'épouvante et de la colère autour de cette voiture qui emportait un empire... On penchait la tête pour mieux voir Napoléon III et son état-major. Une voix cria : *Vive l'empereur !* une voix unique. Toute cette foule armée et silencieuse avait le sentiment d'une catastrophe. Un homme s'élança au-devant des chevaux et, saisissant par les jambes un cadavre étendu au milieu de la rue, le tira violemment de côté. La calèche passa ; j'étouffais. Quand je ne vis plus celui que plus tard on devait appeler l'homme de Sedan, un grand soupir soulagea ma poitrine (1). »

La voiture s'engage sur la route de Mézières. Prévenu par le général Reille, Bismarck, à peine éveillé, est monté à cheval et accourt de Donchery au-devant de l'empereur (2). Il le rencontre à

(1) Amédée ACHARD, *Récits d'un soldat*, 71.

(2) *OEuvres posthumes de Napoléon III, le Livre de l'empereur*, 125 ; BUSCH, *Graf Bismarck*, I, 115 ; *Bismarcks Briefe an seiner Braut und Gattin*, 603. — « Il devait être une heure passée, observe un témoin, lorsque Bismarck but son dernier verre de champagne à l'hôtel du Commerce ; il serait téméraire de dire combien de temps il était resté ensuite à travailler, et le voilà, avant que l'horloge de la mairie eût sonné six heures,

quelques centaines de mètres du village, met
pied à terre, marche jusqu'à la portière et, d'un
geste un peu brusque, salue l'empereur militaire-
ment; puis, décidé à être « aussi courtois qu'aux
Tuileries », il se découvre et sollicite « les ordres
de Sa Majesté (1) ». Napoléon III exprime aussitôt le désir de voir le roi. Mais craignant que
celui-ci ne cédât sur quelque point et résolu à
éviter une entrevue avant complet accord, Bismarck répond que le grand quartier général est à
trois milles de là, à Vendresse, et que la chose
est « inexécutable ». L'empereur demande alors
où il doit se rendre, « ce qui, dans la pensée de
Bismarck, signifiait qu'il ne pouvait rentrer à
Sedan parce qu'il y aurait éprouvé ou craignait
d'éprouver des désagréments ». Le chancelier
propose sa maison de Donchery. Napoléon III
accepte, et la voiture, rejointe sur ces entrefaites
par le comte Bismarck-Bohlen, se dirige au pas
vers le village (2). Mais bientôt l'empereur se

frais, bien rasé, la main ferme et le gosier clair, comme l'attes-
tait le ton dont il ordonnait aux soldats du train de lui livrer
passage » (FORBES, correspondant du *Daily News*, *My experiences of the war between France and Germany* I, 241-242).

(1) *Bismarcks Briefe*, 603 (lettre du 3 septembre); BUSCH, *loc.
cit.*, 130-121; SHERIDAN, *loc. cit.*, II, 407. — Bismarck portait
son revolver à la ceinture; peut-être l'effleura-t-il involontaire-
ment, peut-être jeta-t-il un coup d'œil sur l'arme, dans la crainte
d'un guet-apens. Si l'on en croit le récit du chancelier à Busch,
il y eut sur le visage de l'empereur comme une expression de
frayeur (BUSCH, *Mémoires de Bismarck*, I, 104).

(2) *Bismarcks Briefe*, 603; BUSCH, *Graf Bismarck*, I, 121.

ravise; il fait arrêter en face d'une petite maison située à gauche et à vingt-cinq mètres environ de la chaussée et demande si l'on peut y entrer. Prenant les devants, Bismarck-Bohlen trouve ouvert le logement du tisserand Fournaise, et revient en disant que la maison ne contient pas de blessés, mais est misérable et malpropre. « N'importe! » dit l'empereur. Tandis que Bismarck-Bohlen court à Donchery afin de prévenir Moltke, Napoléon III et le chancelier parviennent par un escalier « étroit et branlant » dans une petite chambre meublée seulement d'une sorte de buffet, d'une table en bois blanc et de deux chaises (1). « Quel puissant constraste avec notre dernière entrevue aux Tuileries! » pensait Bismarck (2).

La conversation s'engage, pénible, coupée de longs silences. L'empereur déplore cette malheureuse guerre, qu'il n'a pas désirée, et qui lui a été imposée, dit-il, « par la pression de l'opinion publique ». Bismarck répond avec sérénité que personne en Allemagne, et le roi moins que personne, n'avait souhaité un conflit. Presque aussitôt Napoléon III en vient à la situation présente et exprime avec insistance le désir d'obtenir pour

(1) Lettre de Bismarck au roi, 2 septembre 1870; *Kaiser Wilhelm I. und Bismarck*, 209; FORBES, *My experiences*, I, 243-244; Paul MATTER, *Bismarck et son temps*, III, 113 (d'après une note de M. Fournaise).

(2) *Bismarcks Briefe*, 603.

l'armée des conditions moins dures. Le chancelier déclare que cette question est d'ordre purement militaire ; seuls, Moltke et Wimpffen peuvent la résoudre. Il ajoute que l'on peut, par
contre, délibérer sur l'éventualité de la paix ; mais
l'empereur objecte qu'étant prisonnier, il ne lui
appartient pas de prendre une décision. Comme
Bismarck s'enquiert de l'autorité compétente à
cet égard, Napoléon III indique le gouvernement
de la régente. Ainsi se trouve élucidé pour le
chancelier un point resté obscur dans la lettre
impériale de la veille (1). Bismarck ne dissimule
pas à l'empereur que la situation n'a pas changé
au cours de la nuit : elle demeure exclusivement
d'ordre militaire. Puis il insiste sur la « nécessité
de prendre en main, avant toute chose, par la
capitulation de Sedan, un gage matériel consoli-
dant les résultats acquis (2) ». Reprenant une
idée qu'il a déjà développée la veille aux pourparlers de Donchery, le chancelier affirme que
les Français, avec leur caractère, tel qu'il le connaît, ne pardonneraient jamais aux Allemands
les succès de cette campagne, et que la paix ne
serait qu'une trêve. Napoléon III proteste : si
les conditions imposées par la Prusse étaient
empreintes de la générosité qu'a montrée le tsar

(1) L'empereur avait-il rendu son épée ou celle de la France?
(2) Lettre de Bismarck au roi, 2 septembre (*Kaiser Wilhelm I.
und Bismarck*, 209).

Alexandre en 1815, la paix peut, à son avis, être durable (1).

Moltke survient à ce moment; l'empereur se lève et le prie de prendre place en face de lui. « A toutes les propositions qu'il me fit, écrivit Moltke quelques jours plus tard, je ne pus que répondre qu'il n'y avait rien d'autre à espérer que la captivité de toute l'armée. Si cette condition n'était pas acceptée à 10 heures au plus tard, je donnerais le signal de la reprise du feu. » — « C'est bien rigoureux! » murmurait l'empereur. D'ailleurs, « il était calme et pleinement résigné à son sort (2). » Moltke se retire bientôt en promettant à Napoléon III de faire part de ses désirs au roi, mais non de les appuyer (3).

Peu après, l'empereur désire respirer le grand air; il va s'asseoir devant la façade de la maison et, d'un geste et d'un sourire, il invite Bismarck à se placer à sa gauche. La conversation reprend. Après un vif éloge des troupes allemandes et de leurs chefs, Napoléon III revient aux conditions de la capitulation et demande si l'armée ne pour-

(1) *OEuvres posthumes de Napoléon III, le Livre de l'empereur*, 125.

(2) Moltke, *Gesammelte Schriften*, V, 92-93 (Lettre de Moltke à son frère Fritz, 6 septembre). — Le roi fait la même remarque lors de son entrevue avec Napoléon III : « Il était abattu, mais digne dans son attitude et résigné » (Télégramme du 4 septembre à la reine, Hahn, *loc. cit.*, 483).

(3) Verdy du Vernois, *loc. cit.*, 154; *Kaiser Wilhelm I. und Bismarck*, 210.

rait passer en Belgique pour y être désarmée et internée. Le chancelier se dérobe à une discussion sur cette proposition et répète qu'il appartient à Moltke de se prononcer sur les questions d'ordre militaire. Dès lors, les deux interlocuteurs sentent l'inutilité de cet entretien, qui tombe peu à peu (1). Le chancelier rejoint son cousin Bismarck-Bohlen. L'empereur marche à pas lents devant la maison, allumant machinalement des cigarettes et les rejetant presque aussitôt. Extérieurement il semble calme, presque indifférent : seulement, de temps en temps, un léger soupir trahit son agitation intérieure. Des officiers de l'état-major général, des journalistes, des curieux se sont massés sur la chaussée, et parmi eux il s'en trouve qui ont connu l'empereur au comble de la prospérité ; beaucoup pensent, comme Bismarck, qu'il s'est réfugié dans le camp allemand pour se soustraire à la fureur de ses soldats (2).

Cependant, des officiers d'état-major se sont mis à la recherche d'un lieu plus convenable pour abriter le souverain vaincu. A 10 heures, Bismarck propose à Napoléon III de le conduire à quelques centaines de mètres, au petit château

---

(1) *Hatzfeldts Briefe*, 66. — Moltke aurait dit au roi que Napoléon n'était préoccupé que de ses bagages (*Kaiser Friedrichs Tagebücher*, 66).

(2) Bismarck qualifia peu après la conversation « d'ennuyeuse, embarrassée et insignifiante » (SCHNEIDER, *l'Empereur Guillaume*, II, 241).

de Belle-Vue, où aurait lieu l'entrevue avec le
roi. Il s'efforce d'ailleurs de retarder le plus possible cette rencontre, jusqu'au moment où la capitulation étant signée, l'empereur n'aurait plus
rien à demander, et le roi plus rien à accorder.
En réalité, il n'y avait plus à craindre un élan de
la générosité royale. Vers 9 heures, Moltke a rencontré Guillaume sur le chemin de Vendresse et
lui a soumis les conditions imposées à Wimpffen.
Le roi les approuve et déclare qu'il ne consentira
à voir l'empereur qu'après leur acceptation préalable (1).

Napoléon III a accédé sans difficulté à la
proposition de Bismarck et s'est rendu à Belle-
Vue en compagnie du chancelier et sous l'escorte d'un escadron de cuirassiers. Dès son arrivée au château, il aperçoit avec satifaction sa
suite et les fourgons impériaux; « il semblait
avoir eu peur, assure Hatzfeldt, que ses équipages eussent été retenus à Sedan (2) ». L'empereur descend de voiture et traverse la cour pleine
d'officiers de toutes armes, tandis qu'un poste
bavarois rend les honneurs. Il désire vivement
que le roi et Bismarck assistent aux négociations;

(1) *Bismarcks Briefe*, 683; *Hatzfeldts Briefe*, 66; Kayssler,
Aus dem Hauptquartier, 84-85; Verdy du Vernois, *loc. cit.*,
154; Forbes, *loc. cit.*, 244-245; Busch, *Graf Bismarck*, I, 122.
(2) *Historique du grand État-major prussien*, VIII, 1222;
Hassel, *Von der dritten Armee*, 241; Schneider, *loc. cit.*, II,
239-240.

mais le chancelier est résolu à laisser agir les militaires qui « peuvent être plus durs » ; il se soucie peu d'ailleurs de reprendre avec l'empereur « une conversation pénible et sans résultats (1) ». En montant l'escalier qui conduit au salon, il dit à voix basse à un officier de venir le prévenir, au bout de cinq minutes, que le roi l'a fait demander. Certain de la courte durée du tête-à-tête, Bismarck, très vraisemblablement, cessa de feindre, si l'on en croit les confidences qu'il fit peu après à un journaliste : « L'empereur demandait à voir le roi. Je lui déclarai que c'était impossible jusqu'à ce que les termes de la capitulation eussent été arrêtés. Il insista, et je lui fis toujours la même réponse. Je lui démontrai du reste qu'il était inutile de paraître vouloir traiter avec le roi : lui-même n'avait-il pas affirmé qu'il n'avait plus aucun pouvoir et que toute l'autorité sur l'armée et sur le pays était aux mains de la régente et du gouvernement? A la fin, lorsque la conversation devint désagréable, je proposai de parler de divers sujets (2). » Bientôt intervient l'officier, qui s'acquitte de la mission dont Bismarck l'a chargé : le chancelier s'empresse de quitter le salon. L'empereur n'a donc rien obtenu; il est prisonnier avant même que le sort de l'armée soit réglé et, en se remet-

(1) BUSCH, *loc. cit.*, I, 123.
(2) RUSSEL, *My diary*, 261.

tant aux mains du vainqueur, il s'est inutilement sacrifié.

Durant ces pourparlers, les troupes allemandes se tiennent prêtes à reprendre la lutte. Un officier du grand état-major est envoyé à Sedan pour prévenir Wimpffen que les hostilités recommenceront à 10 heures, si, à ce moment, la capitulation n'est pas un fait accompli.

CHAPITRE XII

LA CAPITULATION

Le conseil de guerre du 2 septembre. — Il déclare qu'il faut accepter les conditions de Moltke. — Wimpffen au château de Belle-Vue. — Fâcheuse clause inscrite dans la capitulation. — Seconde réunion du conseil de guerre. — Protestations contre cette clause. — Allocution du roi de Prusse. — Guillaume se rend à Belle-Vue; son entretien avec Napoléon III. — Toast du 3 septembre. — Départ de l'empereur pour Wilhelmshöhe. — Le camp de la misère. — Impression produite en Allemagne par la journée de Sedan. — L'opinion publique réclame l'annexion de l'Alsace et d'une partie de la Lorraine. — Manifestations en faveur de l'unité allemande. — L'Allemagne croit avoir accompli une mission divine et entrevoit l'hégémonie en Europe.

Le 2 septembre, vers 6 heures du matin, un conseil de guerre, convoqué par le général de Wimpffen, se réunit à Sedan (1). Les commandants de corps d'armée, les généraux commandant en chef l'artillerie et le génie, et une vingtaine de généraux de division ou de brigade y assistent. Wimpffen expose que, dans la nuit précédente, et d'après les ordres de l'empereur,

(1) Procès-verbal de la séance du conseil de guerre. — Dans sa déposition au Conseil d'Enquête sur les Capitulations, Lebrun dit par erreur 8 heures.

il s'est rendu à Donchery auprès du général de Moltke, afin d'obtenir pour l'armée les meilleures conditions possible. Il résume les négociations : Moltke connaît parfaitement la situation des troupes françaises entassées dans Sedan, sans vivres et sans munitions, sans aucun moyen de tenter une sortie. Les exigences du vainqueur sont irréductibles : l'armée sera prisonnière de guerre et, pour toute concession, en témoignage de sa valeureuse conduite, les officiers conserveront leur épée et leurs propriétés personnelles. En cas de refus de ces conditions, toutes les mesures sont prises par l'ennemi pour faire ouvrir le feu aux nombreuses batteries en position tout autour de la ville. Wimpffen termine en demandant l'avis du conseil. La lutte est-elle encore possible? Faut-il, coûte que coûte, pour éviter la capitulation, laisser les Allemands accomplir l'œuvre de destruction à laquelle ils semblent résolus? Faut-il condamner la population de Sedan à partager le sort cruel que l'on prépare à l'armée? Peut-on soutenir un siège dans la place ou essayer d'en sortir pour combattre en rase campagne? Telles sont les questions posées par le général en chef : elles ne recueillent qu'un silence plein de consternation.

Le commandant en chef de l'artillerie déclare qu'il ne reste qu'une quantité insignifiante de munitions. D'après le compte rendu du commandant en chef du génie, la place n'est pas armée et, même si elle l'était, l'entassement des troupes sur les remparts et dans les rues est tel qu'il y aurait impossibilité absolue de servir les pièces. Ainsi la question se réduit à celle-ci : faut-il ou non se résigner à l'anéantissement de l'armée et des habitants? Aucun des membres du conseil n'ose répondre affirmativement. Seuls, les généraux de Bellemare et Pellé expriment l'avis qu'il faut ou résister dans la place, ou chercher à en sortir de vive force. On leur objecte que la défense de la forteresse est impossible en raison du manque absolu de vivres et de munitions; d'ailleurs l'encombrement des rues empêchant toute circulation, le feu de l'artillerie ennemie produirait un affreux carnage sans aucun résultat utile. Déboucher de Sedan est enfin une opération impraticable, puisque les Allemands occupent déjà les barrières de la ville et que leurs canons sont braqués sur les avenues étroites qui y conduisent. Les deux officiers généraux, convaincus de l'inanité de leur proposition, se rendent à l'avis de la majorité. Le conseil déclare donc au général en chef que, « en présence de l'impuissance matérielle de prolonger la lutte », il faut « accepter les conditions imposées, tout sursis pouvant exposer à subir des conditions plus douloureuses encore (1) ».

(1) Procès-verbal de la séance du conseil de guerre; Notes personnelles du général Lebrun; Général DE WIMPFFEN, *loc. cit.*,

Wimpffen, aidé du général Faure, commence à rédiger le procès-verbal de la séance, quand, vers 9 heures, se présente le capitaine d'état-major von Zingler, chargé de demander, de la part de Moltke, les dernières résolutions de Wimpffen en ce qui concerne l'acceptation ou le rejet de la capitulation, telle qu'elle est exigée.

« L'heure est bien avancée déjà, ajoute l'officier prussien ; vous savez que le feu de toutes nos batteries doit être ouvert sur la place à 10 heures précises. Veuillez me donner votre réponse ; c'est à peine si j'aurai le temps d'être de retour à l'état-major avant 10 heures. — J'ai dit à MM. de Moltke et Bismarck, répond Wimpffen, que j'espérais au moins qu'ils attendraient le résultat de l'entrevue qui devait avoir lieu entre l'empereur et le roi de Prusse. Est-il donc possible qu'ils précipitent à ce point les choses? — Monsieur le général, réplique Zingler, j'ai été envoyé pour vous soumettre une question qui, vous le savez, est en dehors de l'intervention personnelle des deux souverains; elle est à débattre uniquement entre les deux généraux en chef. Je ne puis d'ailleurs pas la discuter avec vous en ce moment. » Le colloque se poursuit, et Zingler, manifestant une vive impatience, consulte sa montre

245. — Le général d'Orcet pense que l'on pouvait, dans une certaine mesure, remédier au désordre et à l'encombrement (*Frœschwiller, Sedan et la Commune*, 159 sqq.).

de minute en minute. Le général Lebrun, intervenant, fait observer à Wimpffen que l'entretien est sans issue et lui conseille de se rendre au quartier général allemand (1).

Wimpffen part de Sedan à 10 heures et se dirige vers le château de Belle-Vue. Apercevant l'empereur, qui vient d'y arriver, il s'empresse de lui demander si le roi de Prusse a consenti à apporter quelques adoucissements aux conditions formulées la veille par Moltke. Napoléon III répond tristement qu'on ne lui a pas « laissé voir le roi (2) ».

Assuré de l'acceptation des conditions qu'il a imposées, Moltke a rédigé pendant la nuit le texte de la capitulation et l'a fait approuver par Guillaume (3); puis il se rend à Belle-Vue et, en compagnie de Bismarck, il pénètre dans la salle à manger du château où sont déjà réunis les généraux de Wimpffen et Faure, discutant avec Podbielski et Verdy du Verdois les termes du protocole. Moltke annonce aussitôt que « Sa Majesté a accepté le projet de capitulation, mais qu'elle ne verrait pas l'empereur avant la signature (4) », déclaration après laquelle, rapporte Bismarck,

(1) Notes personnelles du général LEBRUN; *Historique du grand État-major prussien*, VIII, 1222.

(2) Conseil d'Enquête sur les Capitulations, Déposition du général de Wimpffen.

(3) Lettre citée du roi à la reine, 3 septembre.

(4) VERDY DU VERNOIS, *loc. cit.*, 155.

« tout espoir, du côté de nos adversaires, d'obtenir d'autres conditions que celles qui avaient été posées, fut définitivement abandonné (1) ».

Les deux plénipotentiaires prussiens plaignaient profondément le sort de Wimpffen, « ce brave officier, dont l'attitude était des plus dignes, dit le chancelier, obligé, quarante-huit heures après son arrivée d'Afrique et une demi-journée après avoir pris le commandement, de mettre son nom au bas d'une capitulation si fatale pour les armes françaises (2) ». Moltke prévoyait que, « tout innocent que fût Wimpffen de la catastrophe totale, on ne lui pardonnerait jamais en France d'avoir signé la capitulation (3) ».

La nuit précédente, le débat avait été épuisé, et les conditions stipulées étaient désormais sans appel. Aux termes de la convention, toute l'armée serait prisonnière, tout le matériel livré, la place de Sedan remise à l'ennemi dans son état actuel, les troupes enfin seraient conduites dans la presqu'île d'Iges. Sur un seul point, la rigueur du vainqueur s'atténua; encore la concession fut-elle d'une bienveillance équivoque. Cherchant un adoucissement à ces clauses si dures, Wimpffen eut une fâcheuse inspiration : « Il ne vint à mon esprit et à celui de mon chef d'état-major qu'une idée, je dois

(1) *Kaiser Wilhelm I. und Bismarck*, I, 212.
(2) Rapport de Bismarck au roi, Donchery, 2 septembre.
(3) MOLTKE, *Gesammelte Schriften*, V, 93.

l'avouer, relative à un point de vue tout à fait secondaire : c'était celle-ci. Un certain nombre de familles d'officiers ont besoin, pour vivre, des bras et des appointements de leur chef. Si on les en prive, elles n'auront plus aucun moyen d'existence. Ne pourrait-on pas obtenir que les officiers qui donneraient leur parole de ne pas servir dans cette guerre contre les Allemands, eussent la permission de rentrer chez eux, où d'ailleurs ils pourraient se rendre utiles dans des emplois civils? » Une discussion assez vive s'élève à ce sujet entre les plénipotentiaires. Enfin, sur l'affirmation énergique de Wimpffen « que rien au monde ne pourrait être capable de faire manquer un officier français à sa parole d'honneur », il obtient l'insertion de cette clause dont, croyait-il, peu d'officiers voudraient profiter (1).

Cette stipulation était des plus regrettables. Wimpffen avait oublié que nos règlements militaires interdisent aux officiers de séparer, sous aucun prétexte, leur sort de celui de leurs soldats (2). Le maréchal Baraguey-d'Hilliers, président du Conseil d'Enquête sur les Capitulations, lui fera justement observer plus tard que

(1) Conseil d'Enquête sur les Capitulations, Déposition du général de Wimpffen. — Cf. *Kaiser Wilhem I. und Bismarck*, I, 213 ; VERDY DU VERNOIS, *loc. cit.*, 155.

(2) Décret du 13 octobre 1863 portant règlement sur le service dans les places de guerre et les villes de garnison (titre V, art. 256).

jamais auparavant clause semblable n'a été inscrite sur la demande d'un Français, et le Conseil
le blâmera « vivement d'avoir admis cette exception... qui tend à affaiblir, chez les officiers, le
sentiment du devoir et de résistance à l'ennemi,
et n'est qu'une prime à la faiblesse (1) ». Un trop
grand nombre d'officiers commirent la faute
d'user de cette faculté. D'ailleurs, contrairement
aux déclarations de Moltke, faites au cours de
l'entrevue de la veille, ne conservèrent leurs
armes que ceux qui acceptèrent de ne plus servir
contre l'Allemagne pendant toute la durée de la
guerre (2).

A 11 heures du matin, la capitulation est
signée. Par une nouvelle méconnaissance de ses
devoirs, Wimpffen demandera le lendemain et
obtiendra l'autorisation de se retirer dans le Wurtemberg, où il a des parents (3). Après un entretien avec Bismarck, au cours duquel le chancelier lui aurait, selon ses dires, prodigué les paroles
les plus flatteuses pour l'armée et pour lui-
même (4), Wimpffen va rendre compte de l'issue

(1) Procès-verbal de la séance du 4 janvier 1872.

(2) Notes personnelles du général Lebrun ; Général Lebrun au
ministre de la Guerre, 16 et 27 octobre 1871. — Le maréchal
Baraguey-d'Hilliers reprocha à Wimpffen de n'avoir pas fait
insérer ces déclarations de Moltke dans le texte de la capitulation.

(3) Moltke, *Gesammelte Schriften*, V, 93 ; Général de Wimpffen, *loc. cit.*, 254-255.

(4) « Je fus, dit Wimpffen, on ne peut plus sensible à cette

des négociations à l'empereur qui, pendant les pourparlers, s'est tenu au premier étage. Les larmes aux yeux, sans pouvoir articuler un mot, Napoléon III embrasse le général qui, non moins ému, prend bientôt congé du souverain et retourne à Sedan (1).

*
 * *

A 2 heures de l'après-midi, a lieu une seconde réunion du conseil de guerre, à laquelle assistent environ trente officiers généraux. Wimpffen fait tout d'abord donner lecture du procès-verbal de la séance du matin. A propos des conclusions, le général Ducasse, qui n'a pas assisté à la première réunion, se récrie en rappelant le souvenir de Masséna à Gênes. Un de ses collègues lui représente combien la situation de l'armée enfermée dans Sedan, incapable de se mouvoir, privée de vivres et de munitions, entourée par des forces notablement supérieures en nombre, est peu comparable à celle de Masséna, qui du moins gardait

attention délicate « (*loc. cit.*, 258). — Au Conseil d'Enquête sur les Capitulations, comme il relatait, avec une entière inconscience, les témoignages d'estime qu'il avait reçus de Bismarck et de Moltke, le maréchal Baraguey-d'Hilliers coupa court à ces propos déplacés par ces mots : « Cela n'a aucune conséquence ! »

(1) *OEuvres posthumes de Napoléon III, le Livre de l'empereur*, 126.

la faculté de manœuvrer autour de Gênes. Le général Ducasse n'insiste pas davantage.

Les commandants de corps d'armée et les généraux commmandant en chef l'artillerie et le génie signent le procès-verbal ; puis Wimpffen, profondément ému, fait connaître le résultat de la démarche qu'il vient de faire au grand quartier général allemand. Il n'a point réussi à fléchir la dureté des exigences du vainqueur ; force lui a été de s'y soumettre et d'accepter le protocole de la capitulation qui lui a été imposée. Il énumère les clauses de la convention, tandis que les assistants l'écoutent dans le plus grand silence, chacun ressentant une angoisse poignante à la pensée de la situation douloureuse faite à l'armée. Sans donner lecture du protocole, il déclare que, voulant reconnaître la valeur avec laquelle ont combattu nos troupes, l'ennemi a décidé que les officiers conserveront leurs armes. L'assertion est inexacte : seuls, ceux qui accepteront de « signer le revers » pourront bénéficier de cette faveur. Wimpffen ajoute qu'il a cru devoir accepter, comme un adoucissement à leur infortune, une stipulation aux termes de laquelle ne seraient point constitués prisonniers et pourraient librement rentrer dans leurs foyers les officiers qui s'engageraient, sur l'honneur et par écrit, à ne plus servir pendant la durée de la guerre.

Aussitôt le général Lebrun prend la parole

pour exprimer sa surprise. Cette clause, affirme-
t-il, est tout au moins inutile : dans l'armée entière, il ne se trouverait « assurément point un
seul officier qui s'oubliât jusqu'à consentir à ne
pas partager le sort de ses soldats ». D'ailleurs,
poursuit Lebrun, les officiers ne s'appartiennent
pas à eux-mêmes, mais au pays; prisonniers
aujourd'hui, ils peuvent espérer que, les circonstances de guerre aidant, ils ne le seront pas
toujours; dès lors, ils doivent se réserver pour
l'avenir. Le général Dejean s'exprime dans le
même sens, en rappelant très justement que le
règlement même contraint l'officier, fait prisonnier avec ses hommes, de demeurer auprès
d'eux (1). Le général Ducrot déclare également
qu'il n'acceptera aucune clause exceptionnelle en
faveur des officiers, et qu'il est résolu à partager
les destinées des troupes placées sous ses ordres.
Tous les assistants se rangent à cet avis (2).

Pendant cette douloureuse séance, les états-
majors s'efforçaient, conformément aux instructions du général de Wimpffen, de rétablir un peu
d'ordre dans la place où « les corps d'armée, les
troupes de toutes armes étaient confondus dans
un pêle-mêle sans nom (3) ». Un quartier dis-

(1) Les règlements antérieurs à celui de 1863 contenaient les
mêmes prescriptions formelles.
(2) Notes autographes du général Lebrun; Conseil d'Enquête
sur les Capitulations, Déposition du général Ducrot.
(3) Journal des marches et opérations du 1er corps.

tinct fut assigné à chaque grande unité ; c'est là
que l'infanterie et la cavalerie durent déposer les
armes. Quant à l'artillerie, il lui fut prescrit de
conduire son matériel sur la rive gauche de la
Meuse, près de Glaire, où les Allemands en prendraient possession. A cette nouvelle, dit un
témoin, « un frémissement parcourut la ville...
ce fut bientôt un tumulte effroyable. Les vieux
soldats d'Afrique faisaient pitié. Ils se deman-
daient entre eux si c'était bien possible. On en
voyait qui pleuraient. Moi-même — et je n'étais
qu'un conscrit — j'avais des larmes dans les
yeux... On n'apercevait que des soldats armés de
tournevis, qui démontaient la culasse mobile de
leur fusil et en jetaient les débris. Les artilleurs,
attelés aux mitrailleuses, en arrachaient à la hâte
un boulon, une vis, en brisaient un ressort pour
les mettre hors de service. D'autres, fous de
rage, silencieusement, enclouaient leurs pièces.
C'était, dans tout Sedan, comme un grand atelier
de destruction ; les officiers laissaient faire. Les
cavaliers jetaient dans la Meuse les sabres et les
cuirasses, les casques et les pistolets ; on marchait sur des monceaux de débris. Chaque pas
arrachait au sol un bruit de métal ; c'était la folie
du désespoir (1) » .

(1) A. ACHARD, *loc. cit.*, 81-82. — Cf. lieutenant-colonel
BONIE, *la Cavalerie française*, 144 ; Journal de marche de
l'état-major général.

*
* *

La capitulation signée, le capitaine von Alten
a été envoyé au roi pour annoncer la bonne nouvelle. En prévision d'une reprise de combat,
Guillaume s'est rendu sur les hauteurs de la
Croix-Piot, où le prince royal s'est tenu la veille,
pendant toute la bataille, et où le rejoignent
bientôt Moltke et Bismarck (1). Le général von
Treskow lit à haute voix le protocole, puis le roi,
s'adressant aux princes et aux généraux qui l'entourent : « Vous savez maintenant, messieurs,
quel grand événement historique vient de s'accomplir. Je le dois aux exploits des armées
alliées, à qui je me sens obligé d'exprimer en
cette occasion ma royale reconnaissance, d'autant plus que ces grands succès sont bien propres
à cimenter encore davantage notre union avec
les princes de la Confédération de l'Allemagne
du Nord et mes autres alliés. Il nous est donc
permis d'espérer un heureux avenir. Toutefois, ce
qui vient de se décider sous nos yeux ne termine
point notre tâche; nous ignorons comment cet
événement sera accepté et jugé par la France.
Nous devons donc rester prêts à la lutte, mais,
dès à présent, j'exprime ma gratitude à chacun

(1) BLUMENTHAL, *Tagebücher*, 94; HASSEL, *Von der dritten
Armee*, 253; SCHNEIDER, *loc. cit.*, II, 240.

de ceux qui ont apporté une feuille à la couronne de lauriers et de gloire de notre patrie (1). » En prononçant cette allocution, le roi regarde particulièrement les princes de Bavière et de Wurtemberg, à qui il tend ensuite la main. Dans un silence solennel, il remet à Moltke la croix de fer de première classe et trois autres croix pour les chefs de section du grand état-major (2). Guillaume s'occupe alors avec son fils du sort de Napoléon III : le kronprinz propose d'affecter au prisonnier comme séjour le château de Wilhelmshöhe, ancienne résidence des électeurs de Hesse, mais le roi ne veut rien arrêter à ce sujet, avant d'avoir vu l'empereur (3). Rien à présent ne s'oppose d'ailleurs à l'entrevue des deux souverains : Bismarck et Moltke n'ont plus à craindre, de la part du roi, un mouvement de générosité, désormais sans effet.

Plusieurs personnages de la suite de Guillaume pensent qu'il faut infliger une humiliation « à l'homme qui a si témérairement déchaîné cette guerre » et proposent de le faire passer, en quelque sorte, « sous de nouvelles Fourches Caudines » en l'obligeant à se rendre auprès du roi.

---

(1) ONCKEN, *loc. cit.*, II, 161. — Cf., pour une addition que le roi fit insérer après coup, SCHNEIDER, *loc. cit.*, II, 245.

(2) *Kaiser Friedrichs Tagebücher*, 110; VERDY DU VERNOIS, *loc. cit.*, 156.

(3) Le roi à la reine, 2 septembre, D. T., 1 h. 30 soir (HAHN, *loc. cit.*, 475).

Ils ajoutent que Napoléon III, victorieux, n'eût pas hésité, en pareille circonstance, à imposer cet affront à l'adversaire vaincu. D'autres objectent que l'empereur, en quittant Sedan, est venu, de son plein gré, sur le terrain occupé par les troupes allemandes; on peut donc considérer cette démarche « comme une visite que Guillaume ne ferait que rendre ». Le kronprinz juge que contraindre Napoléon III à venir auprès du roi, « en face des troupes », est une trop grande humiliation; il dissuade son père d'agir ainsi et l'engage à aller à Belle-Vue. Guillaume confère alors à ce sujet avec Bismarck, Moltke et Roon; ce dernier rappelle que l'empereur a reçu jadis le roi, qui, l'ayant reconnu comme un de ses égaux, doit le traiter en conséquence. Guillaume finit par se ranger à l'avis de son fils (1). Il confia plus tard à Schneider qu'il avait pris ce parti par égard pour la santé de Napoléon III que « le cheval et même les cahots de la voiture auraient pu faire souffrir, en gravissant une côte aussi raide (2) ». En réalité, suivant la juste remarque de son biographe, il pensait ne rien perdre « de sa dignité de souverain et de sa situation de vainqueur en rendant visite à son prisonnier de guerre (3) ».

(1) Schneider, *loc. cit.*, II, 242-243; Oncken, *loc. cit.*, II, 169; *Kaiser Friedrichs Tagebücher*, 110; Roon à sa femme, 17 septembre 1870 (*Denkwürdigkeiten des... Grafen von Roon*, III, 122).
(2) Schneider, *loc. cit.*, II, 242-243.
(3) Oncken, *loc. cit.*, II, 170.

Verdy du Vernois approuve cette démarche :
« Nous traitons Napoléon simplement comme
empereur des Français. Il représente provisoirement pour nous le seul gouvernement que nous
ayons reconnu (1). » En Allemagne on récrimina,
on se plaignit que l'empereur eût été traité avec
trop d'égards (2). Outrée de la bienveillance du
roi, Mme de Roon en écrivit avec indignation à
son mari (3).

Il est 2 heures, et, sur ces entrefaites, on a
amené les chevaux. Tout le monde se met en
selle, même le roi, qui, escorté d'une suite nombreuse, prend le chemin de Belle-Vue. En arrivant au château, les Allemands sont vivement
frappés de l'apparat impérial : voitures de gala,
fourgons, laquais galonnés, domestiques aux vêtements rehaussés de tresses d'or, cuisiniers nombreux, postillons poudrés, superbes chevaux
arabes et anglais. Tout ce luxe contraste avec
la simplicité des équipages du roi de Prusse (4).
Devant la grille est déployée une compagnie
bavaroise; des batteries wurtembergeoises sont

(1) VERDY DU VERNOIS, *loc. cit.*, 175.
(2) BUSCH, *Graf Bismarck*, I, 164-165 (article de la *National
Zeitung* du 11 septembre); SCHNEIDER, *loc. cit.*, II, 242-243.
(3) Réponse de Roon à sa femme : « Votre indignation, au
sujet du bon traitement accordé à Napoléon nous amuse beaucoup » (*Denkwürdigkeiten des... Grafen von Roon*, III, 122).
(4) *Kaiser Friedrichs Tagebücher*, 110; *Bismarcks Briefe*,
684; Nouvelles de Donchery à la *Kreuz Zeitung* (HIRTH, *loc.
cit.*, II, 1810), et à l'*Allgemeine Zeitung* (*Id.*, 1826).

encore en position de tir, les bouches à feu bra-
quées sur Sedan (1).

Le roi est reçu par le général Castelnau. A
l'entrée du vestibule vitré, sur la dernière marche
de l'escalier, Napoléon III est debout, en grande
tenue de général de division, l'épée au côté, la
plaque de la Légion d'honneur sur la poitrine. En
apercevant le roi de Prusse, il se porte à sa rencontre. Son teint est d'un gris de cendre, son
attitude, celle d'un homme anéanti; des larmes
coulent sur ses joues. Guillaume, dont l'émotion
est profonde, va à lui, les mains tendues, le prend
sous le bras et remonte ainsi l'escalier. Les deux
souverains pénètrent dans le vestibule et de là
dans un petit salon, suivis d'abord par le kronprinz qui ferme les portes et se place à l'entrée
« comme une sentinelle en faction (2) ».

Les deux souverains sont face à face. « Je le
saluai, a écrit Guillaume, en lui tendant la main
et en lui disant : « Sire, le sort des armes a
« décidé entre nous, mais il m'est bien pénible de
« revoir Votre Majesté dans cette situation (3). »

(1) VERDY DU VERNOIS, *loc. cit.*, 155.
(2) *Kriegsgeschichtliche Einzelschriften*, Heft 19, 76; FORBES,
My experiences, I, 272 (il ne parle pas des larmes qu'aurait
versées l'empereur); SCHNEIDER, *loc. cit.*, II, 246.
(3) D'après le prince de la Moskowa, témoin oculaire, ces
mots furent prononcés par le roi avant que les deux souverains
eussent pénétré dans le petit salon : « Nous vîmes, dit-il, et
entendîmes les premiers gestes et les premières paroles »

Nous étions tous deux fort émus. Il demanda ce que je déciderais à son sujet. Je lui proposai Wilhelmshöhe, résidence qu'il accepta. Il s'informa de la voie que l'on suivrait pour s'y rendre, par la Belgique ou par la France. Cette dernière fut choisie; l'itinéraire pouvait pourtant être encore modifié (ce qui arriva). Il sollicita l'autorisation d'emmener les personnes de sa suite, les généraux Reille, de la Moskowa, prince Murat, toutes choses que j'accordai, bien entendu. Ensuite, il fit l'éloge de mes troupes, surtout de l'artillerie, qui n'avait pas d'égale (ce qui s'est pleinement affirmé dans cette guerre); il blâma l'indiscipline de son armée (1). »

Le récit du roi peut être complété par les confidences qu'il fit, peu après l'entrevue, au prince

« Quelques notes intimes sur la guerre de 1870 », *Correspondant* du 10 décembre 1898, 968).

(1) Lettre du roi à la reine, Vendresse, 3 septembre, 10 h. 20 soir (BERNER, *Kaiser Wilhelms des Grossen Briefe, Reden und Schriften*, II, 236-237). — Cette lettre a été publiée pour la première fois par Oncken (*Unser Heldenkaiser*). Jusque-là on n'avait qu'un texte tronqué publié par Hahn (*Der Krieg Deutschlands gegen Frankreich*, 479-481). Cette version écourtée avait été probablement fournie par la reine, à qui le roi avait fait cette recommandation : « Je te laisse libre de publier ce que tu voudras de ces événements. De toute façon, il faut retrancher les détails du rendez-vous et dire simplement que la visite dura un quart d'heure, et que les deux monarques semblaient très émus de se revoir ainsi » (Lettre citée, *post-scriptum*). Au quartier général allemand on observa la même réserve (VERDY DU VERNOIS, *loc. cit.*, 156). Bismarck lui-même ne connut pas les détails de l'entretien. Cf. BUSCH, *Graf Bismarck*, I, 247.

royal et que celui-ci a relatées en ces termes :
« Au cours de la conversation, Napoléon exprima
l'opinion qu'il avait eu devant lui l'armée du
prince Frédéric-Charles. Guillaume rectifia en
spécifiant que c'étaient mes troupes et celles du
prince de Saxe qui se trouvaient devant Sedan.
L'empereur demanda alors où était le prince
Frédéric-Charles. Le roi répondit en accentuant
fortement : « Avec sept corps d'armée, autour
« de Metz. » Stupéfait, l'empereur fit un pas en
arrière ; ses traits se contractèrent douloureuse-
ment ; il venait seulement de comprendre qu'il
n'avait eu à combattre qu'une partie des forces
allemandes (1) »

Suivant le récit du roi, l'entretien se serait
terminé ainsi : « Au moment de nous séparer, je
lui dis que je le connaissais assez pour être persuadé qu'il n'avait pas désiré la guerre, mais
qu'il y avait été contraint. — Lui : « Vous avez
parfaitement raison ; l'opinion publique m'y a
forcé. » — Moi : « L'opinion publique elle-même
a été forcée par le ministère. » J'ajoutai qu'à la
constitution de ce ministère, j'avais senti que le
changement de système inauguré serait fâcheux
pour son règne, ce qu'il approuva en haussant les
épaules. Toute la conversation parut le soulager,
et j'ai le droit de croire que j'ai sensiblement

_____

(1) *Kaiser Friedrichs Tagebücher*, 111. — Le prince royal a
noté dès le 2 septembre les confidences du roi.

adouci sa situation. Nous nous séparâmes, tous deux fort émus (1). »

L'entrevue a duré un quart d'heure environ. Au moment où les deux souverains quittent le petit salon, le prince royal est frappé de voir que « la stature élevée et imposante du roi tranche, avec une étonnante supériorité, sur la petite taille ramassée de l'empereur ». Celui-ci, apercevant le prince royal, lui tend une main tandis que de l'autre il essuie les larmes qui coulent sur ses joues. Il exprime au prince toute sa reconnaissance pour les paroles et surtout pour la visite du roi, qu'il qualifie de généreux procédé. Il obtient sans difficulté l'autorisation d'envoyer à l'impératrice un télégramme chiffré. Le prince royal déplore le caractère « épouvantablement sanglant » qu'a pris la guerre. L'empereur répond que ce n'est, hélas! que trop vrai et d'autant plus terrible pour lui qui « n'a pas voulu la guerre (2) ».

Durant ce court entretien, le roi cause dans la véranda avec les généraux français. L'empereur l'accompagne ensuite : il paraît plus calme et, d'après Verdy, « fut absolument digne » en pré-

____

(1) Lettre du roi à la reine, 3 septembre. — Cf. BERNER, *loc. cit.*, II, **237**.

(2) *Kaiser Friedrichs Tagebücher*, 111-112. — Le prince royal avait horreur du sang versé. Il exprima à plusieurs reprises dans ses *Tagebücher*, notamment page **116** (17 octobre **1870**), son désir de ne plus assister à aucune guerre.

sence de Bismarck (1). Le roi prend congé de Napoléon en faisant le salut militaire, saute à cheval avec une vigueur toute juvénile, et s'éloigne au galop. Bientôt on entend rouler sur son passage comme un bruit de tonnerre, les *Hoch* et les *Hurrah* dominant parfois les accents joyeux des musiques qui exécutent l'hymne vainqueur *Heil dir im Siegerkranz.*

Malgré la pluie qui commença à tomber dans la soirée, le roi ne cessa de parcourir les bivouacs, accueilli partout par les ovations et les manifestations de la « joie indescriptible » des troupes. Cette inspection triomphale ne prit fin que très tard dans la nuit : le roi ne fut de retour à son quartier général de Vendresse qu'à une heure du matin (2).

Dès le lendemain, 3 septembre, une grave question se posa. Quelles opérations entreprendrait-on, maintenant que les troupes françaises étaient désarmées et captives? Poursuivrait-on la marche sur Paris, ou resterait-on dans les provinces conquises afin d'en assurer la garde? D'après le géné-

(1) Verdy du Vernois, 156 ; Busch, *Graf Bismarck*, I, 123.

(2) Schneider, *loc. cit.*, II, 257-249 ; Télégramme du roi à la reine, du 3 septembre (Hahn, *loc. cit.*, 483) ; Verdy du Vernois, *loc. cit.*, 156-167 ; Dr Carl Geyer, *loc. cit.*, 74 ; Von Pfeil, *loc. cit.*, 93.

al Sheridan, le premier parti était celui que prô-
haient les conseillers militaires du roi, Roon et
Moltke ; Bismarck, au contraire, aurait voulu
attendre des propositions de paix sur place (1).
Cette dernière solution fut écartée : une grande
partie de l'armée désirait entrer à Paris, et il
semblait difficile de la « frustrer » de cette satisfaction; on espérait d'ailleurs, par une marche en
avant, hâter les demandes de négociations. Les
décisions définitives furent donc ajournées jusqu'à la réunion des armées sous les murs de la
capitale (2).

Dans la soirée, le roi Guillaume, voulant rendre hommage aux véritables artisans de la victoire, réunit à sa table Bismarck, Moltke et Roon.
Pour la première fois, depuis le commencement
de la campagne, on servit du vin de Champagne,
et le roi, se levant, prononça, d'une voix grave et
émue, le toast suivant : « C'est pour nous aujourd'hui un devoir de reconnaissance de boire

(1) SHERIDAN, *loc. cit.*, II, 408-409, 414, 417 ; *Denkwürdigkeiten...*, 212-214. — Selon H. BLUM (*Fürst Bismarck und
sine Zeit*, IV, 305), le chancelier aurait recommandé également
la marche sur Paris « pour corriger Paris et la France », mais
cet écrivain ne donne aucune preuve à l'appui. L'opinion de
Sheridan est confirmée par une lettre de Bismarck à son fils
en date du 7 septembre suivant. Le chancelier déclare que son
désir est de « laisser mijoter un peu dans leur sauce » les gens
de Paris et de s'installer dans les provinces conquises « avant
de pousser de l'avant » (*Bismarcks Briefe*, 604).
(2) RUSSEL, *loc. cit.*, 272.

à la santé de ma vaillante armée. Vous, Roon
ministre de la Guerre, vous avez aiguisé notre
épée; vous, général de Moltke, vous l'avez ma-
niée (1), et vous, comte de Bismarck, en dirigeant la politique de la Prusse depuis nombre
d'années, vous lui avez donné la force et la grandeur qu'elle possède aujourd'hui. Je porte donc
ce toast à l'armée, aux trois hommes que je viens
de nommer et à chacun de ceux, parmi les assistants, qui ont contribué, suivant leur mission, au
succès définitif (2). »

Cette journée du 3 septembre était la première
de la captivité de l'empereur et de l'armée. Au
château de Belle-Vue, on était venu, à 8 heures
du matin, avertir Napoléon III que tout était prê
pour le départ. L'empereur, en petite tenue de
général de division, descendit les marches de
l'escalier conduisant au perron : suivant les
témoins de cette scène, « il marchait comme un
spectre, et sa figure semblait de cire ». Il monta
dans un coupé attelé en poste, accompagné d'un
seul de ses aides de camp, le général Reille; les
autres, avec des officiers prussiens, prirent place
dans des breaks et des chars à bancs; les ba-

----

(1) Telle est l'expression qu'employa le roi. Plus tard, il crut
devoir faire remarquer que c'était lui-même qui avait manié
l'armée, et que Moltke l'avait seulement dirigée. Il fit rectifier
en conséquence les termes du toast (SCHNEIDER, *loc. cit.*, III
254).

(2) ONCKEN, *loc. cit.*, II, 172.

gages et les domestiques suivaient; le tout était escorté par un escadron de hussards prussiens.

A 8 h. 30, sous une pluie torrentielle et sous les regards indifférents des habitants, ce dernier cortège impérial défila dans la grande rue de Donchery, en même temps que passait une colonne d'infanterie allemande. Afin d'éviter la traversée de Sedan, on fit un grand détour en longeant les lignes prussiennes depuis Frénois, par Douzy, Fond de Givonne et la Chapelle, jusqu'à la frontière belge. Le trajet fut pour l'empereur « un vrai supplice ». A 3 heures et demie de l'après-midi, il arrivait enfin à Bouillon, d'où il devait être dirigé sur Wilhelmshöhe (1).

Au moment où Napoléon III quittait pour toujours la terre française, les premières troupes sortaient de Sedan, mornes et silencieuses, pour se remettre aux mains du vainqueur. Avec un quartier général aussi prévoyant, aussi minutieux que l'était celui de l'armée allemande, on pouvait espérer que toutes les mesures auraient été prises pour la mise en route immédiate et l'alimentation convenable des prisonniers. Il n'en fut rien. Au nord-ouest de Sedan, la presqu'île d'Iges, constituée par une boucle de la Meuse et barrée au sud par le canal de Glaire, formait une

(1) L'empereur à l'impératrice, Bouillon, 2 septembre; *OEuvres posthumes de Napoléon III, le Livre de l'empereur,* 127; A. VERLY, *loc. cit.,* 171-172; DE MASSA, *loc. cit.,* 338-339.

prison naturelle. C'est dans cet étroit espace, d'une surveillance facile, que les Allemands entassèrent les captifs; 70 000 hommes (1) y attendirent pendant plusieurs jours qu'il plût à l'ennemi de les acheminer par détachements sur les fortcresses allemandes.

Démoralisés par la défaite, humiliés par la capitulation, affaiblis par des fatigues sans trêve, débandés maintenant en une masse chaotique et passive, nos soldats sont incapables de réagir contre les souffrances physiques et de supporter les privations. Et souffrances et privations sont portées au comble dans la presqu'île d'Iges, ce lieu que les témoins ont marqué du sinistre nom de *camp de la Misère*. Là il faut dormir sans abri sur une terre nue et détrempée, subir sans feu, et presque sans vêtements, le froid de l'aube et les intempéries incessantes. Là sévissent continuellement la faim et la soif; et force est aux valides de recourir à la maraude pour se procurer de lamentables ressources (2). Ils se disputent les chevaux « tombés d'inanition », qui deviennent pour eux d'appréciables aubaines et, enserrés par les sentinelles prussiennes, ils ont peine à aller

(1) Chiffre donné par le Journal des marches et opérations du 1ᵉʳ corps. — L'*Histoire du grand État-major prussien* indique 83 000 hommes (VIII, 1225, note 2).

(2) Conseil d'Enquête sur les Capitulations, Déposition du général Ducrot; Prince BIBESCO, *loc. cit.*, 178-179; Général LEBRUN, *loc. cit.*, 179-183; Commandant VIDAL, *loc. cit.*, 227.

boire l'eau corrompue de la Meuse où baignent « des cadavres sans nombre ». Enfin, après trois jours de cette hideuse famine, des distributions de vivres sont faites, mais elles sont d'une dérisoire insuffisance. « Tous les prisonniers purent recevoir deux jours de pain, mais quant aux vivres-viande, il ne fut possible d'en donner qu'à un petit nombre d'entre eux. » Les maladies commencent d'ailleurs à sévir et font « des vides parmi les prisonniers. Qui tombait malade était perdu ; un cas de fièvre était un cas de mort. Point de médecins, point de médicaments (1) ». Ce furent vraiment des « journées d'enfer (2) ».

Dès le 4 septembre, le général de Wimpffen était parti pour Stuttgart, abandonnant à elle-même cette malheureuse armée, dont il avait pourtant revendiqué le commandement (3). Les autres généraux remplirent leur devoir : ils demeurèrent avec les troupes et s'efforcèrent d'adoucir leur cruelle situation. A partir du 5 septembre, les convois de prisonniers, comp-tant chacun 2 000 hommes, furent mis en marche sur Pont-à-Mousson.

Au cours de ces douloureuses étapes, les offi-

(1) Lieutenant-colonel BONIE, *loc. cit.*, 145 ; A. ACHARD, *loc. cit.*, 97 ; Général LEBRUN, *loc. cit.*, 182-183.

(2) VERLY, *loc. cit.*, 214.

(3) Le général de Wimpffen au ministre de la Guerre, Fays-les-Veneurs (Belgique), 5 septembre 1870 ; Général DE WIMPF-FEN, *loc. cit.*, 254-258.

ciers subalternes, réunis par groupes de 300 ou 400, furent traités comme la troupe, « parqués chaque nuit dans une prairie ou dans un champ, sans abri, sans couverture, après avoir reçu une nourriture insuffisante, et malmenés parfois par leur escorte de la manière la plus odieuse (1) ». L'évacuation de la presqu'île d'Iges ne fut terminée que le 14 septembre. Si cruelles avaient été les souffrances des captifs que le départ, même pour l'internement en Allemagne, fut, pour nombre d'entre eux, presque un soulagement.

La nouvelle des succès inespérés remportés à Sedan produisit en Allemagne une joie et une émotion intenses. Il n'est pas, écrit la *National Zeitung*, le 3 septembre, « d'événement plus excitant, plus enflammant, plus enivrant que celui-ci : l'empereur est prisonnier ! » A Berlin, la foule se masse devant le palais royal et force, par ses acclamations, la reine à paraître plusieurs fois au balcon. Les jeunes gens escaladent la statue du grand Frédéric, celle de Blücher, celle du grand électeur, et les décorent d'une couronne de lauriers. A Munich, à Nuremberg, à

(1) Journal des marches et opérations du 1ᵉʳ corps.

Stuttgart, l'enthousiasme n'est pas moindre qu'à Cologne, à Magdebourg, à Breslau (1).

Parmi les troupes, on croit la paix prochaine (2). « Après la capitulation de Sedan, qui nous livrait une armée de plus de 100 000 hommes (3), dit un historien allemand, tandis que l'autre armée impériale, sous Bazaine, était enfermée à Metz, la guerre semblait terminée. Il n'existait plus d'armée française capable de tenir la campagne, alors que notre IIIe et notre IVe armée étaient immédiatement disponibles pour de nouvelles opérations (4). » « La paix semblait glorieusement conquise », remarque le lieutenant von Bismarck (5). « Tout le monde, écrit un autre témoin, tenait maintenant pour certaine la conclusion de la paix désirée (6). » Schneider déclare qu'il est désormais « inutile de répandre une seule goutte de sang, tant la défaite de l'ennemi est complète (7) ». Le prince Radziwill émet le même espoir (8).

(1) Hirth, *loc. cit.*, II, 1847-1851, 1870-1878, 1897-1902.

(2) *Hatzfeldts Briefe*, 73-76; Hahnke, *Opérations de la IIIe armée*, 242; *Geschichte des Fusilier Regiments Nr. 40*, 35; Oncken, *loc. cit.*, II, 154.

(3) Chiffre exagéré (Cf. *suprà*, p. 226).

(4) G. von Glasenapp, *Der Feldzug von 1870*, 153.

(5) G. von Bismarck, *Kriegserlebnisse 1870 und 1870-71*, 141.

(6) L. von Schmitz, *Aus dem Feldzuge 1870-71*, 39.

(7) Schneider, *l'Empereur Guillaume*, II, 244.

(8) Lettre publiée par l'abbé Gabriel, *Journal du blocus et du bombardement de Verdun*, 357. — Cette lettre fut saisie sur un courrier allemand fait prisonnier.

Toutefois, les vœux en faveur de la fin de la guerre sont loin d'être unanimes. « Nous autres, dit un lieutenant du 1er chasseurs bavarois, nous nous réjouissons du fond du cœur de marcher sur Paris. Maints camarades plus âgés et beaucoup d'entre nous seraient volontiers rentrés chez eux après la grande victoire de Sedan, et ils espéraient qu'avec la chute de la dynastie des Bonaparte, la guerre prendrait fin également (1). » Le roi désirait certainement la paix (2), et Bismarck était probablement de son avis (3). Mais le succès était presque trop grand : Napoléon III était captif, et l'on se demandait avec qui l'on pourrait traiter (4). « Tant que l'empereur se serait maintenu au pouvoir, dit un historien allemand de l'époque, il serait resté, par cela même, un gouvernement régulièrement constitué avec lequel on pouvait conclure une paix durable. Le fait qu'un tel gouvernement faisait défaut était pour nous, et bien plus encore pour la France, un très grand malheur. Pour ce motif, nous sommes forcés de déplorer sincèrement, après réflexion, la prise de

(1) K. Tanera, *Ernste und heitere Erinnerungen eines Ordonnanz-Offiziers*, II, 150. — Cf. Dʳ Carl Geyer, *loc. cit.*, 75.

(2) Schneider, *loc. cit.*, II, 236; Toasts des 2 et 3 septembre.

(3) A. von Ebers, *Bismarck-Buch*, 100-101, chapitre cité des mémoires d'Edw. Mallet, diplomate anglais qui, le 14 septembre, vint demander à Bismarck ses intentions au sujet de la paix.

(4) Abecken, *loc. cit.*, 417; Russel, *My Diary*, 212; Moltke, *Gesammelte Schriften*, V, 176; *Denkwürdigkeiten... von Roon*, III, 222; *Hatzfeldts Briefe*, 73, 76.

l'empereur Napoléon (1)... » Le général Sheridan dit explicitement, à plusieurs reprises, que « Bismarck, était désolé de la chute de l'empire, et qu'il aurait volontiers admis que le prince impérial succédât à son père, parce que, élevé sous l'influence des Allemands, il aurait été entre leurs mains un instrument docile (2) ». Un peu plus tard, le chancelier songea même à restaurer « l'homme malade » lui-même (3).

Le correspondant d'un journal autrichien, Karl Albani, qui parcourait alors la France, se faisait de la situation une idée plus exacte : « Ce n'est pas le nombre d'hommes pris, ce n'est pas la quantité de canons capturés, ce n'est pas l'humiliation de la capitulation d'une armée importante — y eût-il un empereur au milieu d'elle — qui sont d'une influence capitale sur la décision finale d'une campagne. Les guerres sont uniquement et exclusivement résolues par la gravité de la blessure faite à la force morale de la nation tout entière. C'est seulement quand le sentiment de la défaite s'est répandu dans toute l'armée et dans le pays, seulement quand tout espoir et finalement tout désir de combattre se sont évanouis avec la confiance dans ses propres

----

(1) J. von WICKEDE, *Geschichte des Krieges von Deutschland gegen Frankreich*, 287.

(2) SHERIDAN, *Personal Memoirs*, II, 414.

(3) BLUMENTHAL, *Tagebücher* (19 décembre), 199.

forces, c'est alors que les moyens matériels, eux aussi, sont vaincus... Cet état de choses... n'était apparu en France ni après les batailles de Metz ni même après la capitulation de Sedan... L'armée perdait par degrés sa valeur, tandis que l'idée de sacrifice de la nation se montrait sous un jour de plus en plus éclatant (1). »

On fut bientôt forcé, au grand quartier général allemand, de reconnaître que c'était « une guerre au couteau (2) » qui s'ouvrait, et que les Français étaient disposés à accepter tout gouvernement fermement décidé à continuer la lutte. Il apparut clairement, aux yeux des plus optimistes, qu'il se posait « un dilemme inéluctable » et que l'issue de la guerre était encore très éloignée. « Par la volonté de notre peuple et pour notre sécurité même, nous ne pouvons, écrivait Roon, conclure aucune paix qui ne démembre pas la France, et le gouvernement français, quel qu'il puisse être, ne peut, par la volonté de son peuple, accepter une paix qui ne conserve pas l'intégrité actuelle du territoire. Il s'ensuit nécessairement la continuation de la guerre jusqu'à épuisement de toutes les forces, et cette nécessité, si triste soit-elle, me paraît jusqu'à présent inévitable (3). »

(1) K. ALBANI, *Im Lager der Franzosen*, 285.
(2) Expression de H. BLUM, *Fürst Bismarck und seine Zeit*, IV, 305..
(3) *Denkwürdigkeiten... von Roon*, III, 214 (6 septembre 1870).

Bien avant le triomphe de Sedan, Bismarck était fermement décidé à n'admettre qu'un traité de paix qui, par une des clauses, constituerait une sorte de « glacis » préservant l'Allemagne du Sud des attaques de la France (1). A plus forte raison, maintenait-il ses exigences après la capitulation de l'armée. Peut-être eût-il fait des concessions sur l'étendue du territoire à annexer, mais il lui fallait Strasbourg et Metz (2). L'opinion publique était d'accord avec le chancelier. « Presque unanimement, dans toute l'Allemagne, dit un historien contemporain, du nord au sud et de l'est à l'ouest, le cri général retentissait : « Pas de paix sans l'Alsace, la frontière des Vosges et la partie de la Lorraine allemande avec Metz. Seules, ces conditions peuvent garantir nos frontières contre les agressions futures. Plutôt prolonger la guerre, en dépit de tous les sacrifices, jusqu'à ce que nous ayons conquis un traité tel que nos succès nous permettent de l'exiger (3). »

L'orgueil de la victoire produisit une évolution très marquée de l'esprit public allemand. Avant Sedan, les adresses réclamaient en général sur-

---

(1) *Mémoires de Bismarck*, I, 64, 75 (22 août 1870) ; Confidence à un correspondant du *Pall Mall* (29 août) : « Strasbourg doit devenir notre Gibraltar » (HIRTH, *loc. cit.*, II, 1558). Même opinion dans *Provinzial-Correspondenz*, 31 août (*Id.*, 1648-1651).

(2) *Bismarck-Buch* (entretien avec Mallet, 14 septembre), 101.

(3) J. VON WICKEDE, *loc. cit.*, 285.

tout une paix « honorable », une paix « durable », parfois une rectification de frontière ; mais elles se montraient assez vagues sur le chapitre des conditions à imposer à la France (1). Après Sedan, au contraire, les exigences se précisent : on spécifie, dans certaines réunions publiques, l'annexion de l'Alsace et de la Lorraine, « seule garantie contre l'avidité française... prix national de la victoire (2) ». Déjà l'on fait état des dépouilles du vaincu. La *Norddeutsche allgemeine Zeitung* propose de démembrer ces deux provinces et de les répartir entre les États du Sud pour les remercier de leur concours. Mais ni le Wurtemberg ni le grand-duché de Bade ne se soucient de ce cadeau que l'opinion publique prussienne repousse également, en déclarant que les territoires rendus à la grande patrie doivent être occupés et administrés comme « un avant-pays allemand », au nom et dans l'intérêt de « l'Allemagne réunie (3) ». C'était la solution proposée, à la même époque, par le prince royal ; c'était aussi la grande pensée de Bismarck : créer un pays neutre, qui demeurât le patrimoine de

(1) Adresse de Leipzig au roi de Prusse, 1ᵉʳ septembre (Hintu, *loc. cit.*, II, 1791) ; Adresse de Darmstadt au grand-duc de Hesse, 1ᵉʳ septembre (*Id.*, 1793).

(2) Hintu, *loc. cit.*, II, 1875, 1900-1901, 1972. — Cf. *Staats-Anzeiger für Württemberg*, nᵒ du 6 septembre.

(3) Ott. Lorenz, *Kaiser Wilhelm und die Begründung des Reiches*, 299 ; *Allgemeine Zeitung* du 12 septembre.

l'Allemagne tout entière (1). Ainsi les questions d'unité allemande et d'annexion de l'Alsace-Lorraine étaient étroitement liées, tant dans l'esprit du chancelier que dans la presse sans doute inspirée par lui. Le mot d'ordre était celui que les habitants de Stuttgart exprimaient le 3 septembre : « Alsace-Lorraine pour l'Allemagne confédération allemande (2). » Et l'on ne manquait pas de faire observer que Sedan était la première grande bataille où Saxons, Wurtembergeois, Bavarois avaient combattu côte à côte pour une cause commune (3). « Je ne suis pas un stratège, déclarait Bismarck le 1er septembre, après le départ du général Reille ; pourtant je suis fier non seulement que les Bavarois, les Saxons, les Wurtembergeois aient été à nos côtés aujourd'hui, mais qu'ils aient encore pris une si grande part — la plus grande — au succès de la journée. S'ils sont avec nous, et non pas contre nous, c'est mon œuvre. Les Français ne pourront plus dire que les Allemands du Sud ne combattaient pas pour notre commune patrie (4). »

Le roi de Prusse exprima la même satisfaction (5), et le *Staats-Anzeiger* du 3 septembre vou-

---

(1) *Kaiser Friedrichs Tagebücher* (3 septembre), 112.

(2) Hirth, *loc. cit.*, II, 1875.

(3) *Ibid.*, 1899-1900.

(4) Nouvelles de Cheveuges au *Pall Mall*, 2 septembre matin (*Ibid.*, II, 1698).

(5) Schneider, *loc. cit.*, II, 238.

lut de même voir dans la distribution des croix de
fer, faite indistinctement aux Allemands du Nord
et du Sud, « un beau symbole, d'une haute portée, pour l'unité, longuement cherchée, de notre
grande patrie allemande ». Sedan apparut comme
constituant définitivement l'Allemagne nouvelle
et l'empire allemand : « Si dans le brasier des
batailles de Wœrth et de Metz, s'écrie Helmuth,
l'or de la couronne impériale s'est affiné, c'est
dans le feu de Sedan que son solide diadème fut
forgé (1)... » « Je suis fier, écrivait un officier
bavarois, d'avoir pris part à la victoire qui détrui-
sit un empire et contribua le plus à en fonder un
autre, le nouvel empire allemand, l'Allemagne
unie sous l'empereur Guillaume le victorieux (2). »

Il serait imprudent toutefois d'affirmer que la
victoire de Sedan eut pour effet de briser tous les
obstacles qui s'opposaient à l'unité de l'Allemagne (3). Mais elle grossit et fortifia le courant d'opinion préexistant. Elle ouvrit encore à
l'ambition allemande des horizons plus étendus.
Les combattants eurent la conviction d'avoir

(1) HELMUTH, *Sedan*, 53-54. — « Au-dessus de l'entrée de la
citadelle vaincue semble briller cette devise en lettres d'or inal-
térables : « Ici, l'empire allemand fut fondé » (BLUM, *loc. cit.*,
IV, 304).

(2) TANERA, *loc. cit.*, 48.

(3) Voir à ce sujet : Ott. LORENZ, *loc. cit.*, chap. v et p. 287-
301, 301-312 ; W. BUSCH, *Die Kampfe um Reichsverfassung
und Kaisertum 1870-1871*, § III, V, VI ; RUVILLE, *Bayern und
die Wiederaufrichtung des deutschen Reiches*, passim.

assisté à un événement historique sans précédent, d'avoir été les instruments de la volonté divine, d'avoir accompli un véritable « jugement de Dieu (1) ». L'Allemagne accueillit la grande nouvelle avec la même émotion fervente : « Nous avons tous encore présents à l'esprit les impressions et les sentiments que la victoire de Sedan éveilla dans les cœurs allemands. Les résultats gigantesques de la journée disposaient des millions d'âmes à un recueillement religieux. Ils imprimaient dans le cœur d'un peuple, pénétré de la gravité du moment, la pieuse foi en l'équité de la Providence (2). »

Désormais l'Allemagne se crut appelée par Dieu à exercer une influence prépondérante. « L'épée de la Prusse n'est-elle pas le sceptre de l'Europe ? » écrivait le ministre de la Guerre, le 6 septembre (3). Et, dès le soir de la bataille de Sedan, le comte Frankenberg se disait « que de ce jour datait une ère nouvelle de l'histoire du monde », dans laquelle sa patrie « se verrait élevée bien haut au-dessus des autres nations, en octroyant à l'univers entier la culture allemande (4) ».

---

(1) « Quel visible puissant jugement de Dieu ! » (*Denkwürdigkeiten... Roon*, III, 211). — Cf. télégramme du roi à la reine, déjà cité ; *Bismarcks Briefe*, 604.
(2) HASSEL, *Von der dritten Armee*, 275.
(3) *Denkwürdigkeiten... Roon*, III, 213.
(4) FRANKENBERG, *loc. cit.*, 128-129.

CHAPITRE XIII

LES RESPONSABILITÉS

Choix défectueux du camp de Châlons comme lieu de rassemblement de nos forces. — Possibilité et avantages d'une retraite latérale après le 6 août. — Les erreurs du plan Palikao. — Objections au départ plus tardif du camp de Châlons. — Heureuse inspiration de Mac-Mahon le 26 août. — Intervention inadmissible du ministre. — Soumission de Mac-Mahon à ses injonctions. — La principale faute des jours suivants. — Le prince de Saxe transgresse les instructions de Moltke. — Nouart et Beaumont. — Situation difficile de Mac-Mahon, le 30 au soir. — La retraite générale vers Sedan. — Accumulation de l'armée autour de la place. — Indécision du maréchal. — Directives de Moltke. — Passivité de l'armée française. — Manœuvres possibles. — Ducrot et Wimpffen dans la matinée du 1ᵉʳ septembre. — Opinions de Napoléon sur les capitulations en rase campagne. — Abstention de Moltke dans la direction de la bataille. — Discussion des appréciations de von Scherff. — Causes de la catastrophe.

A la guerre, il n'est pas de revers que ne puisse expliquer la logique des faits. C'est en vain que l'on se bornerait à invoquer, à propos du désastre de l'armée de Châlons, les coups répétés de la fatalité. Si cette armée fut réduite à la capitulation, c'est qu'elle fut mal employée et peut-être encore plus mal commandée. A méditer sur ses défaites, à en déterminer les responsabilités, une nation recueille souvent plus de profit qu'à se féliciter béatement de ses victoires.

Aucune considération stratégique n'était intervenue pour guider l'empereur dans la désignation du camp de Châlons comme zone de concentration des unités de nouvelle formation et des trois corps d'armée qui, à la suite des défaites simultanées de Frœschwiller et de Forbach, avaient évacué l'Alsace. Le grand quartier impérial s'était laissé tenter par les facilités d'installation et d'approvisionnements qu'offrait ce lieu de réunion habituel de troupes en temps de paix pour des exercices de tir et des évolutions faussement qualifiées de grandes manœuvres (1). Quelques hésitations s'étaient produites, il est vrai, sur l'amplitude du mouvement de retraite, mais non point sur la direction générale qui, invariablement, était restée fixée vers l'ouest. On n'avait songé, en d'autres termes, qu'à s'interposer entre Paris et les armées allemandes. Dans

(1) « C'est là que nos jeunes officiers avaient pris... les plus fausses idées sur la vie en campagne. C'est là que l'intendance avait appris à approvisionner somptueusement les armées... de pied ferme. C'est là que la guerre de polygone nous avait si longtemps abusés sur la supériorité toujours incontestée de notre artillerie et que la cavalerie avait appris à faire des reconnaissances par régiments, à distance d'escadrons. C'est là que les généraux avaient appris à vaincre une fois par semaine entre deux repas, et qu'on avait préparé tant de lauriers et de gloires faciles à ceux que la faveur avait appelés à devenir de grands hommes » (*Histoire de l'armée de Châlons,* par un volontaire de l'armée du Rhin, 99-100).

l'affolement des premiers revers on n'avait pas considéré que, selon l'observation très judicieuse du général Frossard, la transformation de Paris en place forte avait, depuis la campagne de 1814, complètement modifié les conditions de la défense du territoire (1). Il n'était plus nécessaire désormais de couvrir directement la capitale; tout commandait au contraire, après des défaites subies à la frontière, d'exécuter une retraite latérale dirigée vers Langres et vers la Loire moyenne, de menacer ainsi le flanc gauche et les communications de l'armée envahissante si elle poursuivait sa marche sur Paris, et de demeurer, en tout cas, en liaison avec le centre du pays (2).

Combien la situation eût été plus avantageuse pour nous si, pour secourir Bazaine, Mac-Mahon fût parti non du camp de Châlons, mais de la région de Langres, Bar-sur-Aube, avec la certitude de conserver toujours une ligne de retraite assurée vers Gien et Nevers! L'erreur commise après les défaites du 6 août par le grand quartier général français, dans la détermination de la zone de réunion des corps venus d'Alsace, est donc la cause originelle du désastre de Sedan. « Lors des

(1) Général Frossard, *Mémoire militaire* rédigé en 1867. — Cf. *la Guerre en Lorraine,* II, 122, 199.

(2) Avant Frossard, le général Rogniat écrivait en 1816 : « ... Les bons principes de la guerre défensive veulent qu'au lieu de s'opposer de front à une armée envahissante... on se place sur ses flancs » (*Considérations sur l'art de la guerre,* 478).

mouvements de début d'une armée, a dit justement Moltke, les considérations militaires viennent se doubler des considérations politiques et géographiques les plus multiples. C'est à peine si, dans tout le cours de la campagne, il est possible de réparer les fautes commises au moment de la concentration primitive (1). »

Le plan du ministre de la Guerre se ressentait vivement de ces erreurs initiales. Jugeant avec raison que nos désastres de Frœschwiller et de Forbach provenaient de l'éparpillement de nos forces, le général de Palikao n'admettait pour l'armée de Châlons d'autre objectif qu'une prompte jonction avec Bazaine.

Prise en soi, la conception était juste; elle répondait au principe de l'union des forces dans l'espace que Napoléon a si fréquemment proclamé. Irréprochable jusqu'au 18 août, tant que l'on pouvait compter sur l'arrivée prochaine de Bazaine à Verdun, puis au camp de Châlons, une telle combinaison présentait un caractère beaucoup plus aléatoire du jour où l'armée du Rhin était rejetée sous les murs mêmes de Metz et privée de communications faciles avec l'extérieur. De même, les informations relatives à la marche sur Paris de l'armée du prince royal de Prusse et à la constitution d'une nouvelle armée, dite de la

_____

(1) *Historique du grand État-major prussien,* I, 70.

Meuse, formée de trois corps distraits des forces de Frédéric-Charles, modifiaient sensiblement la situation stratégique qui avait été l'origine des conceptions du ministre de la Guerre. L'erreur que commit Palikao est de n'avoir pas su plier son plan aux circonstances et de s'être obstiné dans la réalisation intégrale de ses premiers projets visant la jonction de Mac-Mahon avec Bazaine.

A vrai dire, la politique et les intérêts dynastiques étaient intervenus pour pousser à cette entreprise, et cela sans qu'on se fût demandé si l'armée était capable de remplir cette mission, une des plus lourdes et des plus délicates dont l'histoire fasse mention, et s'il y avait lieu, en présence des dangers considérables qu'entraînait une pareille opération, de tenter d'aussi faibles chances de succès. Démoralisé par la défaite de Frœschwiller, le commandant en chef n'était en outre nullement préparé à la conduite d'une masse de plus de 100 000 hommes; les troupes ne présentaient ni l'instruction, ni la solidité, ni l'organisation désirables.

Le plan Palikao, inspiré peut-être de la manœuvre de Napoléon III avant Magenta, soulevait les plus graves objections. Sa réussite dépend d'un hasard : on espère que le prince royal de Prusse continuera sa marche sur Paris sans connaître le mouvement de l'armée de Châlons vers Metz et ne pourra intervenir à temps pour secourir l'armée de la Meuse dans une bataille qui, suivant les prévisions du ministre, aurait lieu le 26 août au nord-est de Verdun. Mais, afin d'obtenir ce résultat, on ne fait rien pour attirer le prince royal de Prusse dans la direction de la capitale ; au lieu de garder le silence, le ministre de la Guerre s'ouvre de ses projets à plusieurs députés ; aussitôt la presse annonce la jonction prochaine de Mac-Mahon avec Bazaine. Le secret eût-il pu d'ailleurs être gardé longtemps avec le télégraphe et les journaux? Il est permis d'en douter. Au reste, comment une masse de 130000 hommes marchant vers le nord-est, parallèlement à la IIIe armée, et séparée de celle-ci par un intervalle d'une trentaine de kilomètres seulement, pourrait-elle passer inaperçue ou n'être pas éventée par les reconnaissances de la cavalerie de l'armée de la Meuse poussées aux débouchés occidentaux de l'Argonne?

Palikao prétendait, il est vrai, enserrer la situation stratégique dans une sorte de dilemme, suivant que Frédéric-Charles maintiendrait ou non le blocus de Metz, et, dans les deux cas envisagés, affirmait le succès de la jonction. Mais, comme il arrive presque toujours à la guerre, il avait négligé une autre éventualité, celle qui précisément se réalisera : Frédéric-Charles continuera à bloquer Metz et prélèvera, sur les troupes d'investissement deux corps d'armée qui assureront à l'armée de la Meuse l'égalité numérique avec l'armée de Châlons.

De plus, si le kronprinz averti ou ne se laissant pas abuser ne poursuivait point sa marche sur Paris, comme le préjugeait Palikao, s'il se portait résolument de Bar-le-Duc vers le nord et le nord-ouest pour se jeter sur le flanc droit et sur les derrières de l'armée de Châlons, le péril devenait immense pour Mac-Mahon, qui, ayant découvert ses communications avec Paris et ne menaçant point celles de l'adversaire, risquait, en cas de défaite, d'être acculé à la frontière belge et contraint de capituler en rase campagne ou d'être désarmé sur le territoire neutre. On a donc pu dire avec raison que le plan Palikao « manquait des conditions fondamentales nécessaires au succès (1) » et ne tenait aucun compte des moyens d'exécution. Suivant l'expression d'un critique, il « se trouvait basé simplement sur des faits pour ainsi dire géométriques (2) », notamment sur celui que les routes conduisant du camp de Châlons vers Metz n'étaient pas utilisées par l'ennemi dans sa marche en avant ; il ne se préoccupait ni de la valeur des troupes, ni de leur moral, ni de leur organisation, ni des précautions à prendre pour atteindre le but malgré l'adversaire, ni enfin de la compétence du haut commandement.

(1) *Historique du grand État-major prussien,* VIII, 1228.
(2) Général DE WOYDE, *loc. cit.,* II, 275-276.

*
* *

Ainsi la principale erreur du général de Palikao est d'avoir admis légèrement que l'armée du prince royal de Prusse ne pourrait intervenir à temps pour secourir le prince royal de Saxe et Frédéric-Charles. Or, bien que le maréchal de Mac-Mahon eût réussi à dérober trois marches à la vigilance des Allemands, on sait qu'au moment où le kronprinz fut informé de notre mouvement, il n'était guère plus éloigné de Metz que l'armée française. Dès lors l'entreprise devait échouer. Mais si, au contraire, le kronprinz poursuivant sa marche sur Paris eût atteint le camp de Châlons au moment où nous nous fussions trouvés sur la Meuse, il est incontestable que nous aurions eu sur lui une avance de quatre marches qu'il lui eût été à peu près impossible de regagner. « Tel était donc le but que nous devions viser », a-t-on dit justement, et il est certain que, pour l'atteindre, il fallait retarder notre départ et « laisser avancer nos adversaires jusque près du camp, de manière que, par une sorte de chassé-croisé, nous pussions gagner du terrain sur la route de Metz, pendant qu'eux-mêmes continuaient à s'avancer sur Paris » (1).

(1) A. G., *loc. cit.*, 146.

Certes, l'entreprise ainsi conduite et entourée du secret absolu eût présenté des chances de succès. Mais, en retardant le départ, même de quelques jours, ne risquait-on pas de voir succomber Bazaine que l'on croyait dépourvu de vivres et de munitions (1)? A plus forte raison, avec l'idée que Palikao et Mac-Mahon se faisaient du dénuement de l'armée du Rhin, ne pouvaient-ils songer, comme on l'a proposé (2), à rejoindre assez à temps le maréchal Bazaine sur la Moselle, par le transport de l'armée de Châlons dans la haute vallée de la Saône et par une marche consécutive vers Metz, par Langres, Toul et la rive droite de la Moselle. Une telle manœuvre, malgré tous les résultats qu'on pouvait en attendre, n'eût été admissible que si l'on avait su Bazaine pourvu de vivres et de munitions pour un mois au moins. Or, Palikao comme Mac-Mahon étaient persuadés que le défaut d'approvisionnements réduirait promptement l'armée du Rhin à une capitulation. Au surplus, comment Mac-Mahon eût-il été amené à concevoir une telle opération quand,

(1) Le ministre de la Guerre au maréchal de Mac-Mahon, D. T., 21 août, 5 heures du soir; *Enquête sur les actes du Gouvernement de la Défense nationale*, Déposition de M. Rouher (citant l'appréciation de Mac-Mahon sur la situation critique de Bazaine au point de vue des approvisionnements en vivres et en munitions), I, 239. — Cf. *OEuvres posthumes de Napoléon III, le Livre de l'empereur*, 109.

(2) A. G., *loc. cit.*, 172 sqq.

dans son esprit, Bazaine était, le 22 août, sur le point de sortir de Metz pour se diriger vers les places du Nord, s'il n'était déjà en marche vers ce but? Au départ de Reims — l'observation mérite d'être retenue — Mac-Mahon n'a nullement l'intention d'aller jusqu'à Metz pour débloquer Bazaine; il se propose seulement de se porter à sa rencontre et d'opérer sa jonction avec lui sur l'Aisne ou tout au plus sur la Meuse. Donc, rien de plus logique assurément que les premières étapes de Mac-Mahon vers Montmédy; elles répondaient à la situation stratégique, qui pouvait changer du tout au tout en notre faveur si la jonction s'effectuait. En ne s'aventurant pas trop loin vers le nord-est, le maréchal ne courait aucun danger, à condition de laisser devant la IIIe armée un corps d'observation, de se faire flanquer sur sa droite, surtout de ne pas s'attarder dans l'Argonne si Bazaine n'arrivait pas, enfin, de tout préparer pour se soustraire, par une retraite rapide vers l'Oise, aux atteintes du prince royal de Prusse sur notre flanc droit et sur nos communications avec l'intérieur du pays.

Si le maréchal de Mac-Mahon ne prit pas, pour exécuter sa marche vers l'Aisne toutes les précautions nécessaires, si notamment il fit, suivant les errements de l'époque, un mauvais emploi de sa cavalerie, il faut reconnaître à sa louange qu'en recevant à Tourteron, dans la soirée du 26, la nouvelle de l'apparition de « forces considé-rables » sur son flanc droit, non loin de Grand-Pré (1), il n'hésita pas à prescrire pour le lende-main une conversion de toute l'armée vers le sud-est afin d'appuyer le général Douay. L'occa-sion était excellente, en effet, car les masses signalées appartenaient à l'armée de la Meuse, et le kronprinz était loin. Le 27, le XIIe corps qui se portait d'Apremont et de Varennes sur Dun eût été contraint de suspendre son mouvement et compromis peut-être, malgré le secours que lui aurait fourni sans doute une partie de la Garde en marche de Dombasle sur Montfaucon. Malheureusement, en apprenant que Douay n'était pas immédiatement menacé, le maréchal, mal éclairé par sa cavalerie, revint sur sa détermina-tion par une série de contre-ordres qui nous empêchèrent de remporter un succès partiel à peu près certain, de recueillir de précieux ren-seignements sur la force et la proximité de l'ar-mée de la Meuse, et de prendre possession sans coup férir des ponts de Dun et de Stenay.

On doit reconnaître aussi que, dès le 26, le maréchal eut le sentiment très juste de la situa-tion et des graves dangers qui le menaçaient, s'il

(1) Les unités de l'armée de la Meuse les plus voisines de ce point étaient : la *12*[e] division de cavalerie à Bantheville, la 5e division de cavalerie à Autry, le XIIe corps à Apremont et à Varennes.

poursuivait sa marche vers Montmédy. Il fit part
en effet à Bazaine de la nécessité où il se trouvait
de se retirer si le prince royal de Prusse se portait sur Rethel.

Le 27, cette résolution se précise et s'affermit.
Il a consenti, par esprit de solidarité, à se porter
de Reims vers Montmédy pour tendre la main à
Bazaine qu'il croyait alors sur le point de sortir
de Metz ou déjà en route vers les places du Nord ;
mais il sait désormais que, l'avant-veille au soir,
son collègue ne s'était point encore mis en marche.
Déjà sa retraite directe sur Paris est menacée par
le prince royal de Prusse, et il ne lui reste plus,
pour regagner la capitale, d'autre issue que de
passer par Mézières. Bien qu'il lui en coûte
d'abandonner l'armée de Metz, Mac-Mahon prend
dans la soirée une décision définitive et en avise
aussitôt Bazaine par l'intermédiaire du commandant de la place de Sedan. Le ministre de la
Guerre est informé également de cette détermination, et, dans la nuit, les ordres nécessaires
sont expédiés aux troupes.

Jusque-là, hormis quelques critiques de détail,
on ne peut qu'approuver le maréchal de Mac-
Mahon. Son mouvement de Reims vers le nord-
est jusqu'à l'Argonne, où il espère effectuer sa
jonction avec Bazaine, et sa résolution de se
replier sur Paris au moment où il est bien certain que son collègue est toujours sous Metz sont

raisonnables. Si, pour des raisons d'ordre politique, ce sage projet de retraite n'avait rencontré
à Paris une opposition aussi forte qu'injustifiée,
si Palikao s'était maintenu dans son rôle, au lieu
de puiser, « dans les difficultés mêmes, un surcroît d'obstination (1) », la France n'aurait pas
subi la plus douloureuse des catastrophes.

On sait comment le ministre de la Guerre in-
tervint par des affirmations téméraires et d'inad-
missibles injonctions pour pousser le maréchal
vers Metz afin de délivrer Bazaine, et comment
Mac-Mahon eut la faiblesse de céder et de se
résoudre à exécuter ce plan qu'il n'approuvait
pas. Jamais peut-être immixtion d'un gouvernement dans la conduite des armées ne fut plus
funeste, et cet exemple montre avec quelle énergie
un général en chef doit repousser une semblable
intervention qui constitue une violation flagrante
de ses prérogatives et une atteinte aux intérêts
essentiels du pays et de l'armée. S'il appartient
au gouvernement de préciser le but final que doit
atteindre la stratégie, le commandant en chef a
seul qualité pour choisir et mettre en œuvre les
moyens d'exécution. Aux injonctions de Palikao,
Mac-Mahon devait répondre par le maintien de
son projet de retraite ou par l'offre de sa démission. En ne résignant pas ses fonctions, sui-

(1) Pierre DE LA GORCE, *loc. cit.*, VII, 257.

vant l'avis maintes fois exprimé formellement par
Napoléon, il partage avec Palikao la responsabilité du désastre de Sedan. Il s'en faut pourtant
que l'armée soit perdue dès le 28 août; mais,
désormais, le commandement suprême va entasser fautes sur fautes et aggraver de jour en
jour sa situation déjà critique jusqu'à la rendre
à peu près désespérée, puis sans issue.

*
* *

De toutes les erreurs commises par le maréchal
de Mac-Mahon dans les journées suivantes, la
plus funeste, peut-être, est d'avoir marché sur
Metz, en se glissant (1), pour ainsi dire, devant les
armées allemandes et en évitant soigneusement
toute rencontre, au lieu de saisir toutes les occa-
sions d'attaquer et d'éclaircir la situation (2). Le
ministre de la Guerre venait de lui affirmer que
l'armée avait une avance de trente-six heures,
sinon de quarante-huit, sur celle du prince royal
de Prusse. Vrai ou faux, le renseignement devait
être confirmé au plus tôt par une offensive énergique qui eût procuré un succès sur l'armée de
la Meuse ou montré que la retraite sur Mézières
s'imposait. Si donc l'ennemi se présentait, il fallait aller droit sur lui. Si, dès ce jour, « on n'était

(1) Le mot est du général de Woyde (*loc. cit.*, II, 272).
(2) Von Scherff, *Kriegslehren*, V, 153.

pas fermement résolu à livrer bataille au prince de Saxe et à l'écraser sur notre passage à tout prix, cette marche par le nord, où nous avancions dans une langue de terre étroite, bordée d'un côté par la frontière belge et de l'autre par les colonnes ennemies, entraînait d'avance la perte certaine de l'armée réduite à la fuite en pays neutre ou à la lutte inégale, dès que l'armée de la Meuse et l'armée du prince royal parviendraient à faire leur jonction (1) ». Sans doute, en combattant on s'exposait à perdre une partie de cette avance, mais l'inconvénient ne pesait guère en balance avec le résultat que l'on pouvait obtenir.

Telle fut la décision que prit dès l'abord et d'instinct le duc de Magenta. Les troupes, déjà en marche sur Mézières, reçurent contre-ordre et reprirent la direction de Montmédy. Mais, dans la soirée, survient la nouvelle de l'occupation de Stenay par une division ennemie. L'occasion était favorable pour écraser un détachement allemand isolé et franchir la rivière ou pour livrer une bataille qui, favorable ou non à nos armes, pouvait seule décider de la possibilité de la marche vers Metz. Par un regrettable revirement, le maréchal résolut de passer la Meuse à Mouzon et à Remilly, puis de se porter par Carignan et Montmédy sur Metz. Bientôt, suivant le mot

(1) *Histoire de l'armée de Châlons*, par un volontaire de l'armée du Rhin, 85.

d'un témoin, cette marche en avant va ressembler à une retraite. « A force d'indécisions et d'heures perdues, nous étions devenus une armée qui marchait pour ne pas se battre, et, chaque jour, ces troupes, loin de s'aguerrir par des escarmouches continues et des engagements, qui leur auraient donné le sentiment de leur force et l'habitude du feu, s'amoindrissaient au régime dissolvant de la fuite périodique (1). » De plus, le détour est sensible, l'ennemi dispose de l'itinéraire le plus court pour atteindre Montmédy avant nos colonnes et leur barrer la route ; enfin les dangers vont augmenter de jour en jour avec la plus grande proximité de la frontière belge. Par surcroît, l'étape prescrite aux troupes pour le 29 est faible. Or, la résolution une fois prise d'aller jusqu'à Metz, la seule chance de succès qui nous reste consiste évidemment dans une marche rapide, sans tergiversations, sauf pourtant le cas où l'ennemi se présenterait. Cette circonstance se produisit le 29, dans des conditions particulièrement propices au succès de nos armes.

Le 25 août, les deux armées allemandes, encore orientées vers le nord-ouest, ont atteint le front Clermont-en-Argonne, Triaucourt, Vavray-le-Grand, Vitry-le-François, Montiérender. Dès la veille, Moltke est en possession de renseigne-

(1) *Histoire de l'armée de Châlons,* par un volontaire de l'armée du Rhin, 117.

ments qui lui font entrevoir le mouvement de Mac-Mahon vers Montmédy, mais il a voulu attendre des informations plus précises avant de modifier la direction assignée à ses colonnes. Les rapports de la journée du 26 achevant de dissiper tous les doutes, il décide que les deux armées allemandes exécuteront une conversion vers le nord et, dans les premières heures de la matinée du 27, le mouvement est en pleine exécution. Grâce à un excellent emploi de sa cavalerie et à l'absence totale de service de sûreté du côté français, Moltke ne tarde pas à recevoir la nouvelle de l'existence de vastes campements français le long de la route de Vouziers à Buzancy. Très sagement, il juge opportun de ne pas provoquer l'offensive de Mac-Mahon jusqu'au moment où il aura pu concentrer des forces suffisantes. Aussi invite-t-il le prince de Saxe à réunir d'abord, le 29, de bonne heure, les trois corps de l'armée de la Meuse sur la ligne Landres, Aincreville; l'offensive ultérieure vers la route Vouziers, Buzancy, Stenay demeure « réservée », mais il n'est pas interdit au prince d'occuper la route de Buzancy si l'on n'y trouve que de faibles forces adverses. Au mépris de ses instructions et avant d'avoir reçu de sa cavalerie des renseignements précis sur la situation des Français, le prince de Saxe prescrit au XIIe corps et à la Garde d'atteindre la ligne Nouart, Buzancy et décide même qu'une avant-garde saxonne suivrait la *12*e division de cavalerie, par Nouart et Oches, vers la route du Chesne à Beaumont. Il leur rappelle, il est vrai, qu'il s'agit uniquement de s'enquérir des positions de l'adversaire et que l'intention du commandant en chef est de ne pas livrer bataille avant le lendemain. Mais, quelque nom que le prince de Saxe donnât aux mouvements ordonnés, ce n'en était pas moins une opération offensive, dont l'exécution pouvait entraîner une rencontre avec des forces supérieures à celles de l'armée de la Meuse. Le prince était donc en opposition formelle avec les ordres reçus du grand quartier général et, de plus, en contradiction avec les nécessités de la situation stratégique. Il importait en effet, avant tout, de laisser Mac-Mahon s'enferrer vers Montmédy sans lui dévoiler le péril qui le menaçait sur son flanc droit et sur ses derrières, et de se garder de toute offensive prématurée qui l'eût décidé peut-être à battre en retraite vers le nord-ouest. Un succès, comme un échec partiel, pouvait tout compromettre.

En réalité, les dispositions prises par le prince de Saxe le 29 eurent pour effet l'insignifiant et indécis combat de Nouart entre le corps de Failly et les Saxons, ceux-ci ne se proposant d'abord qu'une reconnaissance, celui-là demeurant immobile sur ses positions. Le reste de l'armée

française exécuta les étapes prescrites : le 1er corps
atteignant Raucourt, le 7e, Oches et Saint-Pierre-
mont, le 12e s'établissant à l'est de Mouzon. Mais
si, comme tout semblait l'y convier, Mac-Mahon
se fût porté avec toutes ses forces au secours du
général de Failly, une affaire générale se fût engagée sans doute avec l'armée de la Meuse. Selon
toutes probabilités, et de l'aveu de deux écrivains
militaires allemands très qualifiés (1), la supériorité numérique de l'armée française lui eût
assuré la victoire. Malheureusement le maréchal
ne songeait à rien moins qu'à une attaque. Notre
haut commandement d'alors n'envisageait pas la
bataille avec toute l'importance qu'elle mérite.
Suivant certaines méthodes du dix-huitième siècle,
il était imbu d'idées fausses sur la valeur intrin-
sèque du terrain, sur la vertu de manœuvres dites
savantes, et ne concevait pas « qu'un succès réel
ne peut être obtenu, à la guerre, par de simples
marches, ni par l'occupation des positions choi-
sies, mais qu'il doit être, au contraire, *le prix d'un
triomphe remporté sur l'adversaire, à la suite d'un
combat et d'une victoire* (2) ».

La journée du 29 est la dernière qui offre à
Mac-Mahon l'occasion de remporter un avantage
sur l'ennemi. Dès le lendemain, la IIIe armée va

______

(1) Prince DE HOHENLOHE, *loc. cit.*, II, 249 ; VON SCHERFF, *loc.
cit.*, 150 sqq.
(2) Général DE WOYDE, *loc. cit.*, II, 270.

parvenir à la hauteur de l'armée de la Meuse, et Moltke, croyant pouvoir disposer désormais de forces suffisantes, prescrit une offensive générale et convergente sur Beaumont.

Selon le système habituel du stratège allemand, la manœuvre est montée sur une hypothèse, la plus vraisemblable sans doute, celle qui répond aux dispositions les plus logiques de l'adversaire; mais les Français ne sont ni reconnus ni fixés, et l'attaque risque de donner dans le vide.

*
* *

Après une marche de nuit mal ordonnée de Nouart à Beaumont, de Failly a établi les bivouacs du 5ᵉ corps autour de cette localité, à quelques centaines de mètres de forêts dont la lisière opposée n'est pas gardée, sans se préoccuper de ce qu'est devenu l'ennemi qui l'a attaqué la veille, sans même se couvrir par des avant-postes. Cependant, le 30 août, à l'aube, l'armée de la Meuse s'est ébranlée. Vers midi, les obus s'abattent sur les camps français où règne la plus parfaite et la plus injustifiable quiétude. Une fois de plus, dans cette malheureuse guerre, nous sommes surpris au bivouac. Après une confusion et un désarroi extrêmes, la résistance s'organise vigoureuse, et c'est seulement après de longs efforts que, vers 2 heures, les Allemands s'emparent de Beaumont. Le 5ᵉ corps a pris position tant bien que mal sur les hauteurs au nord, puis le général de Failly ordonne la retraite sur Mouzon sous la protection d'une forte arrière-garde qui ralentit suffisamment les progrès des Allemands pour les empêcher d'arriver à la Meuse avant 8 heures du soir. Mais, par suite de l'incurie de son chef, le 5ᵉ corps a perdu 5 000 hommes; il est désorganisé et fortement atteint dans son moral.

Douay, à la tête du 7ᵉ corps, est parti d'Oches le même jour à 8 heures du matin, après avoir reçu du maréchal de Mac-Mahon en personne l'ordre de franchir la Meuse le soir même, « coûte que coûte » . En appprochant de Stonne, il entend le canon à sa droite, puis il aperçoit le théâtre de la lutte et se rend compte de la situation critique du 5ᵉ corps. Après avoir songé un instant à secourir son collègue, il juge, en l'absence d'instructions nouvelles du commandant en chef, qu'il aut se conformer à la lettre à celles qu'il a reçues et se hâter vers les points de passage de la Meuse. La situation nouvelle, imprévue, exigeait pourtant, de la part de Douay, une détermination qui, sans annuler les ordres du maréchal, les reléguerait momentanément au second plan. Selon le mot de Napoléon, « le premier principe de la guerre veut que, dans le doute du succès, on se porte au secours d'un de ses corps attaqués, puisque de là peut dépendre son salut (1) ». Mais l'obéissance stricte aux ordres du maréchal l'emporta sur l'évidence du péril que courait de Failly et sur le sentiment de solidarité. Bien plus, à la vue de la déroute de la division Conseil Dumesnil, Douay s'éloigna encore davantage du champ de bataille et se dirigea sur le pont de Remilly, bien que ce passage fût déjà affecté à Ducrot et aux cuirassiers Bonnemains. Sur Douay retombe donc en partie la responsabilité de la défaite de Beaumont, car il était en son pouvoir d'en atténuer l'étendue. Sa personnalité, pas plus que celle de la plupart de nos chefs d'alors, n'est en cause, mais bien la centralisation excessive alors en usage dans l'armée française, bannissant toute initiative et n'admettant que l'exécution littérale des ordres donnés par l'autorité supérieure.

Ducrot, moins voisin du champ de bataille que Douay, crut devoir, comme son collègue, se conformer à « l'ordre très positif » qu'il avait reçu ; il resta inactif lui aussi. Seul, Lebrun fit preuve d'initiative en s'empressant de renvoyer par Mouzon sur la rive gauche de la Meuse, au secours de Failly, toute la division Grandchamp, une brigade de la division Vassoigne et presque toute sa cavalerie. Ce fut le maréchal de Mac-Mahon qui

____

(1) Berthier à Victor, Vitoria, 6 novembre 1808 (*Correspondance de Napoléon*, n° 14445).

s'opposa à ce mouvement et ne laissa passer que des renforts insuffisants. Il dut regretter, quelques heures après, à la vue de l'état de désorganisation où se trouvaient les troupes de Failly, d'avoir réduit de la sorte l'initiative de Lebrun.

Durant toute la journée, « le mauvais génie, qui, de Paris, obligeait le maréchal à exécuter ce mouvement vers l'est (1) », garda sa funeste influence : Mac-Mahon se maintint dans l'idée fixe de ne pas soutenir les deux corps engagés, de se dérober sans combattre, d'obéir à tout prix (2). Mais cette obéissance même n'impliquait nullement le refus de combattre. « Quand on ne put plus mettre en doute l'arrivée de l'ennemi par le sud, a dit Moltke, le mieux eût certes été de prendre l'offensive dans cette direction, afin de le battre ou pour le moins de le refouler loin de la ligne de marche. Si on n'y réussissait pas, on se serait au moins rendu compte que la marche vers l'est n'était pas praticable et que forcément il en résulterait une catastrophe (3). » A en juger par les actes de Mac-Mahon, il semblait au contraire qu'il suffît d'atteindre la rive droite de la Meuse pour être assuré du succès de l'entreprise. Or, en admettant même que tous les corps fus-

(1) Prince DE HOHENLOHE, *loc. cit.*, II, 351.
(2) *Ibid.*, 255.
(3) *Mémoires du maréchal de Moltke. La Guerre de 1870*, (traduction Jaeglé), **92**.

sent parvenus à échapper le 30 aux atteintes de
l'adversaire et à continuer la marche vers l'est, la
situation de l'armée n'en eût pas moins été très
compromise : Mac-Mahon aurait vraisemblablement éprouvé à Montmédy, le lendemain ou le
1ᵉʳ septembre, le désastre qui se produisit à Sedan.
Cette issue était à peu près fatale si le maréchal
de Mac-Mahon persistait à poursuivre son mouvement sur Metz à si courte distance de la frontière
belge. Aussi, malgré ses graves conséquences, la
défaite de Beaumont offrait au moins l'avantage
de permettre au commandant en chef de ne plus se
méprendre sur l'imminence et l'étendue du danger (1). Si donc le ministre de la Guerre encourt
la première responsabilité de la situation critique
où se trouvait l'armée, le maréchal, par les fautes
d'exécution commises depuis deux jours et notamment par sa persistance à refuser le combat,
a contribué pour une large part à la perte de
l'armée (2). A-t-il cru n'avoir affaire qu'à des détachements chargés de retarder sa marche? L'argument, valable pour Nouart, ne saurait être
admis pour Beaumont, où l'énergie de l'attaque
et l'importance de l'artillerie mise en ligne déno-
taient des effectifs considérables. Il semble bien

(1) « A partir de ce moment, un aveugle lui-même se serait
rendu compte des faits... » (Général DE WOYDE, *loc. cit.*, II,
303).

(2) A. G., *loc. cit.*, 82-83.

certain toutefois que si le maréchal se fût décidé à soutenir de Failly avec toutes ses forces sur la ligne Bois Givodeau, Yonck, Raucourt en appuyant sa droite au canal des Ardennes, la lutte se serait poursuivie jusqu'au soir sans désavantage pour nos armes. La retraite sur Mézières, consécutive à cette bataille, eût été le salut. On ne s'explique même pas que le maréchal n'ait pas provoqué un engagement général, puisque, suivant Lebrun, il croyait n'avoir devant lui que 60 000 à 70 000 hommes (1). Notre haut commandement semblait avoir fait siennes les idées des plus médiocres généraux du dix-huitième siècle : « La science de la guerre ne consiste pas seulement à savoir combattre, mais encore à l'éviter, à choisir ses postes, à diriger ses marches de telle sorte que l'on parvienne à son but sans se compromettre... qu'on ne se détermine à combattre que dans le cas où on le croit absolument nécessaire (2). »

Faute d'avoir pris le parti d'attaquer l'ennemi, au lieu de se dérober sans cesse, Mac-Mahon se trouvait, à la fin de la journée du 30 août, dans une situation des plus difficiles et, pour soustraire l'armée à un désastre, pour lui faire encore

---

(1) Général LEBRUN, *loc. cit.*, 74 (Conversation de Lebrun avec le maréchal, le 30 août, entre 8 h. 30 et 9 heures du soir).

(2) JOLY DE MAIZEROY, *Théorie de la guerre* (Lausanne, 1777), 337-338.

atteindre Mézières, une prompte décision suivie d'une habile exécution était indispensable. Mais il était dit que, jusqu'au bout de cette campagne, nos ennemis seraient favorisés par nos fautes : « Si inconcevables qu'aient été les erreurs des jours précédents, on pouvait aller encore plus loin dans la voie de l'aveuglement; après avoir conduit l'armée française jusqu'au bord de l'abime, on pouvait l'y précipiter (1). »

Dans la soirée du 30 août, à l'issue de la bataille de Beaumont, Mac-Mahon, jugeant clairement quelle est sa seule chance de salut, prend le parti de se « reporter le plus tôt possible vers l'ouest », et, à 8 heures du soir, il donne « l'ordre à toute l'armée de se diriger pendant la nuit sur les hauteurs de Sedan ». Loin de songer à ce moment à livrer bataille avec l'appui de la forteresse, il se proposait seulement d'y « rallier et de réorganiser les éléments de l'armée, de leur donner un peu de répit et de les approvisionner (2) », puis de battre en retraite sur Mézières.

Une seconde fois donc, au cours de ces opé-

(1) A. G., *loc. cit.*, 84.
(2) *Enquête...*, Déposition du maréchal de Mac-Mahon, I, 37. — Cf. le général Broye au général de Vaulgrenant, 6 novembre 1906 (Papiers du général Broye).

rations de l'armée de Châlons, il eut l'intuition de la seule manœuvre qui pût le sauver. Mais ce ne fut qu'une lueur passagère... Deux jours encore, et, par sa soumission aux injonctions de Palikao, par son obstination à éviter tout engagement et par ses incessantes tergiversations, l'énergique et glorieux soldat de Malakoff et de Magenta rendra une catastrophe à peu près inévitable.

Tout d'abord, il admit malheureusement que les Allemands lui laisseraient le répit de vingt-quatre heures nécessaire, et une circonstance locale aggrava encore cette erreur : l'existence de la place de Sedan. Suivant une juste observation, le maréchal y fut attiré « par l'influence magnétique que le mot forteresse exerce sur tous ceux qui ont besoin de secours et de protection à la guerre (1) ». Il est permis de penser que les événements eussent pris une tournure toute différente si Sedan avait été une ville ouverte. Mac-Mahon n'aurait eu aucune raison d'accumuler toute l'armée autour d'elle et se serait efforcé au contraire, malgré la lassitude des troupes, de pousser au moins quelques unités dans la direction de Mézières. Sans doute, l'armée était incapable ce jour-là « de faire une marche de guerre régulière (2) » ; mais certaines fractions, les

(1) Prince de Hohenlohe, *loc. cit.*, II, 333.
(2) *Mémoires du maréchal de Moltke. La Guerre de 1870*, 109.

moins fatiguées, auraient pu certainement gagner quelques kilomètres de plus vers l'ouest. Au lieu de diriger notamment tout le 7e corps sur Sedan, Mac-Mahon eût acheminé sur Donchery la division Liébert et la réserve d'artillerie qui n'avaient pu franchir la Meuse à Remilly dans la soirée du 30 (1); il eût porté la division Dumont jusqu'à Vrigne-aux-Bois. Au lieu d'arrêter le 12e corps sur la Givonne, il eût poussé sans doute la division Lacretelle, qui avait été à peine engagée le 30, jusqu'à Saint-Menges et Vrigne-aux-Bois, de façon à tenir les débouchés occidentaux du défilé de Saint-Albert, où passe, entre la Meuse et le bois de la Falizette, le chemin de Mézières par la rive droite de la Meuse. Ces mesures eussent été heureusement complétées par l'envoi à Nouvion de la division Blanchard du 13e corps. S'il était urgent d'accorder aux troupes un repos rendu indispensable par la bataille du 30 et la marche de nuit consécutive, tout commandait aussi au maréchal de tenir en même temps les passages de la Meuse en aval de Sedan et de disposer les points de stationnement afin d'atteindre Mézières le plus tôt possible. Mais la pensée lui vint que « Sedan, avec ses ouvrages fortifiés et les inondations de la Meuse, couvrirait provisoire-

----

(1) Ces fractions auraient eu à franchir, en plus de leur parcours réel, la distance de Torcy à Donchery, c'est-à-dire cinq kilomètres seulement.

ment l'armée et la préserverait d'un combat immédiat avec l'ennemi » ; il ne vit que le parti à tirer de cette protection pour remettre ses troupes en ordre et les ravitailler : la forteresse l'attira « absolument comme Bazaine avait été fasciné pour son malheur par la place de Metz (1) ».

Toute l'armée vint donc s'entasser autour de Sedan à l'intérieur d'une sorte de triangle jalonné par Illy, Floing, Sedan, Bazeilles, Daigny, Givonne. C'était une masse sans articulation, sans avant-gardes vers Mézières et Carignan, sans le moindre détachement de flanc sur les hauteurs dangereuses de Frénois, sans débouchés, sans autre retraite que la ville de Sedan. « Jamais armée n'avait été placée dans des conditions aussi défavorables, a dit plus tard Napoléon III. Généralement on suit un plan d'opérations bien défini, assurant une ligne de retraite sur laquelle sont les réserves, les ambulances, etc. Ici, au contraire, nos troupes risquaient d'être entourées de tous côtés, sans ligne de retraite, et si elles avaient le malheur de vouloir se réfugier dans la ville, elles ne pouvaient que se précipiter dans un défilé inextricable à travers des portes étroites et des rues encombrées de chariots et de bagages (2). » Mais l'empereur, qui écrivait ces lignes après la guerre, était moins clairvoyant

(1) Prince DE HOHENLOHE, *loc. cit.*, 256.
(2) *Des causes qui ont amené la capitulation de Sedan*, 21.

le 31 août 1870. La division Blanchard, du 13ᵉ corps, débarquée à Mézières, eût contribué à assurer une ligne de retraite en se portant au-devant de l'armée, en empêchant l'ennemi de franchir la Meuse à Donchery et à Dom-le-Mesnil, en tenant par cela même les débouchés occidentaux du défilé de Saint-Albert, porte de sortie vers Mézières. L'empereur télégraphia au contraire au général Vinoy, dans la matinée du 31 août : « Les Prussiens s'avancent en forces : concentrez toutes vos troupes dans Mézières. » On ne peut s'expliquer cette mesure d'excessive prudence que par une nouvelle incurie ou un complet aveuglement.

Par surcroît, l'indécision du maréchal de Mac-Mahon reprend le dessus. Fermement résolu le 30 août au soir à abandonner l'irréalisable projet de délivrer Bazaine et à battre en retraite vers Mézières, il reçoit le lendemain matin des télégrammes du ministre et de l'impératrice qui, en le pressant de reprendre sa marche vers Metz, le plongent dans la plus grande perplexité. Pas plus que le 27, il n'a la volonté de s'en tenir au sage parti qu'il a adopté, et ses tergiversations achèveront de produire le désastre final.

Dans l'après-midi du 31, Mac-Mahon songe d'abord à accorder aux troupes un second jour de repos le lendemain et, au besoin, à livrer bataille sur place, puis il renonce à ce dessein et revient à l'idée de reprendre son mouvement, sans qu'il puisse se déterminer sur la direction à suivre : Mézières ou Metz. A la nouvelle de la marche de colonnes ennemies sur Donchery, il penche pour Metz. De son propre aveu d'ailleurs, croyant n'avoir devant lui que l'armée de la Meuse, il n'est « point inquiet », et demeure convaincu que sa supériorité numérique lui permettra de passer « dans l'une quelconque des deux directions (1) ». Le soir venu, Mac-Mahon ne s'est arrêté définitivement à aucun parti, même pas à l'envoi au défilé de Saint-Albert d'une division qui occuperait solidement le passage et les débouchés à l'ouest, et servirait soit d'avant-garde dans le cas de la retraite sur Mézières, soit d'arrière-garde si l'armée reprenait sa marche vers Metz. Après la bataille de Beaumont et le combat de Bazeilles de l'après-midi, sa quiétude, dans la soirée du 31 août, ne peut guère s'expliquer.

Les Allemands mettaient à profit notre déplorable inaction. Dès le 30, dans la nuit, Moltke avait lancé de Buzancy des ordres pour la continuation, dès l'aube, de « l'offensive concen-

---

(1) Maréchal DE MAC-MAHON, *Souvenirs inédits.*

« Le maréchal de Mac-Mahon... a raconté après la capitulation qu'il avait souvent été induit en erreur, parce que les Allemands étaient commandés par deux kronprinz; tantôt on lui signalait l'armée du kronprinz à droite, tantôt c'était à gauche, de sorte qu'il n'y comprenait plus rien » (HOHENLOHE, *loc. cit.,* II, 302).

trique » afin de nous acculer dans un espace aussi restreint que possible entre cette rivière et la frontière belge. Au prince de Saxe incombait la mission de nous interdire les routes de l'est, tandis que le prince royal de Prusse nous menacerait de front et déborderait notre flanc droit en franchissant la Meuse en aval de Sedan. Moltke s'abstiendra d'autres instructions, laissant aux subordonnés le choix des moyens d'exécution et comptant sur leur esprit d'initiative et de solidarité : son intervention se bornera désormais à un court entretien avec Podbielski et Blumenthal et à l'ordre donné à l'armée de la Meuse d'attaquer de bonne heure pour nous retenir sur nos positions et nous empêcher de battre en retraite sur Mézières, manœuvre dont le grand quartier général allemand nous prête inexactement l'intention (1).

Tandis que les premières heures de la matinée du 1er septembre sont caractérisées du côté allemand par un redoublement d'activité, elles s'écoulent, au quartier général français, dans l'irrésolution, presque dans l'apathie du maréchal. A qui, sinon à lui, incombe la responsabilité de notre inaction absolue et de l'entière liberté de manœuvres laissée aux Allemands?

(1) « Le grand état-major croyait que le maréchal tenterait la retraite sur Mézières. Aussi l'armée de la Meuse reçut-elle l'ordre d'attaquer l'ennemi dans ses positions afin de l'y retenir... » (*Mémoires du maréchal de Moltke, loc. cit.*, 109).

*
* *

Le 1ᵉʳ septembre, au point du jour, la bataille commence par l'attaque des Bavarois sur
Bazeilles. Malgré de nombreux indices, le maréchal ne soupçonne pas plus que la veille la double
manœuvre enveloppante qu'exécutent les Allemands en forces supérieures pour intercepter à la
fois les routes vers Montmédy et notre ligne de
retraite sur Mézières (I). Subissant sans cesse la
volonté de l'ennemi, il attend à son quartier général des renseignements de sa cavalerie. Moltke,
il est vrai, n'a pas davantage donné d'ordres
pour le 1ᵉʳ septembre, mais ses directives du
30 août ont tout au moins spécifié ses intentions
et assigné aux deux principaux subordonnés leur
rôle dans la manœuvre d'ensemble. L'armée française va donc recevoir le choc sur les emplacements mêmes où elle a installé ses bivouacs la
veille.

Est-ce à dire, ainsi que l'a déclaré Moltke, que
l'armée française « pouvait simplement se battre
là où elle était postée (2) » ? L'appréciation est pes-
simiste. Sans la discuter, il est évident qu'après
une nuit de repos, une division de Douay eût pu
se porter, le 1ᵉʳ septembre au jour, de Floing

(1) Maréchal DE MAC-MAHON, Souvenirs inédits.
(2) *Mémoires du maréchal de Moltke, loc. cit.*, 109.

à Saint-Menges, et occuper le défilé de Saint-Albert, les hauteurs de Bellevue et le mamelon du Hattoy. La nouvelle de la présence de l'ennemi à Donchery suffisait pour rendre cette précaution obligatoire. Si l'on se rappelle la belle résistance de la division Liébert sur le plateau de Floing (1), il est permis de penser que cette seule mesure eût retardé assez longtemps les colonnes de la IIIe armée pour empêcher les Allemands de réaliser l'enveloppement dans la journée. Suivant le prince de Hohenlohe, un général allemand se trouvant, pendant la guerre de 1870, à la place de Douay, à Floing, n'aurait pas hésité à occuper le défilé de Saint-Albert au plus tard le 1er septembre de grand matin, et cela sans attendre des ordres. Mais les généraux français, ajoute Hohenlohe, « n'avaient pas été élevés dans ces idées d'initiative ; ceux qui en faisaient preuve n'étaient pas encouragés (2) ». De même, faute d'instructions du commandant en chef, l'importante position du Calvaire d'Illy demeura inoccupée, et il fallut au cours de la bataille en improviser tant bien que mal la défense. Ducrot, pourtant, eut l'heureuse idée de ne pas rester immobile sur les hauteurs à l'ouest de la Givonne : dès le matin, il envoya, de son propre mouvement, sur la rive gauche du ruisseau, le géné-

(1) Voir *suprà*, p. 115.
(2) Prince DE HOHENLOHE, *loc. cit.*, II, 308.

ral de Lartigue avec une brigade et l'artillerie divisionnaire. C'était peut-être une arrière-garde qu'il établissait à l'avance en prévision de la retraite de l'armée sur Mézières. Malheureusement, l'effectif était insuffisant et l'exécution fut fautive : Lartigue se déploya derrière des bois dont il ne tenait pas la lisière opposée. Aussi fut-il assez promptement rejeté sur la rive droite.

Hormis cette opération de faible envergure, l'armée française attendit passivement, comme toujours dans cette guerre, l'attaque de l'adversaire. Elle avait, sans nul doute, l'avantage d'occuper une position centrale en face des Allemands scindés en deux fractions par leur manœuvre même. Mais, pour tirer parti de cette situation, l'offensive s'imposait. Sinon, l'ennemi pouvait achever paisiblement ses mouvements, relier ses deux groupes encore séparés, choisir son heure et son point d'attaque, fermer enfin, autour de notre armée inerte, les deux branches de la tenaille qui, dès les premières heures de la matinée du 1ᵉʳ septembre, menaçaient nos ailes.

En admettant que le maréchal de Mac-Mahon eût, à ce moment, compris la nécessité de l'offensive, de quel côté devait être porté son principal effort? Suivant l'opinion d'un critique averti, l'armée française aurait pu, avec trois corps d'armée, en s'avançant vers l'ouest « sur un large front », courir la chance d'attaquer les Vᵉ et

XIe corps avant leur entier déploiement; « telle
aurait été, en tout cas, la meilleure solution à
adopter... car elle lui aurait permis de battre en
retraite, non seulement jusqu'à Mézières, mais,
probablement aussi, encore plus loin (1) ». Bien
que la marche « sur un large front » eût présenté
les plus grandes difficultés en l'absence de routes
suffisantes, on ne saurait nier la possibilité d'un
succès partiel obtenu dans cet effort vers l'ouest,
surtout s'il avait été entrepris dès l'aube à l'ouest
du défilé et avec le concours des fractions du
13e corps venues de Mézières au-devant de l'armée.
Mais les trois ou quatre divisions laissées en couverture sur la Givonne auraient eu difficilement
le temps de traverser le défilé de Saint-Albert
avant l'irruption sur leurs derrières de l'armée
de la Meuse, et n'auraient eu probablement
d'autre issue que de se jeter dans les bois de la
Falizette en abandonnant tout leur matériel. On
pouvait encore concevoir une autre manœuvre
vers l'ouest : elle eût consisté à arrêter les Allemands au débouché du défilé et à les rejeter à
l'intérieur par d'énergiques contre-attaques (2).
Mais, dans cette hypothèse, en supposant que l'armée fût demeurée intacte jusqu'au soir et eût
évité l'enveloppement, la seule ressource eût consisté dans la tentative très difficile, il est vrai, de

(1) Général DE WOYDE, *loc. cit.*, II, 387
(2) Cf. A. G., *loc. cit.*, 115.

gagner Mézières à travers bois, le long de la frontière belge ou dans la retraite sur le territoire neutre.

Un écrivain militaire allemand, von Scherff, a préconisé au contraire un mouvement offensif de l'armée française vers l'est, sous la protection du corps d'armée de Douay formant barrage au débouché oriental du défilé de Saint-Albert. Laissant en outre une division entre la Moncelle et Balan pour tenir tête aux Bavarois, le maréchal de Mac-Mahon se serait porté, au point du jour, avec neuf divisions d'infanterie, au delà de la Givonne, vers Pouru-aux-Bois, Douzy. Une bataille de rencontre se serait vraisemblablement produite au nord de Douzy : aux 80 000 Français, les Allemands ne pouvaient guère opposer que cinq divisions ou 60 000 hommes, et, selon von Scherff, le maréchal aurait eu pour lui de réelles chances de succès au moins momentanées (1). Eût-ce été le salut ? Il serait assurément téméraire de l'affirmer. Une partie de la IIIe armée (2), après avoir écrasé le 7e corps, serait sans doute intervenue le lendemain sur les derrières de l'armée française, qui eût été retardée de front par deux corps de Frédéric-Charles accourus de Metz au secours du prince de Saxe. Comment d'ailleurs le maréchal

---

(1) Von Scherff, *loc. cit.*, V, 276-280.

(2) V[e], VIe, XIe corps et un corps bavarois, sans compter les 2e et 4e divisions de cavalerie au moins.

se serait-il ravitaillé en munitions après une journée de bataille? Aussi est-il plausible d'admettre
que, même après un premier succès local, le
désastre final se serait produit à bref délai entre
Carignan et Montmédy. Des deux solutions offen-
sives vers l'ouest ou vers l'est, il est donc permis de préférer la première : à condition de
franchir le défilé de Saint-Albert assez tôt dans la
matinée (1), le maréchal ne se heurtait qu'à
deux corps d'armée et à la division wurtembergeoise, assurait la jonction avec le 13ᵉ corps, se
ménageait à bref délai l'appui de la place de
Mézières et la possession d'une voie ferrée pour
les ravitaillements de toute nature; il s'ouvrait
enfin la retraite vers l'intérieur du pays.

Lorsque, vers 6 heures du matin, le maréchal de Mac-Mahon, atteint par un éclat d'obus (2),
désigna pour lui succéder le général Ducrot qu'il
considérait avec raison comme le plus digne
d'assumer la lourde charge de la direction des

(1) En s'ébranlant à 4 heures du matin, le corps Douay,
bivouaqué à Floing et au nord-est, pouvait avoir entièrement
passé le défilé de Saint-Albert à 7 heures.

(2) Le prince de Hohenlohe suppose que le maréchal « a dû
chercher à mourir sur le champ de bataille » (*loc. cit.*, II,
325). Dans ses Souvenirs inédits, le maréchal a vivement pro-
testé contre cette hypothèse.

opérations, la situation n'était pas encore désespérée. Sans doute, il fallait non plus songer à vaincre, mais seulement à éviter l'encerclement et la capitulation en rase campagne. On peut dire à la louange de Ducrot, que, seul peut-être parmi les généraux de l'armée, il entrevit le péril qui naissait du mouvement d'enveloppement exécuté par les Allemands. En recevant, vers 8 heures du matin, l'ordre de prendre le commandement en chef, ce ne fut pas pourtant à l'idée de la retraite immédiate sur Mézières qu'il s'arrêta, mais à celle de la *concentration préalable* de l'armée sur les hauteurs d'Illy, Fleigneux. Cette opération terminée, il verrait, suivant sa propre expression, ce qu'il y aurait à faire (1).

Il n'y a donc pas lieu d'examiner, avec un certain nombre d'écrivains militaires, si la retraite sur Mézières, qu'ils ont supposée ordonnée vers 8 heures du matin, eût été exécutable ou non, puisque Ducrot n'a point donné d'instructions à cet effet : « Voyez, disait-il, au Conseil d'Enquête sur les Capitulations, quelle eût été la différence de situation si toute notre armée eût été massée sur cette magnifique position du Calvaire d'Illy à Fleigneux. Le mouvement aurait été commencé à 7 h. 30 (2) ; il est bien certain qu'il eût été

(1) Conseil d'Enquête sur les Capitulations, Déposition du général Ducrot.
(2) Plus tard, en réalité, à 8 h. 30 au plus tôt.

achevé à 11 heures. Nous nous serions par conséquent trouvés, avec nos 200 bouches à feu, toute
notre infanterie, nos quatre divisions de cavalerie,
vers midi, tout préparés. Nous avions, à ce mo-
ment-là, des chances d'écraser la tête de colonne
ennemie qui se présentait. »

Sans nul doute, l'armée française eût été ainsi
en situation un peu meilleure; elle eût échappé
momentanément à l'étreinte de l'ennemi; elle eût
combattu autrement qu'elle ne le fit le 1er septembre en paraissant défendre le périmètre d'une
place investie; son front de combat eût été
orienté de l'est à l'ouest; enfin, en cas de défaite,
Sedan n'aurait pas été son seul refuge. Mais les
Allemands n'auraient pas manqué, tout en l'attaquant de front, de déborder ses deux ailes, d'une
part par la vallée de la Givonne, d'autre part par
les hauteurs du Champ de la Grange. Des fractions
sans matériel auraient réussi vraisemblablement
à gagner Mézières au travers des bois de Saint-
Menges et de Donchery et en écornant au besoin
le territoire belge. Mais il semble indiscutable,
en raison de la supériorité numérique des Allemands, que, dans la soirée, l'armée française eût
été, en majeure partie, rejetée en Belgique.

A vrai dire, cette issue humiliante eût été préférable à la capitulation, et il faut regretter que
Wimpffen, qui ignorait à peu près tout de la
situation et de l'ennemi, ait fait valoir ses droits

au commandement (1) et se soit opposé aux projets de Ducrot. On doit louer celui-ci d'avoir voulu substituer l'action à cette passivité qui nous condamnait à la mort et d'avoir conçu un mouvement qui, à ce moment, était certes le plus rationnel, toutes réserves faites sur les procédés d'exécution prévus. La bravoure personnelle et l'énergie dont Wimpffen a fait preuve ne sauraient excuser sa témérité à revendiquer le commandement en chef d'une armée qu'il connaît depuis quarante-huit heures à peine, dans une situation stratégique qu'il ignore, enfin sans avoir combiné un plan préférable à celui dont il suspend l'exécution, au prix de contre-ordres qui vont jeter le désarroi et provoquer des mouvements en masse sous le feu.

Ainsi, jusqu'au bout, la bonne fortune favorisait les Allemands : dans ces circonstances critiques, au moment où une direction unique et ferme était plus que jamais nécessaire, trois généraux en chef s'étaient succédé en quelques heures à la tête de l'armée française, tous trois ayant des projets différents, et l'intervention du dernier consommait sa ruine.

En fait, après avoir songé d'abord à « jeter les

(1) Le prince de Hohenlohe fait observer avec raison que Mac-Mahon n'avait pas le droit de nommer son successeur, pas plus que le ministre de la Guerre n'avait celui de désigner Wimpffen comme commandant en chef éventuel. C'était un empiétement sur l'autorité de l'empereur (*loc. cit.*, II, 325-326).

Bavarois dans la Meuse », Wimpffen ne sut pas s'arrêter à l'idée d'une contre-offensive exécutée vers Bazeilles, la Moncelle et qui, de l'aveu de von Scherff, se fût présentée, vers 10 heures du matin, dans des conditions assez favorables (1). Sa pensée oscilla entre divers projets jusqu'au moment où, l'enveloppement se trouvant réalisé et nos troupes écrasées sous une pluie de projectiles tombant en tous sens, l'armée reflua sur Sedan, à part quelques unités qui demeurèrent dans la main de leurs chefs et reculèrent pied à pied, telle la division Liébert, digne à tous égards de figurer aux côtés des vaillants escadrons qui, sur le plateau de Floing, forcèrent, dans des charges immortelles, l'admiration de nos ennemis.

Le Conseil d'Enquête sur les Capitulations a justement apprécié Wimpffen en ces termes : « En réclamant le commandement en chef de l'armée, par suite de la lettre du ministre de la Guerre, sans avoir de plan arrêté, ainsi qu'il le dit lui-même, ou dans l'espoir, après avoir jeté les Bavarois dans la Meuse, de venir battre l'aile droite des Allemands, ou enfin de s'ouvrir un passage sur Carignan et Montmédy, le général de Wimpffen a fait preuve de conceptions trop peu plausibles ou justifiées pour ne pas avoir une

____

(1) Von Scherff, *loc. cit.,* V, 226.

grande partie de la responsabilité des funestes
événements qui amenèrent la capitulation (1). »

A Sainte-Hélène, Napoléon s'est montré très
sévère à l'égard des généraux qui avaient capitulé
en rase campagne : « Il n'est qu'une manière
honorable d'être fait prisonnier de guerre, c'est
d'être pris isolément les armes à la main, lorsqu'on ne peut plus s'en servir. C'est ainsi que
furent pris François Ier, le roi Jean et tant de
braves de toutes les nations (2)... » « ... Que
doit donc faire un général cerné par des forces
supérieures?... Dans une situation extraordinaire,
il faut une résolution extraordinaire; plus la
résistance sera opiniâtre, plus on aura de chances
d'être secouru ou de percer. Que de choses, qui
paraissent impossibles, ont été faites par des
hommes résolus, n'ayant plus d'autres ressources
que la mort!... Cette question ne nous paraît pas
susceptible d'une autre solution, sans perdre l'esprit militaire d'une nation et s'exposer aux plus
grands malheurs. La législation doit-elle auto-
riser un général cerné... par des forces très
supérieures, et lorsqu'il a soutenu un combat opiniâtre, à disloquer son armée la nuit, en confiant
à chaque individu son propre salut, en indiquant

(1) Extrait du procès-verbal de la séance du 4 janvier 1872.
(2) M. Welschinger rapporte ce mot cornélien prononcé par
l'impératrice au moment où elle apprit que l'empereur était prisonnier : « Vous mentez, monsieur, il est mort! » (*loc. cit.*, I,
283-284).

le point de ralliement plus ou moins éloigné? Cette question peut être douteuse; mais, toutefois, il n'est pas douteux qu'un général qui prendrait un tel parti dans une situation désespérée sauverait les trois quarts de son monde, et, ce qui serait plus précieux, il se sauverait du déshonneur de remettre ses armes et ses drapeaux (1)... »

Un éminent historien a dit avec raison que, par humanité, Napoléon III s'était refusé à tenter une trouée qui aurait coûté d'immenses sacrifices : « On a prétendu, disait l'empereur à Chislehurst, qu'en nous ensevelissant sous les ruines de Sedan, nous aurions mieux servi mon nom et ma dynastie. C'est possible. Mais tenir dans la main la vie de milliers d'hommes et ne pas faire un signe pour les sauver, c'était chose au-dessus de mes forces. Mon cœur se refuse à ces sinistres grandeurs (2). » Il ne faut pas oublier toutefois que, sollicité par le général de Wimpffen de se joindre au dernier effort entrepris vers Balan pour essayer de se faire jour, Napoléon III refusa. En outre, en consentant la capitulation pour

(1) *Corresp.* (*OEuvres de Sainte-Hélène.* — Guerres de Frédéric II), xxxii, 211-213, 213-214.

(2) Cité par Pierre DE LA GORCE, *loc. cit.*, VII, 368. — « J'aurais préféré la mort à être témoin d'une capitulation si désastreuse et cependant, dans les circonstances présentes, c'est le seul moyen d'éviter une boucherie de 60 000 personnes » (L'empereur à l'impératrice, Sedan, 2 septembre). — Cf. DE MASSA, *loc. cit.*, 341.

épargner 20 000 hommes peut-être, qui auraient
été tués ou blessés dans une tentative suprême,
analogue à celle que préconise Napoléon Ier, le
souverain semble n'avoir pas mis en balance de
ces pertes celles assurément plus considérables
que devaient causer la misère, les maladies et les
souffrances engendrées par la captivité.

La faiblesse du haut commandement français,
aggravée par une série de mauvaises fortunes,
permet seule d'expliquer comment le talent de
Moltke a obtenu des succès presque comparables
aux plus beaux triomphes dus au génie de Napoléon. Est-ce à dire que les résultats de la journée
de Sedan doivent être attribués sans réserves au
stratège allemand, comme la gloire entière des
manœuvres de Rivoli, de Marengo, d'Ulm, d'Aus-
terlitz, d'Iéna et de Friedland demeure insépa-
rable du nom de Napoléon? La correspondance
de l'Empereur nous révèle la rigueur et la profondeur de ses calculs, la sûreté de ses vues, ses
soins incessants, sa prodigieuse divination, en un
mot toutes les éminentes qualités du grand capitaine dans la préparation de ces opérations déci-
sives; elle nous montre Napoléon présent au
milieu de ses troupes, partageant leurs fatigues,
coordonnant les mouvements de ses maréchaux,

modérant l'ardeur de l'un, stimulant le zèle de l'autre, veillant à tout, poussant même parfois jusqu'à l'excès son intervention dans l'exécution (1). Le tableau est tout différent au grand quartier général allemand. Moltke, septuagénaire comme son souverain, et, comme lui, soucieux de confort, se tient assez loin en arrière du front; chef d'état-major plutôt que commandant en chef, il a su, mieux peut-être que l'Empereur, résoudre par une minutieuse organisation, par un labeur incessant du temps de paix, par l'établissement d'une doctrine commune et par la division du travail, le problème ardu de la guerre d'armées; son action se traduit par des directives d'ordre général, laissant une grande initiative aux subordonnés immédiats, mais déduites, la plupart du temps, moins de la situation réelle de l'ennemi que des mouvements les plus logiques qu'on lui prête : c'est la manœuvre montée dans le silence du cabinet sur une hypothèse vraisemblable et non sur des faits constatés. Pour la bataille proprement dite, dont Napoléon conserve d'une main ferme la direction et dont il règle en maître les péripéties et l'aboutissement, Moltke se contente d'amener les armées à pied d'œuvre et aban-

---

(1) Voir notamment, pour les opérations qui ont précédé la capitulation de Mack à Ulm, la *Correspondance de Napoléon*, nᵒˢ 9373, 9376, 9380, 9384 et la Correspondance du major général, fᵐ 137 à 149 (Archives de la Guerre).

donne ensuite l'exécution aux subordonnés : il semble qu'il veuille se confiner dans son rôle de stratège, se contenter d'indiquer le signal de l'attaque et prescrire le mode de l'engagement, et qu'il abdique ensuite systématiquement entre les mains des sous-ordres. Tel on l'a vu à Saint-Privat, la première rencontre de la campagne à laquelle il ait assisté, tel on le retrouve à Sedan (1).

Pour la bataille imminente, Moltke considère que la directive du 30 août au soir suffit à orienter les commandants d'armée : il s'abstient dès lors de donner d'autres instructions écrites et se contente, le 31, d'un court entretien avec Blumenthal. Persuadé que Mac-Mahon a l'intention de se replier sur Mézières, il invite la IIIe armée à franchir la Meuse dans la nuit même, en aval de Sedan, vers Donchery, pour nous couper la retraite vers l'ouest. C'est Blumenthal qui prévient l'armée de la Meuse de ce mouvement et la convie à poursuivre indirectement le même but en attaquant les Français sur la Givonne et en leur coupant les routes de l'est. A cela se borne le rôle de Moltke, la veille de Sedan. Au cours de l'action, son intervention est à peu près inexistante ; il restera toute la journée, et presque en spectateur, aux côtés du roi, sur les hauteurs de

(1) Colonel Foch, *la Manœuvre pour la bataille*, 481.

la Marfée. On a beaucoup admiré et à tort, semble-
il, cette abstention systématique de la direction
suprême (1). En fait, l'entente s'est produite et a
été complète entre les commandants d'armée;
mais, pour la réaliser, il fallait être sûr de la
rectitude de leur jugement, de leur sentiment du
devoir, de leur parfaite solidarité. Il serait imprudent de compter toujours sur un pareil accord de
vues : le commandant en chef a pour première
obligation de faire connaître à ses subordonnés
ses intentions et le but à atteindre, et de fixer à
chacun son rôle dans la manœuvre d'ensemble ;
il lui appartient également, au cours de la bataille,
de veiller aux péripéties de l'action, de doser les
forces à employer dans tel ou tel secteur, de se
ménager des réserves dont il aura la disposition
exclusive et surtout de préciser le point et le moment où sera porté l'effort suprême.

Von Scherff n'a pu s'expliquer cet excessif et
déconcertant détachement de Moltke et le défaut
d'instructions du grand quartier général pour l'engagement, qu'en admettant que le stratège allemand ne croyait pas à une bataille pour le 1ᵉʳ septembre (2). L'hypothèse est aventurée. Si l'on
suppose les Allemands bien renseignés, comme

(1) Prince DE HOHENLOHE, *loc. cit.*, II, 289-290 ; Général DE
WOYDE, *loc. cit.*, II, 369, 371, 449. — Woyde qualifie cette
réserve de « chef-d'œuvre dans son genre ».
(2) VON SCHERFF, *loc. cit.*, 391.

ils devaient l'être le 31 août et comme ils le furent le 1ᵉʳ septembre, à 7 heures du matin, l'intervention du généralissime par des ordres précis leur eût évité bien des pertes, notamment celles des sanglants et inutiles combats de Bazeilles (1), et eût assuré à l'une de leurs masses séparées par un grand intervalle la supériorité numérique certaine sur l'armée française (2). Un Napoléon nous eût peut-être purement et simplement investis et nous eût fait subir, presque sans combats, le sort de Mack à Ulm. Et s'adressant à ceux qui ont voulu malgré tout expliquer ou excuser cette sorte d'abdication du commandement suprême et l'ériger même en principe, Scherff déclare justement : « Peut-on réellement soutenir que le succès effectif de Sedan prouve surabondamment que, dans d'autres circonstances aussi, la connaissance de la pensée fondamentale d'une opération de guerre suffise à remplacer le plan et la direction de la

(1) Les pertes des Bavarois à Bazeilles se sont élevées à 207 officiers et 3 816 hommes, c'est-à-dire à peu près la moitié du chiffre total.

(2) Scherff préconise la répartition suivante : l'armée de la Meuse, renforcée de deux corps bavarois, pour l'attaque « décisive » sur la Givonne; le Vᵉ corps (moins une division), le XIᵉ corps, la division wurtembergeoise ainsi qu'une nombreuse cavalerie, chargés de barrer le défilé de Saint-Albert; une division sur la rive gauche de la Meuse pour relier les deux masses (*loc. cit.*, 292). On observera que, de cette façon, l'enveloppement n'eût pas été réalisé : l'armée française eût été vraisemblablement débordée par Illy, mais elle aurait pu, en majeure partie, se réfugier en Belgique par Fleigneux et Saint-Menges.

bataille? » Puis, revenant à son hypothèse et cherchant lui aussi à justifier l'absence d'ordres : « Peut-on réellement faire croire que, mieux au courant de la situation vraie, Moltke eût négligé l'obligation d'établir un plan personnel d'engagement, uniquement parce qu'il l'eût jugé inutile après sa directive du 30 août au soir? La bataille de Sedan nous fournit certes d'autres enseignements (1). » D'après lui, l'idée directrice — *der leitende Grundsatz* — de la stratégie allemande aurait été : « Conduire les opérations de telle façon que le commandement suprême conservât son influence entière sur l'exécution tactique de l'action au moment de la rencontre avec la masse principale ennemie. Le grand enseignement de Sedan réside dans ce principe (2). » Sans discuter cette prétendue idée directrice, on observe seulement que les faits — Forbach, Borny, Rezonville, Beaumont, Sedan — prouvent qu'entre le principe et son application il y a un abîme. Il est indéniable qu'à Sedan, comme à Saint-Privat, les deux seules batailles auxquelles Moltke ait assisté, le stratège allemand s'en est tenu presque uniquement au principe.

L'exemple venu de haut est suivi par les commandants d'armée : le prince royal de Prusse s'immobilise sur les hauteurs de la Croix-Piot,

(1) Von Scherff, *loc. cit.*, V, 293.
(2) *Ibid.*, 305.

beaucoup trop loin de ses troupes pour pouvoir les diriger utilement; le prince royal de Saxe se tient à Mairy, à près de douze kilomètres du centre des opérations de l'armée de la Meuse. La nombreuse cavalerie dont disposent les Allemands demeure à peu près inactive, faute d'une impulsion donnée par le commandement : il lui appartenait de flanquer l'aile septentrionale des deux masses allemandes et d'intercepter au plus tôt les chemins que pouvaient utiliser les Français pour fuir en Belgique (1). L'encerclement que Moltke n'a pas prévu et que ni le prince royal ni le prince de Saxe n'ont combiné, se réalise grâce à l'initiative de deux subordonnés, le commandant du Vᵉ corps, à l'ouest, et le commandant de la Garde, à l'est. Tout le mérite leur en revient.

Ce qui caractérise la bataille de Sedan, c'est l'intervention « en grand et d'une manière décisive » de l'artillerie allemande en face de laquelle la nôtre est à peu près impuissante (2). Si l'on excepte la surprise tentée sur Bazeilles à la faveur du brouillard des premières heures de la matinée, l'artillerie agit en masse dès le début de l'action, et l'infanterie diffère ses attaques jusqu'à ce que les feux convergents et parfois croisés des batteries aient produit tout leur effet. C'est le canon

(1) CARDINAL VON WIDDERN, *Verwendung und Führung der Kavallerie*, VIII, 108-109.
(2) *Historique du grand État-major prussien*, VIII, 1235.

presque seul qui nous oblige à évacuer l'importante position du Calvaire d'Illy, que quelques compagnies allemandes suffisent à occuper ensuite presque sans coup férir. C'est encore le canon qui crible d'une grêle d'obus le bois de la Garenne, et prépare si efficacement l'attaque des bataillons de la Garde qu'ils ne rencontrent plus guère de résistance à la lisière et évitent ainsi les sanglantes hécatombes de Saint-Privat. C'est le canon enfin dont les projectiles sillonnent presque en tous sens l'étroit champ de bataille où se presse notre armée, qui démoralise les troupes avant qu'elles aient combattu, qu'elles aient même vu l'ennemi, et détermine enfin la ruée finale vers un dernier abri illusoire : les fossés, les remparts et les rues de Sedan. A Frœschwiller, à Forbach, à Saint-Privat, à Rezonville surtout, il y eut des moments où la victoire resta hésitante entre les deux adversaires, il y eut des points du champ de bataille où tantôt le feu, tantôt la baïonnette contraignirent les Allemands à reculer et même à fuir. A Sedan, rien de semblable : la journée, pour nous, est moins une lutte qu'un écrasement.

Pourtant il serait faux d'attribuer à la supériorité de l'artillerie prussienne le désastre de Sedan. Les causes de la catastrophe sont d'un ordre beaucoup moins spécial; elles sont bien autrement générales et lointaines, et après l'exposé qui en a été fait au cours de ce récit, il suffit de les rap-

peler sommairement pour préciser les responsabilités des principaux acteurs du drame.

Et d'abord, de l'aveu même de nos ennemis, le
plan élaboré par le ministre de la Guerre « manquait en principe des conditions fondamentales
de succès (1) », et l'on a pu dire avec raison que
« ce sont des causes plus politiques que militaires
qui, après la réorganisation encore incomplète
de l'armée de Châlons, ont déterminé le gouvernement de la régence à prescrire l'expédition très
dangereuse tentée par cette armée pour secourir
le maréchal Bazaine (2) ». Mais le général de Palikao n'a pas commis que cette erreur initiale;
non moins condamnable est la sorte d'injonction
qu'il envoya à Mac-Mahon et qu'il lui renouvela
à coup de télégrammes dans la nuit du 27 au
28 août pour déterminer le maréchal à renoncer
à son projet de retraite sur Mézières, et à poursuivre sa marche jusqu'à Metz.

Le commandant en chef de l'armée française,
de son côté, n'est guère sorti grandi des circonstances malheureuses qui étaient en partie son
œuvre. Comment a-t-il pu faire bon marché de
la liberté d'action qui lui était dévolue pour la
conduite des opérations en exécutant une ma-

(1) *Historique du grand État-major prussien*, VIII, 1228.
(2) Conseil d'Enquête sur les Capitulations. — Le prince de
Hohenlohe dit justement que la politique avait imposé à la stratégie des obligations que celle-ci était absolument incapable de
remplir (*loc. cit.*, II, 352).

nœuvre qu'il désapprouvait? Comment n'a-t-il pas résigné son commandement plutôt que d'être l'instrument de la ruine des siens? Comment ensuite s'est-il refusé obstinément à tout combat durant les journées qui suivirent? Pourquoi maintint-il toutes ses forces dans une immobilité déplorable la veille et le matin de Sedan?

Enfin, à l'heure de la crise suprême, Wimpffen vint, par la plus malencontreuse intervention, fermer lui-même à l'armée dont il revendiquait le commandement la seule issue qui lui restât, sinon pour ressaisir la victoire, du moins pour échapper à la honte de la capitulation.

Voilà certes un lourd fardeau de responsabilités pour le ministre de la guerre, le maréchal de Mac-Mahon et Wimpffen. Mais n'est-ce pas ici le lieu de rechercher, au-dessus des causes particulières, ces « causes générales » qui, selon Montesquieu, « agissent dans chaque monarchie, l'élèvent, la maintiennent ou la précipitent » ? Dès lors, plus que les personnes, ne faut-il pas incriminer le milieu dont elles ne sauraient être isolées ; ne convient-il pas de rendre solidaire des principaux acteurs du drame cette société du second empire, spirituelle et brillante sans doute, mais légère, superficielle et ayant préparé par son aveuglement, son incurie et sa désaccoutumance de l'effort, la catastrophe où elle devait lamentablement sombrer?

Jamais peut-être une armée n'a vu s'accumuler sur elle plus de fatalités redoutables, mais jamais aussi elle ne fut victime de fautes plus lourdes, d'erreurs plus déplorables.

L'on pourrait être tenté de dire que nos adversaires ont pu devoir uniquement à cet ensemble funeste les succès immenses remportés au cours de cette brève campagne de dix jours. Une telle assertion serait contraire à la vérité, et ce n'est pas d'ailleurs relever le prestige de **nos** armées que de méconnaître les mérites incontestables de celles qui leur furent opposées.

Mais on peut sans aucune forfanterie prétendre que la France n'aura plus à se débattre au milieu d'un tel concours de circonstances invariablement défavorables et obstinément liguées contre elle. On peut aussi être convaincu qu'il ne se rencontrera plus, chez nous et nos adversaires, une telle disproportion dans la valeur technique du haut commandement. Tout, au contraire, permet d'espérer que, sous ce rapport, nous n'aurons rien à envier à personne. Il ne saurait d'ailleurs être question d'incriminer la personnalité de nos chefs de 1870, mais bien plutôt les idées militaires de l'époque, résultat des campagnes de nature très spéciale auxquelles nos généraux avaient pris part, des succès relativement faciles remportés en Italie, d'une excessive centralisation et de la méconnaissance de la valeur morale et matérielle de l'offensive.

En dressant le bilan de nos revers, on se rend compte qu'ils sont imputables en grande partie à des conceptions fausses dont notre armée a fait définitivement justice. Un haut commandement et des états-majors imbus d'une saine doctrine de guerre, des chefs prêts à l'initiative et pénétrés du devoir de solidarité, un corps d'officiers aussi braves et aussi dévoués qu'il y a quarante ans, mais mieux instruits et revenus au culte de cette offensive qui fit jadis nos armes si glorieuses, des soldats entraînés et doués de toutes les qualités que nécessite le combat moderne, un excellent matériel de guerre enfin, voilà certes de quoi permettre à la France de regarder l'avenir avec confiance et d'envisager sans crainte l'heure où elle aurait à défendre son sol et à assurer ses destinées.

FIN

APPENDICE I

ORDRE DE BATAILLE DE L'ARMÉE
DE CHÂLONS

Com^{dt} en chef...... Maréchal DE MAC-MAHON, duc de
  Magenta (1).
Chef d'état-major g^{al}. Général de brigade FAURE.
Com^{dt} de l'artillerie. Général de division FORGEOT.
Com^{dt} du génie .... Général de division DEJEAN.
Intendant général.. Intendant général UHRICH.

1er CORPS D'ARMÉE

Commandant...... Général de division DUCROT.
Chef d'état-major g^{al}. Colonel ROBERT.
Com^{dt} de l'artillerie. G^{al} de brigade JOLY FRIGOLA.
Com^{dt} du génie .... G^{al} de brig^{de} LE BRETTEVILLOIS (2).
Intendant......... Intend^{nt} militaire DE SÉGANVILLE.
Prévôt........... Chef d'escadron de gendarmerie
  FLAMBART-DELANOS.

(1) Blessé le 1er septembre à Sedan.
(2) A partir du 23 août, le général Dejean étant arrivé la
veille.

1re division d'infanterie.

Commandant . . . . . . Général de brigade WOLFF (1).
Chef d'état-major . . . Lieut^{nt}-colonel DE MONTIGNY.
1re brigade . . . . Colonel BRÉGER [13e bat^{on} de chasseurs (2), 18e et 96e de ligne].
2e brigade . . . . G^{al} DE POSTIS DU HOULBEC (45e de ligne et 1er de zouaves).
Artillerie . . . . 6e, 7e (de 4) et 8e (à balles) b^{ies} du 9e régiment (3).
Génie . . . . 3e c^{ie} de sapeurs du 1er rég^t.

2e division d'infanterie (4).

Commandant . . . . . . Général de division PELLÉ.
Chef d'état-major . . Chef d'escadron LAMBRIGOT.
1re brigade . . . . Gal PELLETIER DE MONTMARIE (5) (16e bat^{on} de chasseurs, 50e et 74e de ligne) (6).
2e brigade . . . . Gal GANDIL (7) [78e de ligne (8) et 1er tirailleurs algériens].
Artillerie . . . . 10e (à balles), 9e et 12e (de 4) bat^{ies} du 9e régiment.
Génie . . . . 8e c^{ie} de sapeurs du 1er rég^t.

---

(1) Blessé le 1er septembre à Sedan.
(2) Détruit en partie ou fait prisonnier à Frœschwiller.
(3) La 6e batterie, réduite à une section, complétait la 7e batterie.
(4) Le 1er bataillon du 1er régiment des éclaireurs de la Seine fut versé à la 2e division le 27 août.
(5) Blessé le 1er septembre à Sedan.
(6) Le 11e bataillon du 74e n'avait pas été reconstitué depuis Wissembourg.
(7) Blessé le 1er septembre à Sedan.
(8) Réduit à un bataillon depuis Frœschwiller.

3e *division d'infanterie.*

Commandant......	Général de division L'Héril-ler (1).
Chef d'état-major...	Colonel Morel.
1re *brigade*	Gal Carteret-Trécourt (2) (8e bataillon de chasseurs, 36e de ligne et 2e de zouaves).
2e *brigade*.........	Gal Lefebvre (48e de ligne et 2e tirailleurs algériens).
Artillerie..........	5e, 6e (de 4) et 9e (à balles) b^ies du 12e régiment.
Génie	9e c^ie de sapeurs du 1er rég^t.

4e *division d'infanterie.*

Commandant......	G^al de division DE Lartigue (3).
Chef d'état-major ..	Colonel D'Andigné.
1re *brigade*........	Gal Fraboulet de Kerléadec (4). (1er bat^on de chasseurs, 56e de ligne et 3e de zouaves).
2e *brigade*.........	G^al DE Carrey DE Bellemare (3e tirailleurs algériens) (5).
Artillerie..........	10e (à balles), 7e et 11e (de 4) b^ies du 12e régiment.
Génie	13e c^ie de sapeurs du 1er rég^t.

(1) Blessé le 1er septembre à Sedan.
(2) *Id*.
(3) *Id*.
(4) *Id*.
(5) Promu général de brigade le 25 août; remplace, à cette date, le général Lacretelle nommé divisionnaire. Le 87e de ligne, qui comptait à cette brigade, avait été laissé à Strasbourg.

Division de cavalerie.

Commandant . . . . . .   Général de brigade Michel (1).
1re brigade . . . .   Gᵃˡ DE Septeuil (3ᵉ hussards et 11ᵉ chasseurs).
2e brigade . . . .   Général DE Nansouty (2ᵉ et 6ᵉ lanciers) (2).
3e brigade . . . .   Colonel Perrot (10ᵉ dragons et 8ᵉ cuirassiers).

Réserve d'artillerie.

Commandant :
Colonel Grouvel.   { 11ᵉ et 12ᵉ (de 12) batteries du 6ᵉ régᵗ; 5ᵉ et 11ᵉ (de 4) batteries du 9ᵉ régᵗ; 1ʳᵉ, 2ᵉ, 3ᵉ et 4ᵉ bⁱᵉˢ à cheval du 20ᵉ régiment (3).

Parc d'artillerie.

Directeur :
Chef d'escadᵒⁿ Bial.   { Détachᵗ de la 4ᵉ cⁱᵉ d'ouvriers.

Réserve du génie.

2ᵉ compagnie de mineurs du 1ᵉʳ régiment; 1ʳᵉ section de la 1ʳᵉ compagnie de sapeurs du 1ᵉʳ régiment; détachement de sapeurs-conducteurs du 1ᵉʳ régiment.

(1) A partir du 25 août, en remplacement du général Duhesme, malade.

(2) Le 6ᵉ lanciers ne comptait plus que deux escadrons depuis Frœschwiller.

(3) Le 27 août, la 1ʳᵉ batterie à cheval est attachée à la division de cavalerie du 1ᵉʳ corps.

5ᵉ CORPS D'ARMÉE

Commandant . . . . . .   Général de division DE FAILLY (1).
Chef d'état-major gᵃˡ.   Général de brigade BESSON.
Comᵈᵗ de l'artillerie.   Général de brigade LIÉDOT (2).
Comᵈᵗ du génie . . . .   Colonel VEYE *dit* CHARETON.
Intendant . . . .   Intendant militaire LÉVY.

1ʳᵉ *division d'infanterie.*

Commandant . . . . . .   Général de division GOZE.
Chef d'état-major . .   Lieutenant-colonel CLAPPIER.
1ʳᵉ *brigade* . . . .   Général SAURIN (4ᵉ batᵒⁿ de chas-
                seurs, 11ᵉ et 46ᵉ de ligne).
2ᵉ *brigade* . . . .   Gᵃˡ NICOLAS-NICOLAS (61ᵉ et 86ᵉ de
                ligne) (3).
Artillerie . . . .   5ᵉ, 6ᵉ (de 4) et 7ᵉ (à balles) bⁱᵉˢ du
                6ᵉ régiment.
Génie . . . .   6ᵉ cⁱᵉ de sapeurs du 2ᵉ régᵗ.

2ᵉ *division d'infanterie.*

Commandant . . . . . .   Général de division DE L'ABADIE
                D'AYDREIN.
Chef d'état-major . .   Colonel BEAUDOIN.
2ᵉ *brigade* (4) . . . . . .   Génᵃˡ DE MAUSSION (5) (14ᵉ batᵒⁿ de
                chasseurs; 49ᵉ et 88ᵉ de ligne).

(1) Le général de Wimpffen est nommé, le 24 août, au commandement du 5ᵉ corps; il arrive à l'armée le 31.

(2) Tué le 1ᵉʳ septembre à Sedan.

(3) Le IIᵉ bataillon du 86ᵉ était resté à Bitche.

(4) La 1ʳᵉ brigade (général Lapasset) ne put rejoindre son corps
d'armée pendant le mouvement de retraite sur Metz (Voir *La
Guerre en Lorraine,* t. 1ᵉʳ, p. 303).

(5) Promu divisionnaire le 25 août; remplacé par le colonel
Kampf, du 49ᵉ de ligne.

Artillerie	5ᵉ (à balles) et 8ᵉ (de 4) batⁱᵉˢ du 2ᵉ régiment (1).
Génie	8ᵉ cⁱᵉ de sapeurs du 2ᵉ régᵗ.

3ᵉ division d'infanterie.

Commandant	Gᵃˡ de divᵒⁿ GUYOT DE LESPART (2).
Chef d'état-major . .	Colonel LAMBERT.
Iʳᵉ *brigade*	Gᵃˡ ABBATUCCI (19ᵉ batᵒⁿ de chasseurs, 27ᵉ et 30ᵉ de ligne).
2ᵉ *brigade*.	Gᵃˡ DE FONTANGES DE COUZAN (3) (17ᵉ et 68ᵉ de ligne).
Artillerie.	9ᵉ (à balles), 11ᵉ et 12ᵉ (de 4) batⁱᵉˢ du 2ᵉ régiment.
Génie	14ᵉ cⁱᵉ de sapeurs du 2ᵉ régᵗ.

Division de cavalerie.

Commandant	Général de division BRAHAUT.
Chef d'état-major . .	Lieutenant-colonel PUJADE.
Iʳᵉ *brigade*	Gᵃˡ DE PIERRE DE BERNIS (5ᵉ hussards et 12ᵉ chasseurs).
2ᵉ *brigade*	Gᵃˡ SIMON DE LA MORTIÈRE (5ᵉ lanciers) (4).

Réserve d'artillerie.

Commandant : Colonel DE SALIGNAC-FÉNELON.	6ᵉ et 10ᵉ (de 4) batⁱᵉˢ du 2ᵉ régᵗ; 11ᵉ (de 12) batterie du 10ᵉ régᵗ; 11ᵉ (de 12) batterie du 14ᵉ régᵗ; 5ᵉ et 6ᵉ bⁱᵉˢ à cheval du 20 régᵗ.

(1) La 7ᵉ (de 4) batterie du 9ᵉ régiment était avec la brigade Lapasset.

(2) Blessé mortellement le 1ᵉʳ septembre à Sedan.

(3) Blessé le 1ᵉʳ septembre à Sedan.

(4) Le 3ᵉ lanciers était également resté avec la brigade Lapasset.

Parc d'artillerie.

Directeur : ⎰ Détach^t de la 1re c^{ie} d'ouvriers ;
Colonel GOBERT. ⎱ 5e compagnie de pontonniers.

Réserve du génie.

5e compagnie de sapeurs du 2e régiment ; détachement de sapeurs-conducteurs du 2e régiment.

7e CORPS D'ARMÉE

Commandant...... G^{al} de division DOUAY (Félix).
Chef d'état-major g^{al}. Général de brigade RENSON.
Com^{dt} de l'artillerie. Général de brigade DE LIÉGEARD.
Com^{dt} du génie .... Général de brigade DOUTRELAINE.
Intendant........ Intendant militaire LARGILLIER.

1re division d'infanterie.

Commandant...... G^{al} de div^{on} CONSEIL DUMESNIL.
Chef d'état-major .. Colonel SUMPT.
1re brigade .... G^{al} LE NORMAND DE BRETTEVILLE(1) (17e bat^{on} de chasseurs, 3e et 21e de ligne) (2).
2e brigade........ Gal CHAGRIN DE SAINT-HILAIRE (3) (47e et 99e de ligne).
Artillerie......... 5e, 6e (de 4) et 11e (à balles) b^{ies} du 7e régiment.
Génie .... 2e c^{ie} de sapeurs du 2e rég^t.

(1) Blessé le 30 août à Beaumont.
(2) Le 11e bataillon du 21e faisait partie de la garnison de Strasbourg.
(3) Blessé le 1er septembre à Sedan.

2ᵉ division d'infanterie.

Commandant	Général de division Liébert.
Chef d'état-major . .	Colonel Rozier de Linage.
1ʳᵉ *brigade*	Gᵃˡ Guiomar (1) (6ᵉ batᵒⁿ de chasseurs, 5ᵉ et 37ᵉ de ligne).
2ᵉ *brigade*	Gᵃˡ de La Bastide (53ᵉ et 89ᵉ de ligne).
Artillerie	8ᵉ, 9ᵉ (de 4) et 12ᵉ (à balles) bⁱᵉˢ du 7ᵉ régiment.
Génie	4ᵉ cⁱᵉ de sapeurs du 2ᵉ régᵗ.

3ᵉ division d'infanterie.

Commandant	Général de division Dumont (2).
Chef d'état-major . .	Lieutenant-colonel Duval.
1ʳᵉ *brigade*	Gᵃˡ Bordas (52ᵉ et 72ᵉ de ligne).
2ᵉ *brigade*	Gᵃˡ Bittard des Portes (3) (82ᵉ et 83ᵉ de ligne).
Artillerie	8ᵉ, 9ᵉ (de 4) et 10ᵉ (à balles) bⁱᵉˢ du 6ᵉ régiment.
Génie	3ᵉ cⁱᵉ de sapeurs du 2ᵉ régᵗ.

Division de cavalerie.

Commandant	Général de division Ameil.
1ʳᵉ *brigade* (4)	Gᵃˡ Cambriel (4ᵉ hussards, 4ᵉ et 8ᵉ lanciers).

(1) Blessé le 1ᵉʳ septembre à Sedan.
(2) *Id.*
(3) *Id.*
(4) La 2ᵉ brigade (général Jolif-Ducoulombier) ne rejoignit pas l'armée. Elle fut rattachée au 13ᵉ corps, puis à l'armée de la Loire.

Réserve d'artillerie.

Commandant :
Colonel Aubac.

(8ᵉ et 12ᵉ (de 4) bⁱᵉˢ du 12ᵉ régᵗ ;
{ 7ᵉ et 10ᵉ (de 12) bⁱᵉˢ du 7ᵉ régᵗ ;
(3ᵉ et 4ᵉ bⁱᵉˢ à cheval du 19ᵉ régᵗ.

Parc d'artillerie.

Directeur :
Colonel Héquet.

(7ᵉ cⁱᵉ du régᵗ de pontonniers ;
{ Détachᵗ de la 8ᵉ cⁱᵉ d'ouvriers ;

Réserve du génie.

12ᵉ compagnie de sapeurs du 2ᵉ régiment ; détachement de sapeurs-conducteurs du 2ᵉ régiment.

12ᵉ CORPS D'ARMÉE

Commandant . . . . . . Général de division Lebrun (1).
Chef d'état-major gᵃˡ. Général de brigade Gresley.
Comᵈᵗ de l'artillerie. Général de division Labastie (2).
Comᵈᵗ du génie . . . . Général de division Ducasse (3).
Intendant. . . . . Intendant militaire Rossi.

1ʳᵉ *division d'infanterie.*

Commandant . . . . . . Gᵃˡ de divᵒⁿ Grandchamp (4).
Chef d'état-major . . Colonel Mircher.

(1) Blessé le 1ᵉʳ septembre à Sedan.
(2) Commandait primitivement l'artillerie du 6ᵉ corps ; ne put rejoindre l'armée du Rhin.
(3) Commandait primitivement le génie du 6ᵉ corps ; ne put rejoindre l'armée du Rhin.
(4) Blessé le 30 août à Beaumont.

1ʳᵉ *brigade* .... Gᵃˡ Cambriels (1) (2 cⁱᵉˢ des 1ᵉʳ et 2ᵉ batᵒⁿˢ de chasseurs; 22ᵉ et 34ᵉ de ligne).

2ᵉ *brigade*........ Gᵃˡ de Villeneuve (2) (58ᵉ et 79ᵉ de ligne).

Artillerie.......... { 3ᵉ et 4ᵉ (de 4) bⁱᵉˢ du 15ᵉ régᵗ; 4ᵉ (à balles) bⁱᵉ du 4ᵉ régiment.

Génie .... 5ᵉ cⁱᵉ de sapeurs du 3ᵉ régiment.

2ᵉ *division d'infanterie*.

Commandant...... Gᵃˡ de divᵒⁿ Lacretelle (3).

Chef d'état-major .. Chef d'escadron Déaddé.

1ʳᵉ *brigade* (4)...... Gᵃˡ de la Serre (5) [2 cⁱᵉˢ des 17ᵉ et 20ᵉ batᵒⁿˢ de chasseurs; 1ᵉʳ régᵗ de marche (IVᵉˢ batᵒⁿˢ des 1ᵉʳ, 6ᵉ, 7ᵉ de ligne); 2ᵉ régᵗ de marche (IVᵉˢ batᵒⁿˢ des 8ᵉ, 24ᵉ, 33ᵉ de ligne)].

2ᵉ *brigade*........ Gᵃˡ Marquisan [3ᵉ régᵗ de marche (IVᵉˢ batᵒⁿˢ des 40ᵉ, 62ᵉ, 64ᵉ de ligne) (6); 4ᵉ régᵗ de marche (IVᵉˢ batᵒⁿˢ des 65ᵉ, 91ᵉ, 94ᵉ de ligne)].

(1) Nommé général de division le 25 août; blessé le 1ᵉʳ septembre à Sedan.

(2) Nommé général de brigade le 25 août.

(3) Promu divisionnaire le 23 août, remplace le général Maissiat.

(4) Cette brigade fut dissoute le 29 août; le 1ᵉʳ régiment de marche fut versé à la 2ᵉ division du 1ᵉʳ corps (74ᵉ et 78ᵉ de ligne); le 2ᵉ régiment de marche à la 2ᵉ brigade de la 4ᵉ division du même corps.

(5) Depuis le 23 août; il remplace le général baron Neigre qui avait lui-même succédé, le 18, au général Mallet. Le 25 août, le général Morand prend le commandement de cette brigade; il est blessé mortellement, le 30, à Beaumont.

(6) Le bataillon du 64ᵉ ne rejoignit que le 25 août, à Rethel.

Gal Louvent (1) (14e, 20e et 31e de ligne) (2).

Artillerie.......... } 3e et 4e (de 4) b^{ies} du 7e rég^t ; 4e (à balles) b^{ie} du 11e rég^t ; 10e (à balles) et 11e (de 4) b^{ies} du 8e régiment (3).

Génie .... 7e c^{ie} de sapeurs du 1er régiment.

3e *division d'infanterie.*

Commandant...... G^{al} de div^{on} DE VASSOIGNE.

Chef d'état-major .. Colonel DE TRENTINIAN.

1re brigade .... Gal REBOUL (1er et 4e rég^{ts} de marche d'infanterie de marine).

2e brigade......... Gal MARTIN DES PALLIÈRES (4) (2 et 3e rég^{ts} de marche d'infan terie de marine).

Artillerie.......... 7e, 8e et 9e (de 4) b^{ies} du 10e régi- ment (5).

Génie .... 11e c^{ie} de sapeurs du 2e rég^t.

Division de cavalerie (6).

Commandant...... G^{al} de div^{on} DE SALIGNAC-FÉNE- LON (7).

(1) Nommé général de brigade le 25 août ; blessé le 1er sep- tembre à Sedan.

(2) Ces trois régiments appartenaient primitivement à la 2e di- vision du 6e corps.

(3) Même situation que les régiments ci-dessus.

(4) Blessé le 31 août à Bazeilles.

(5) Ces trois batteries devaient primitivement constituer l'ar- tillerie de la 4e division du 6e corps. N'ayant pu rejoindre, elles remplacèrent les 11e, 12e et 13e batteries du régiment d'artillerie de marine qui n'étaient pas encore arrivées.

(6) La division de cavalerie du 6e corps n'ayant pu parvenir à Metz fut attribuée au 12e corps.

(7) Blessé le 1er septembre à Sedan.

Chef d'état-major . .   Lieutenant-colonel ARMAND.

1re *brigade* . . . .   Gal SAVARESSE (1er et 7e lanciers).

Commandant . . . . . .   Général de division LICHTLIN.

1re *brigade* . . . .   Général LEFORESTIER DE VEN-
DEUVRE (1) (7e et 8e chasseurs).

2e *brigade* . . . .   Gal YVELIN DE BÉVILLE (5e et
6e cuirassiers).

Réserve d'artillerie.

Commandant :
Colonel DESPRELS

5e, 6e, 10e et 12e (de 4) b^{ies} du 10e rég^t; 8e et 9e (de 12) b^{ies} du 14e rég^t; 1re et 2e b^{ies} à cheval du 19e rég^t (2); 3e (de 4) b^{ie} du 4e rég^t; 3e et 4e (de 12) b^{ies} du 8e rég^t; 10e et 12e (de 4) b^{ies} du 14e rég^t; 12e (à balles), 11e et 13e (de 4) b^{ies} du rég^t d'artillerie de marine.

Réserve du génie.

4e, 11e et 14e compagnies de sapeurs du 3e régiment

RÉSERVE DE CAVALERIE

1re division de cavalerie.

Commandant . . . . . .   G^{al} de brigade MARGUERITTE (3).

(1) Promu général de brigade le 25 août; remplace le général Arbellot, entré à l'hôpital.

(2) Ces huit batteries constituaient primitivement la réserve d'artillerie du 6e corps; elles ne purent atteindre Metz. Le 25 août, la 1re batterie à cheval du 19e régiment fut attachée à la division de cavalerie du 12e corps; la 2e batterie à cheval du même régiment à la division Margueritte.

(3) Promu divisionnaire le 30 août; blessé mortellement le 1er septembre à Sedan.

1re *brigade* . . . .   Col^{el} DE GALLIFFET (1er et 3e chasseurs d'Afrique) (1).
2e *brigade* . . . .   Gal TILLIARD (2) (1er hussards et
6e chasseurs).

2e division de cavalerie.

Commandant . . . . . .   G^{al} de division BONNEMAINS.
1re *brigade* . . . .   Gal GIRARD (3) (1er et 4e cuirassiers).
2e *brigade* . . . .   G^{al} DE BRAUER (2e et 3e cuirassiers).
Artillerie . . . .   7e b^{ie} à cheval du 19e rég^t.

GRAND PARC DE CAMPAGNE

Directeur :
Général de brigade
MITRECÉ (4).
{ 2e batterie pp^{le} du 7e régiment;
1re b^{ie} pp^{le} du 10e rég^t; détach^{ts}
des 2e et 8e c^{ies} d'ouvriers; 10e (5)
et 12e c^{ies} du rég^t de pontonniers.

(1) Le 30 août, le 4e chasseurs d'Afrique fut rattaché à la brigade de Galliffet.
(2) Tué le 1er septembre à Sedan.
(3) Tué le 1er septembre à Sedan.
(4) Blessé le 1er septembre à Sedan.
(5) Une décision ministérielle du 28 août maintint à Paris la
10e compagnie du régiment de pontonniers.

APPENDICE II

ORDRE DE BATAILLE
DES IIIe ET IVe ARMÉES ALLEMANDES

IIIe ARMÉE

Commandant en chef.   Général de l'infanterie Prince royal de Prusse.

Chef d'état-major ..   Général-lieutenant von Blumenthal.

Ve CORPS D'ARMÉE

Commandant en chef   Général de l'infanterie von Kirchbach (1).

Chef d'état-major ..   Colonel von Esch.

9e division d'infanterie.

Commandant ......   Général-major von Sandrart.

(1) Blessé le 4 août à Wissembourg.

17e brigade d'infan-terie.	Colonel FLOEKHER (1) (*3e* régiment d'infanterie de Posen n° *58, 4e* régiment d'infanterie de Posen n° *59*).
18e brigade d'infan-terie.	Général-major VON VOIGTS-RHETZ [régiment de grenadiers du Roi (*2e* de la Prusse occidentale) n° *7, 2e* régiment d'infanterie de la Basse-Silésie n° *47*].

1er bataillon de chasseurs de Silésie n° *5 ;*

1er régiment de dragons de Silésie n° *4 ;*

1re abteilung montée du régiment d'artillerie de campagne de la Basse-Silésie n° *5* (*1re* IIe, *1re* et *2e* batteries);

1re compagnie de pionniers de campagne du Ve corps, avec équipage de ponts.

10e division d'infanterie.

Commandant	Général-lieutenant VON SCHMIDT.
19e brigade d'infan-terie.	Colonel VON HENNING AUF SCHÖN-HOFF (*1er* régiment de grenadiers de la Prusse occidentale n° *6, 1er* régiment d'infanterie de la Basse-Silésie n° *46*).
20e brigade d'infan-terie.	Général-major WALTHER VON MONTBARY (régiment de fusiliers de Westphalie n° *37, 3e* régiment d'infanterie de la Basse-Silésie n° *50*).

Régiment de dragons de la Marche électorale n° *14 ;*

3e abteilung montée du régiment d'artillerie de campagne de la Basse-Silésie n° *5* (Ve, VIe, *5e* et *6e* batteries);

(1) Le colonel von Bothmer, blessé le 6 août, ne reprit son commandement que le 11 septembre.

2ᵉ et 3ᵉ compagnies de pionniers de campagne du Vᵉ corps, et colonne d'outils.

Artillerie de corps.

Abteilung à cheval du régiment d'artillerie de campagne de la Basse-Silésie nᵒ 5 (2ᵉ et 3ᵉ batteries);

2ᵉ abteilung montée du régiment d'artillerie de campagne de la Basse-Silésie nᵒ 5 (IIIᵉ, IVᵉ, 3ᵉ et 4ᵉ batteries).

VIᵉ CORPS D'ARMÉE

Commandant en chef. — Général de la cavalerie von Tümpling.

Chef d'état-major .. Colonel von Salviati.

11ᵉ division d'infanterie.

Commandant...... Général-lieutenant von Gordon.

21ᵉ brigade d'infanterie. — Général-major von Malachowski (1ᵉʳ régiment de grenadiers de Silésie nᵒ 10, 1ᵉʳ régiment d'infanterie de Posen nᵒ 18).

22ᵉ brigade d'infanterie. — Général-major von Eckartsberg (régiment de fusiliers de Silésie nᵒ 38, 4ᵉ régiment d'infanterie de la Basse-Silésie nᵒ 51).

2ᵉ bataillon de chasseurs de Silésie nᵒ 6;

2ᵉ régiment de dragons de Silésie nᵒ 8;

1ʳᵉ abteilung montée du régiment d'artillerie de campagne de Silésie nᵒ 6 (Iᵉʳ, IIᵉ, 1ʳᵉ et 2ᵉ batteries);

3ᵉ compagnie de pionniers de campagne du VIᵉ corps.

12ᵉ division d'infanterie.

Commandant...... Général-lieutenant von Hoffmann.

23e brigade d'infan-terie.	Général-major Gündell (*1er* régiment d'infanterie de la Basse-Silésie n° *22,* 3e régiment d'infanterie de la Basse-Silésie n° *62*).
24e brigade d'infan-terie.	Général-major von Fabeck (*2e* régiment d'infanterie de la Basse-Silésie n° *23,* 4e régiment d'infanterie de la Basse-Silésie n° *63*).

3° régiment de dragons de Silésie n° *15;*

3e abteilung montée du régiment d'artillerie de campagne de Silésie n° *6* (V^e, VIe, 5° et 6e batteries);

1re et 2e compagnies de pionniers de campagne du VIe corps, avec équipage de ponts et colonne d'outils.

Artillerie de corps.

Abteilung à cheval du régiment d'artillerie de campagne de Silésie n° *6* (1re et 2e batteries);

2e abteilung montée du régiment d'artillerie de campagne de Silésie n° *6* (IIIe, IVe, 3e et 4e batteries).

XIe CORPS D'ARMÉE

Commandant en chef.	Général-lieutenant von Gers-dorff (1).
Chef d'état-major ..	Général-major Stein von Ka-minski.

21e division d'infanterie.

Commandant	Général-lieutenant von Schacht-meyer.

(1) Depuis le 6 août; tué le 1er septembre à Sedan.

41e brigade d'infanterie.	Colonel GROLMAN (1) (régiment de fusiliers de Hesse nº *80,* *1er* régiment d'infanterie de Nassau nº *87).*
42e brigade d'infanterie.	Général-major VON THILE (*2e* régiment d'infanterie de Hesse nº *82, 2e* régiment d'infanterie de Nassau nº *88).*

Bataillon de chasseurs de Hesse nº *11;*

2e régiment de hussards de Hesse nº *14;*

1re abteilung montée du régiment d'artillerie de campagne de Hesse nº *11* (I*re*, II*e*, I*re* et *2e* batteries);

1re compagnie de pionniers de campagne du XI*e* corps, avec équipage de ponts.

22e division d'infanterie.

Commandant	Général-major VON SCHKOPP.
43e brigade d'infanterie.	Colonel VON KONTZKI (*2e* régiment d'infanterie de Thuringe nº *32,* *6e* régiment d'infanterie de Thuringe nº *95).*
44e brigade d'infanterie.	Colonel MARSCHALL VON BIEBERSTEIN (2) (*3e* régiment d'infanterie de Hesse nº *83, 5e* régiment d'infanterie de Thuringe nº *94).*

1er régiment de hussards de Hesse nº *13;*

2e abteilung montée du régiment d'artillerie de campagne de Hesse nº *11* (III*e*, IV*e*, *3e* et *4e* batteries);

2e et *3e* compagnies de pionniers de campagne du XI*e* corps, et colonne d'outils.

(1) Depuis le 6 août; blessé le 1er septembre.

(2) Depuis le 6 août, en remplacement du général-lieutenant von Gersdorff, qui succède au général-lieutenant von Bose, blessé à Frœschwiller.

Artillerie de corps.

Abteilung à cheval du régiment d'artillerie de campagne de Hesse n° *11* (1ᵣₑ et 3ᵉ batteries);
3ᵉ abteilung montée du régiment d'artillerie de campagne de Hesse n° *11* (Vᵉ, VIᵉ, 5ᵉ et 6ᵉ batteries).

Iᵉʳ CORPS D'ARMÉE BAVAROIS

Commandant en chef. | Général de l'infanterie baron VON UND ZU DER TANN-RATH-SAMHAUSEN.

Chef d'état-major .. Lieutenant-colᵒᵉˡ VON HEINLETH.

1ʳᵉ division d'infanterie.

Commandant ...... Général-lieutenant VON STEPHAN.

1ʳᵉ brigade d'infanterie. | Général-major DIETL [régiment d'infanterie du Corps, *1ᵉʳ* régiment d'infanterie (du Roi), *2ᵉ* bataillon de chasseurs].

2ᵉ brigade d'infanterie. | Général-major VON ORFF [*2ᵉ* régiment d'infanterie (Prince royal), *11ᵉ* régiment d'infanterie (von der Tann), *4ᵉ* bataillon de chasseurs].

9ᵉ bataillon de chasseurs;
3ᵉ régiment de chevau-légers (duc Maximilien);
Abteilung d'artillerie (1ʳᵉ et 3ᵉ, Vᵉ et VIIᵉ batteries) du *1ᵉʳ* régiment (prince Luitpold);

2ᵉ division d'infanterie.

Commandant ...... Général-major SCHUMACHER (1).

(1) En remplacement du général-lieutenant comte zu Pappenheim.

<table>
<tr><td>3e brigade d'infanterie.</td><td>{ Colonel HEYL (1) [3e régiment d'infanterie (prince Charles de Bavière), 12e régiment d'infanterie (reine Amélie de Grèce), 1er bataillon de chasseurs].</td></tr>
<tr><td>4e brigade d'infanterie.</td><td>{ Général-major baron VON DER TANN [10e régiment d'infanterie (prince Louis), 13e régiment d'infanterie (empereur François-Joseph d'Autriche, 7e bataillon de chasseurs].</td></tr>
</table>

4e régiment de chevau-légers (du Roi) ;
Abteilung d'artillerie (2e et 4e, VIe et VIIIe batteries) du 1er régiment (prince Luitpold).

Brigade de cuirassiers.

Général-major von TAUSCH [1er régiment de cuirassiers (prince Charles de Bavière), 2e régiment de cuirassiers (prince Adalbert), 6e régiment de chevau-légers (grand-duc Constantin Nikolaïewitch) ; 1re batterie (à cheval) du 3e régiment d'artillerie (Reine-mère)].

Abteilung de réserve d'artillerie (3e régiment).

1re division : 2e (à cheval), IIIe et IVe batteries ;
2e division : V^e et VIe batteries ;
3e division : VIIe et VIIIe batteries.

1re division du génie de campagne : 3 compagnies, avec équipages de ponts et 2 parcs de pionniers.

____

(1) En remplacement du général-major Schumacher.

11ᵉ CORPS D'ARMÉE BAVAROIS

Commandant en chef. | Général de l'infanterie von HART-
MANN.
Chef d'état-major .. | Colonel baron von HORN.

3ᵉ division d'infanterie.

Commandant...... | Général-lieutenant von WAL-
THER.

5ᵉ brigade d'infante-rie. | Général-major von SCHLEICH [6ᵉ régiment d'infanterie (roi Guillaume de Prusse), 7ᵉ régiment d'infanterie (Hohenhausen), 8ᵉ bataillon de chasseurs].

6ᵉ brigade d'infante-rie. | Colonel BÖRRIES von WISSELL [14ᵉ régiment d'infanterie (Hartmann), 15ᵉ régiment d'infanterie (roi Jean de Saxe), 3ᵉ bataillon de chasseurs].

1ᵉʳ régiment de chevau-légers (empereur Alexandre de Russie);

Abteilung d'artillerie (3ᵉ, 4ᵉ, VIIᵉ et VIIIᵉ batteries) du 4ᵉ régiment (du Roi);

4ᵉ division d'infanterie.

Commandant...... | Général-lieutenant comte von BOTHMER.

7ᵉ brigade d'infante-rie. | Général-major von THIERECK [5ᵉ régiment d'infanterie (grand-duc de Hesse), 9ᵉ régiment d'infanterie (Wrede), 6ᵉ bataillon de chasseurs].

8ᵉ brigade d'infanterie. } Général-major **MAILLINGER** (1) [IIIᵉ bataillon du *1ᵉʳ* régiment d'infanterie (du Roi), IIIᵉ bataillon du *5ᵉ* régiment d'infanterie (grand-duc de Hesse), Iᵉʳ bataillon du *7ᵉ* régiment d'infanterie (Hohenhausen), IIIᵉ bataillon du *11ᵉ* régiment d'infanterie (von der Tann), IIIᵉ bataillon du *14ᵉ* régiment d'infanterie (Hartmann), *5ᵉ* bataillon de chasseurs].

10ᵉ bataillon de chasseurs;
2ᵉ régiment de chevau-légers (Taxis);
Abteilung d'artillerie (Iʳᵉ, 2ᵉ, Vᵉ et VIᵉ batteries) du *4ᵉ* régiment d'artillerie (du Roi).

Brigade de uhlans.

Général-major baron **VON MULZER** [*1ᵉʳ* régiment de uhlans (grand-duc héritier Nicolas de Russie), *2ᵉ* régiment de uhlans (du Roi), *5ᵉ* régiment de chevau-légers (prince Otto), *2ᵉ* batterie (à cheval) du *2ᵉ* régiment d'artillerie (Brodesser)].

Abteilung de réserve d'artillerie (2ᵉ régiment).

Iʳᵉ division : Iʳᵉ (à cheval), IIIᵉ et IVᵉ batteries;
2ᵉ division : Vᵉ et VIᵉ batteries;
3ᵉ division : VIIᵉ et VIIIᵉ batteries.

2ᵉ division du génie de campagne : 3 compagnies, avec 2 équipages de ponts et 2 parcs de pionniers.

(1) Blessé le 6 août à Frœschwiller.

DIVISION WURTEMBERGEOISE

Commandant	Général-lieutenant (prussien) von OBERNITZ.
1re brigade d'infanterie.	Général-major von REITZENSTEIN [*1er* régiment d'infanterie (reine Olga), *7e* régiment d'infanterie, *2e* bataillon de chasseurs].
2e brigade d'infanterie.	Général-major von STARKLOFF [*2e* régiment d'infanterie, *5e* régiment d'infanterie (roi Charles), *3e* bataillon de chasseurs].
3e brigade d'infanterie.	Général-major baron von HÜGEL (*3e* et *8e* régiments d'infanterie, *1er* bataillon de chasseurs).
Brigade de cavalerie.	Général-major comte von SCHELER [*1er* régiment de Reiter (roi Charles), *3e* régiment de Reiter (roi Guillaume), *4e* régiment de Reiter (reine Olga)].
Artillerie.	1re abteilung d'artillerie de campagne (1re, 2e et 3e batteries); 2e abteilung d'artillerie de campagne (4e, 5e et VIe batteries); 3e abteilung d'artillerie de campagne (7e, 8e et IXe batteries).

Corps des pionniers, avec équipage de ponts et colonne d'outils.

DIVISION BADOISE

Commandant	Général-lieutenant von BEYER (ministre de la guerre badois).

<table>
<tr><td>1re brigade d'infanterie.</td><td>Général-lieutenant DU JARRYS, baron DE LA ROCHE [1er régiment de grenadiers (du Corps), bataillon de fusiliers du 4e régiment d'infanterie (prince Guillaume), 2e régiment de grenadiers (roi de Prusse)].</td></tr>
<tr><td>2e brigade (combinée) d'infanterie.</td><td>Général-major KELLER [3e et 5e régiments d'infanterie, 3e régiment de dragons (prince Charles), Ire abteilung montée du régiment d'artillerie de campagne (Ire, IIe, 1re et 2e batteries), compagnie de pontonniers, avec équipage de ponts et colonne d'outils].</td></tr>
<tr><td>Brigade de cavalerie.</td><td>Général-major baron VON LA ROCHE-STARKENFELS, dit VULTIE [1er régiment de dragons (du Corps), 2e régiment de dragons (margrave Maximilien)].</td></tr>
<tr><td>Artillerie de corps.</td><td>2e abteilung montée du régiment d'artillerie de campagne (IIIe, IVe, 3e et 4e batteries).</td></tr>
</table>

2e DIVISION DE CAVALERIE

<table>
<tr><td>Commandant......</td><td>Général-lieutenant comte ZU STOLBERG-WERNIGERODE.</td></tr>
<tr><td>3e brigade de cavalerie.</td><td>Général-major VON COLOMB (régiment de cuirassiers du corps (Silésie) n° 1, régiment de uhlans de Silésie n° 2].</td></tr>
<tr><td>4e brigade de cavalerie.</td><td>Général-major VON BARNEKOW (régiment de hussards du Corps n° 1, régiment de hussards de Poméranie (Blücher) n° 5].</td></tr>
</table>

5e brigade de cava-lerie. ⎰ Général-major von BAUMBACH (*1er* régiment de hussards de Silésie n° *4,* 2e régiment de hussards de Silésie n° *6*).

1re batterie à cheval du régiment d'artillerie de campagne de Poméranie n° *2;*

3e batterie à cheval du régiment d'artillerie de campagne de Silésie n° *6.*

4e DIVISION DE CAVALERIE

Commandant...... Général de la cavalerie prince ALBRECHT DE PRUSSE (père).

8e brigade de cava-lerie. ⎰ Général-major von HONTHEIN (régiment de cuirassiers de la Prusse occidentale n° *5,* régiment de uhlans de Posen n° *10*).

9e brigade de cava-lerie. ⎰ Général-major von BERNHARDI (régiment de ulans de la Prusse occidentale n° *1,* régiment de ulans de Thuringe n° *6*).

10e brigade de cava-lerie. ⎰ Général-major von KROSIGK (2e régiment de hussards du Corps n° *2,* régiment de dragons rhénan n° *5*).

1re batterie à cheval du régiment d'artillerie de campagne de la Basse-Silésie n° *5;*

2e batterie à cheval du régiment d'artillerie de campagne de Hesse n° *11.*

2e abteilung des chemins de fer de campagne.
Abteilung bavaroise des chemins de fer de campagne.
3e abteilung des télégraphes de campagne.

ARMÉE DE LA MEUSE (IVe)

Commandant en chef. (Général de l'infanterie PRINCE
ROYAL DE SAXE.
Chef d'état-major .. Général-major (prussien) baron
VON SCHLOTHEIM.

GARDE

Commandant en chef. (Général de la cavalerie prince
AUGUSTE DE WURTEMBERG.
Chef d'état-major .. Général-major VON DANNENBERG.

1re division d'infanterie de la Garde.

Commandant...... Général-major VON PAPE.
1re brigade .... Général-major VON KESSEL (*1er* et
3e régiments à pied de la Garde).
2e brigade........ Général-major baron VON ME-
DEM (1) (*2e* régiment à pied
de la Garde, régiment de fusi-
liers de la Garde, *4e* régiment
à pied de la Garde).

Bataillon de chasseurs de la Garde;
Régiment de hussards de la Garde;
1re abteilung montée du régiment d'artillerie de cam-
pagne de la Garde (Ire, IIe, 1re et 2e batteries);
1re compagnie de pionniers de campagne de la Garde,
avec équipage de ponts (2).

(1) Blessé le 18 août à Saint-Privat, reprend le commandement de la 2e brigade le 21 août.
(2) Cette compagnie de pionniers suivit le mouvement de l'armée de la Meuse dans sa marche sur Sedan. Les deux autres

2ᵉ division d'infanterie de la Garde.

Commandant . . . . .   Général - lieutenant von Bu-
                       dritzki.
3ᵉ brigade . . . .   Colonel von Linsingen (1) [régi-
                       ment de grenadiers de la Garde
                       (empereur Alexandre) nᵒ *1*,
                       régiment de grenadiers de la
                       Garde (reine Élisabeth) nᵒ *3*];
4ᵉ brigade . . . .   Général-major von Berger [régi-
                       ment de grenadiers de la Garde
                       (empereur François) nᵒ *2*, ré-
                       giment de grenadiers de la
                       Garde (de la Reine) nᵒ *4*].

Bataillon de tirailleurs de la Garde;
2ᵉ régiment de uhlans de la Garde;
3ᵉ abteilung montée du régiment d'artillerie de campagne de la Garde (Vᵉ, VIIᵉ, 5ᵉ et 6ᵉ batteries).

Division de cavalerie de la Garde.

Commandant . . . . . .   Général-lieutenant comte von der
                       Goltz.
1ʳᵉ brigade . . . .   Général - major von Branden-
                       burg I (régiment des Gardes
                       du Corps, régiment des cui-
                       rassiers de la Garde).
2ᵉ brigade . . . .   Général-lieutenant prince Al-
                       brecht de Prusse (*1*ᵉʳ et *3*ᵉ ré-
                       giments de uhlans de la Garde).

compagnies (2ᵉ et 3ᵉ) de pionniers de campagne de la Garde
furent laissées devant Metz.

(1) Depuis le 19 août, en remplacement du colonel Knapp von
Knappstædt, blessé le 18.

3e brigade......... Général-major comte von Bran-
denburg II (*1er* et *2e* régiments
de dragons de la Garde).

Artillerie de corps.

Abteilung à cheval du régiment d'artillerie de campagne de la Garde (1er, 2e et 3e batteries à cheval);
2e abteilung montée du régiment d'artillerie de campagne de la Garde (IIIe, IVe, 3e et 4e batteries).

IVe CORPS D'ARMÉE

Commandant en chef. — Général de l'infanterie von Alvensleben I.
Chef d'état-major .. Colonel von Thile.

7e division d'infanterie.

Commandant...... Général-lieutenant von Gross,
dit von Schwarzhoff.

*13e brigade d'infan-
terie.* — Général-major von Borries (1)
(*1er* régiment d'infanterie de
Magdebourg n° *26*, 3e régiment d'infanterie de Magdebourg n° *66*).

*14e brigade d'infan-
terie.* — Général-major von Zychlinski
(*2e* régiment d'infanterie de
Magdebourg n° *27*, régiment
d'infanterie d'Anhalt n° *93*).

Bataillon de chasseurs de Magdebourg n° *4;*
Régiment de dragons de Westphalie n° *7;*
1re abteilung montée du régiment d'artillerie de campagne de Magdebourg n° *4* (Ire, IIe, Ire et 2e batteries);

(1) Blessé le 30 août à Beaumont.

2ᵉ et 3ᵉ compagnies de pionniers de campagne du
IVᵉ corps, et colonne d'outils.

8ᵉ division d'infanterie.

Commandant	Général-lieutenant VON SCHÖLER.
15ᵉ brigade d'infan-terie.	Général-major VON KESSLER *(1ᵉʳ* régiment d'infanterie de Thuringe nᵒ *31, 3ᵉ* régiment d'infanterie de Thuringe nᵒ *71).*
16ᵉ brigade d'infan-terie.	Colonel VON SCHEFFLER (régiment de fusiliers du Schleswig-Holstein nᵒ *86, 7ᵉ* régiment d'infanterie de Thuringe nᵒ *96).*

Régiment de hussards de Thuringe nᵒ *12;*
2ᵉ abteilung montée du régiment d'artillerie de campagne de Magdebourg nᵒ *4* (IIIᵉ, IVᵉ, 3ᵉ et 4ᵉ batteries);
Iʳᵉ compagnie de pionniers de campagne du IVᵉ corps, avec équipage de ponts.

Artillerie de corps.

Abteilung à cheval du régiment d'artillerie de campagne de Magdebourg nᵒ *4* (2ᵉ et 3ᵉ batteries à cheval);
3ᵉ abteilung montée du régiment d'artillerie de campagne de Magdebourg nᵒ *4* (Vᵉ, VIᵉ, 5ᵉ et 6ᵉ batteries).

XIIᵉ CORPS D'ARMÉE (SAXON)

Commandant en chef.	Général-lieutenant PRINCE GEORGES DE SAXE.
Chef d'état-major . .	Lieutenant-colonel VON ZEZS-CHWITZ.

23e division d'infanterie.

Commandant . . . . . . Général-major von Montbé.

45e brigade d'infanterie.
Colonel Garten (1) [1er régiment de grenadiers (du Corps) n° 100, 2e régiment de grenadiers (roi Guillaume de Prusse) n° 101, régiment de tirailleurs (fusiliers) n° 108].

46e brigade d'infanterie.
Colonel von Seydlitz-Gerstenberg [3e régiment d'infanterie (Prince royal) n° 102, 4e régiment d'infanterie n° 103].

1er régiment de Reiter (Prince royal);
1re abteilung montée du régiment d'artillerie de campagne n° 12 (Ire, IIe, 1re et 2e batteries).

24e division d'infanterie.

Commandant . . . . . . Général-major Nehrhoff von Holderberg.

47e brigade d'infanterie.
Colonel von Elterlein (2) [5e régiment d'infanterie (prince Frédéric-Auguste) n° 104, 6e régiment d'infanterie n° 105, 1er bataillon de chasseurs (Prince royal) n° 12].

48e brigade d'infanterie.
Général-major von Schulz (3) [7e régiment d'infanterie (prince Georges) n° 106, 8e régiment d'infanterie n° 107, 2e bataillon de chasseurs n° 13].

(1) En remplacement du général-major von Craushaar, blessé le 18 août à Saint-Privat.

(2) En remplacement du général-major von Leonhardi, blessé le 18 août à Saint-Privat.

(3) Blessé le 1er septembre.

2ᵉ régiment de Reiter;

2ᵉ abteilung montée du régiment d'artillerie de campagne nᵒ *12* (IIIᵉ, IVᵉ, 3ᵉ et 4ᵉ batteries);

3ᵉ compagnie du bataillon de pionniers nᵒ *12*, avec équipage de ponts (1).

12ᵉ division de cavalerie.

Commandant	Général-major comte ZUR LIPPE.
23ᵉ brigade de cavalerie.	Général-major KRUG VON NIDDA (régiment de Reiter de la Garde, 1ᵉʳ régiment de uhlans nᵒ *17*).
24ᵉ brigade de cavalerie.	Général-major SENFFT VON PILSACH *(3ᵉ régiment de Reiter, 2ᵉ régiment de uhlans nᵒ 18)*.

Iʳᵉ batterie à cheval du régiment d'artillerie de campagne nᵒ *12*.

Artillerie de corps.

3ᵉ abteilung montée du régiment d'artillerie de campagne nᵒ *12* (Vᵉ, VIᵉ et 5ᵉ batteries);

4ᵉ abteilung montée (VIIᵉ, VIIIᵉ et 6ᵉ batteries) et 2ᵉ batterie à cheval du régiment d'artillerie de campagne nᵒ *12*.

5ᵉ DIVISION DE CAVALERIE

Commandant	Général-lieutenant baron VON RHEINBABEN.
11ᵉ brigade de cavalerie.	Général-major VON BARBY (régiment de cuirassiers de West-

----

(1) Les trois compagnies du bataillon de pionniers nᵒ *12* furent laissées devant Metz. Toutefois la 3ᵉ compagnie rejoignit le XIIᵉ corps dès le *22* août.

11e brigade de cavalerie.	phalie n° *4,* *1er* régiment de uhlans du Hanovre n° *13,* régiment de dragons d'Oldenbourg n° *19).*
12e brigade de cavalerie.	Général-major von BREDOW (régiment de cuirassiers de Magdebourg n° *7,* régiment de uhlans de l'Altmark n° *16,* régiment de dragons du Schleswig-Holstein n° *13)* (1).
13e brigade de cavalerie.	Général-major von REDERN (régiment de hussards de Magdebourg n° *10,* *2e* régiment de hussards de Westphalie n° *11,* régiment de hussards de Brunswick n° *17).*

1re batterie à cheval du régiment d'artillerie de campagne de Magdebourg n° *4;*

2e batterie à cheval du régiment d'artillerie de campagne du Hanovre n° *10.*

6e DIVISION DE CAVALERIE

Commandant	Duc GUILLAUME DE MECKLEMBOURG-SCHWERIN.
14e brigade de cavalerie.	Colonel von SCHMIDT (2) [régiment de cuirassiers du Brandebourg (empereur-Nicolas Ier de Russie) n° *6,* *1er* régiment de uhlans du Brandebourg (empereur de Russie) n° *3].*

(1) Les deux premiers régiments de cette brigade se reformèrent, après le 17 août, d'abord à deux, puis à trois escadrons.

(2) Depuis le 16 août, en remplacement du général-major von Diepenbroick-Grüter, tué à Rezonville.

15e brigade de cavalerie. { Colonel von ALVENSLEBEN (1) (régiment de uhlans du Schleswig-Holstein n° *15*, régiment de hussards du Schleswig-Holstein n° *16)* (2).

2e batterie à cheval du régiment d'artillerie de campagne du Brandebourg n° *3*.

(1) Depuis le 16 août, en remplacement du général-major von Rauch, blessé à Rezonville.

(2) Le régiment de hussards du Brandebourg n° *3* (Zieten) avait été laissé devant Metz; il fut remplacé à la *15e* brigade par le régiment de uhlans n° *15*, momentanément détaché de la *14e* brigade.

TABLE DES MATIÈRES

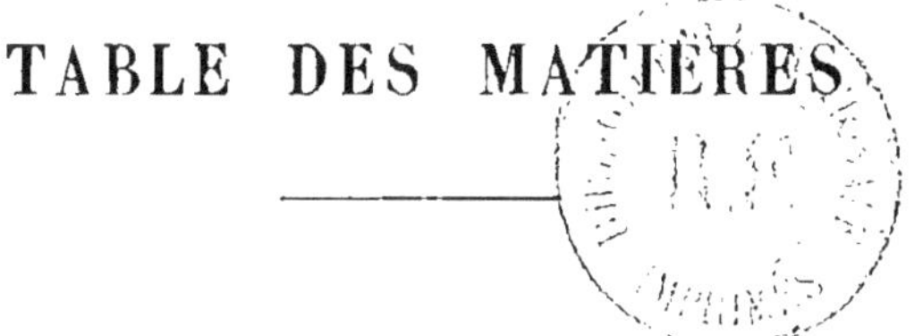

QUATRIÈME PARTIE

CHAPITRE PREMIER

LE CHAMP DE BATAILLE DE SEDAN

La place de Sedan. — La vallée de la Meuse. — Les positions françaises dessinent une sorte de triangle ayant pour base la Meuse et pour sommet le Calvaire d'Illy. — Appréciation de la relation officielle prussienne. — Opinion du général Ducrot. — Emplacements de l'armée française le 1er septembre au matin. — Observations sur la répartition des forces. — Disproportion numérique entre les deux armées. — Quiétude inexplicable du maréchal de Mac-Mahon 1

CHAPITRE II

DÉBUTS DE LA BATAILLE SUR LA GIVONNE

Le Ier corps bavarois franchit la Meuse et attaque Bazeilles. — Énergique résistance du 3e régiment d'infanterie de marine. — Violence de la lutte. — Intervention du 2e régiment d'infanterie de marine. — Entrée en ligne de la brigade Reboul. — Combats de rues acharnés. — Les Saxons s'engagent à la fois à la Moncelle et contre la brigade Kerléadec. — Retraite de cette dernière. —

Prise de Daigny. — Le 3e zouaves scindé en deux fractions, dont l'une se jette en Belgique et regagne Paris . .　14

CHAPITRE III

WIMPFFEN COMMANDANT EN CHEF

Le maréchal de Mac-Mahon blessé vers 6 heures du matin. — Il désigne Ducrot pour lui succéder. — Ducrot prescrit la concentration de l'armée à Illy. — Mesures d'exécution. — Objections du général Lebrun. — Ducrot lui accorde un délai, puis lui envoie l'ordre formel de se replier. — Évacuation de Bazeilles. — La dernière cartouche. — L'aile droite de la division Lacretelle débordée. — Wimpffen fait valoir ses droits au commandement. — Il annule les ordres de Ducrot. — Observations de celui-ci. — Wimpffen passe outre. — Effets déplorables de cette succession de généraux en chef . . . .　28

CHAPITRE IV

INTERVENTION DE LA IIIe ARMÉE

Instructions du prince royal de Prusse. — Les Ve et XIe corps dirigés vers l'est, au canon. — Passage du défilé de Saint-Albert. — Déploiement de l'artillerie du XIe corps. — Les batteries du 7e corps luttent courageusement. — Premières charges de la division Margueritte. — Entrevue de Wimpffen avec Douay. — L'artillerie du Ve corps. — L'infanterie ennemie à Olly, en liaison avec la Garde. — Feux écrasants de l'artillerie allemande. — La cavalerie des 1er et 5e corps reflue dans la forêt des Ardennes et, de là, se jette en Belgique. — Une partie rentre en France . . . .　53

CHAPITRE V

L'ENVELOPPEMENT

Marche de la Garde. — La division Wolff du 1er corps attaquée. — Effets de l'artillerie prussienne. — Pertes du 1er tirailleurs. — La réserve d'artillerie des 1er et 5e corps fortement éprouvée. — Situation sur la Givonne vers midi. — La situation s'aggrave sur le front du 7ᵉ corps. — Les Allemands débouchent de Floing. — Contre-attaque du 37ᵉ de ligne. — La brigade Bittard des Portes dispersée dans le bois de la Garenne. — Le plateau d'Illy dégarni de défenseurs et très menacé. — Formidable canonnade allemande. — Les batteries de 12 du 7ᵉ corps. — Improvisation de la défense du Calvaire d'Illy. — Belle contenance de la réserve d'artillerie du 1ᵉʳ corps. — La brigade Gandil paralysée par le feu de l'artillerie ennemie. — Bombardement méthodique du bois de la Garenne.................................... 72

CHAPITRE VI

CHARGES DE LA DIVISION MARGUERITTE

Entrée en ligne de la *19ᵉ* brigade. — La division Liébert menacée également sur son flanc gauche par six bataillons de la *22ᵉ* division. — Dispositions prises par le général Liébert. — L'artillerie du 7ᵉ corps impuissante à lutter contre les nombreuses batteries ennemies. — Résistance énergique et active de notre infanterie. — Diversion opérée par deux escadrons du 4ᵉ lanciers. — La division Margueritte après la traversée du bois de la Garenne. — Instructions données par Ducrot. — Rassemblement et formation de la division. — Margueritte blessé mortellement. — Charges héroïques dirigées par le général de Galliffet. — Ralliement et nouvelle tentative. — Les pertes de la division Margueritte.................... 94

CHAPITRE VII

RETRAITE GÉNÉRALE VERS SEDAN

Instructions de Wimpffen à Douay. — Les illusions du commandant en chef. — Réponse de Douay. — Les progrès de l'infanterie ennemie. — Belle retraite de la division Liébert. — Le plateau de Floing aux mains des Allemands. — Retraite de la division Conseil Dumesnil. — Fuite du 1ᵉʳ régiment de marche. — La division Wolff, du 1ᵉʳ corps, se replie sur Sedan. — La *23ᵉ* division saxonne. — Retraite désordonnée de la brigade Marquisan. — Intervention de la division Goze. — Les Saxons maîtres des hauteurs à l'ouest de Daigny et de Haybes. — Recul de la division Goze. — La Garde pénètre dans le bois de la Garenne qui est également envahi par l'ouest. — Wimpffen projette une trouée sur Carignan. — Douay chargé de couvrir le mouvement. — Lettre de Wimpffen à Napoléon III qui refuse de sortir de Sedan. — Ducrot et Douay à la sous-préfecture, auprès de l'empereur. — Demande d'armistice.......... 111

CHAPITRE VIII

DERNIERS EFFORTS

Wimpffen tente une contre-attaque au nord-est de Sedan. — Il refuse d'entendre parler d'armistice. — Combat livré aux Bavarois par la brigade Carteret-Trécourt. — La brigade Abbatucci entre en ligne et refoule les Bavarois. — Belle conduite du commandant Moch. — Wimpffen exécute une nouvelle tentative sur Balan et en chasse les Bavarois. — Il est contraint d'abandonner le village et de se replier sur la place. — Le général Wolff essaie vainement de percer par Fond de Givonne. — Efforts du chef d'escadron d'Alincourt par le faubourg de Gaulier. — Bombardement de Sedan. — Fin de la lutte. — Les pertes et les effectifs mis en ligne de part et d'autre. 139

CHAPITRE IX

LES POURPARLERS DE DONCHERY

Mission du lieutenant-colonel Bronsart von Schellendorf. — Impressions dans l'entourage du roi de Prusse à la nouvelle de la présence de l'empereur à Sedan. — Le général Reille, porteur de la missive impériale, se rend sur les hauteurs de Frénois. — Réponse du roi de Prusse. — Bismarck et Moltke décidés à exploiter le succès jusqu'à ses plus extrêmes limites. — Wimpffen accepte de traiter de la capitulation. — Altercation entre Wimpffen et Ducrot. — Négociations à Donchery dans la nuit du 1er au 2 septembre. — Entretien de Napoléon III et de Bismarck le 2 septembre. — Napoléon III au château de Belle-Vue. — On lui refuse systématiquement de voir le roi de Prusse 158

CHAPITRE X

LA CAPITULATION

Le conseil de guerre du 3 septembre. — Il déclare qu'il faut accepter les conditions de Moltke. — Wimpffen au château de Belle-Vue. — Fâcheuse clause inscrite dans la capitulation. — Seconde réunion du conseil de guerre. — Protestations contre cette clause. — Allocution du roi de Prusse. — Guillaume se rend à Belle-Vue; son entretien avec Napoléon III. — Toast du 4 septembre. — Départ de l'empereur pour Wilhelmshöhe. — Le camp de la Misère. — Impression produite en Allemagne par la journée de Sedan. — L'opinion publique réclame l'annexion de l'Alsace et d'une partie de la Lorraine. — Manifestations en faveur de l'unité allemande. — L'Allemagne croit avoir accompli une mission divine et entrevoit l'hégémonie en Europe 202

CHAPITRE XI

LES RESPONSABILITÉS

Choix défectueux du camp de Châlons comme lieu de rassemblement de nos forces. — Possibilité et avantages d'une retraite latérale après le 6 août. — Les erreurs du plan Palikao. — Objections au départ plus tardif du camp de Châlons. — Heureuse inspiration de Mac-Mahon, le 26 août. — Intervention inadmissible du ministre. — Soumission de Mac-Mahon et ses injonctions. — La principale faute des jours suivants. — Le prince de Saxe transgresse les instructions de Moltke. — Nouart et Beaumont. — Situation difficile de Mac-Mahon le 30 au soir. — La retraite générale vers Sedan. — Accumulation de l'armée autour de la place. — Indécision du maréchal. — Directive de Moltke. — Passivité de l'armée française. — Manœuvres possibles. —

Ducrot et Wimpffen dans la matinée du 1er septembre. — Opinions de Napoléon sur les capitulations en rase campagne. — Abstention de Moltke dans la direction de la bataille. — Discussion des appréciations de von Scherff. — Causes de la catastrophe.............. 238

ORDRE DE BATAILLE DES ARMÉES FRANÇAISES............. 295

ORDRE DE BATAILLE DES ARMÉES ALLEMANDES 308

TABLE DES MATIÈRES..................... 329

PARIS

TYPOGRAPHIE PLON-NOURRIT ET Cie

Rue Garancière, 8

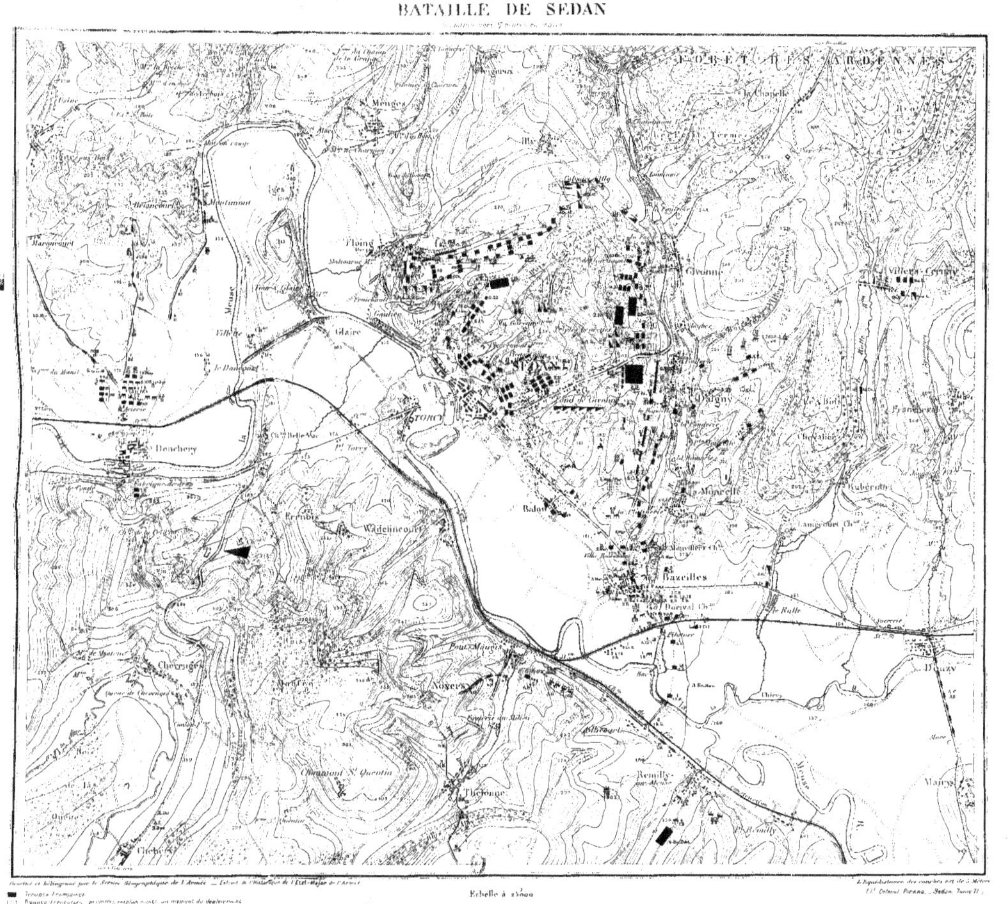

FORÊT DES ARDENNES
S. Menges
Floing
Glaire
Donchery
Wadelincourt
Illy
Givonne
Daigny
Villers-Cernay
Balan
Moncelle
Bazeilles
Chevenge
Noyers
Chaumont S. Quentin
Thelonne
Remilly
Echelle à 1:50000

_ I _

Situation dans la soirée du 31 Août 1870

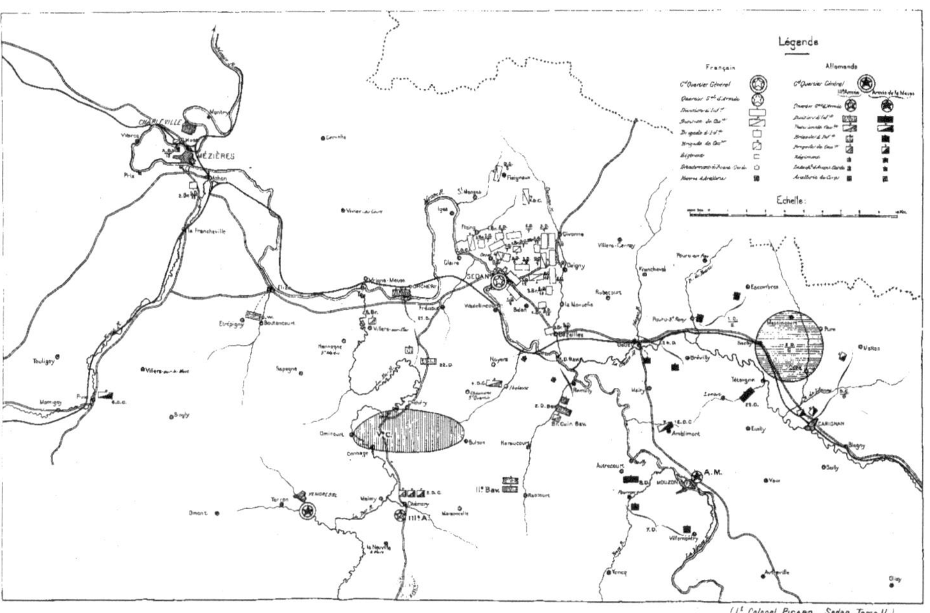

(Lᵗ Colonel PICARD, _ Sedan, Tome II.)

–II–
BATAILLE DE SEDAN
Carte d'ensemble

Extrait de la Carte de France au 80.000, publiée en 1889
par le Service Géographique de l'Armée

Échelles Métriques, 1/80.000

L.t Colonel Picard _ Sedan, Tome II

CARIGNAN
290